Walter Schilling

Israels gefährdete Existenz

Israels sicherheitspolitische Antwort auf den
islamistischen Terrorismus, die nukleare Bedrohung
durch den Iran und die westliche Schwäche

ars et unitas

Bibliografische Information Der Deutschen Nationalbibliothek

Die Deutsche Bibliothek verzeichnet diese Publikation in der Deutschen Nationalbibliografie; detaillierte bibliografische Daten sind im Internet über http://dnb.d-nb.de abrufbar.

ISBN : 978-3-936117-45-5

© 2014 by ars et unitas Verlagsgesellschaft , 82061 Neuried
Rechte, insbesondere das der Übersetzung in fremde Sprachen, vorbehalten. Ohne ausdrückliche Genehmigung des Verlages ist es auch nicht gestattet, dieses Buch oder Teile daraus auf photomechanischem Wege (Photokopie, Mikrokopie, Xerokopie) zu vervielfältigen.

Gesamtherstellung: ars et unitas, Neuried

Gedruckt auf säurefreiem Papier

Inhalt

Vorwort 7

Die Bedrohung des jüdischen Staates 9

Ausgeprägter Antiisraelismus in westlichen Demokratien 15

Vordringen des Islamismus 40

Gefährliche Nuklear- und Raketenrüstung des Iran 86

Unheilige Allianzen 101

Schwäche der westlichen Demokratien 124

Versagen der Vereinten Nationen 161

Die Stunde der Wahrheit rückt näher 168

Auf der Tagesordnung: Israels Selbstverteidigung 180

Anhang 189
   Bibliographie 189
   Der Autor 193

Vorwort

Das Thema der Krisen und Konflikte im Nahen Osten beschäftigt die internationale Politik schon seit mehr als sechs Jahrzehnten. Die zahlreichen Versuche, die vielschichtigen Konflikte auf friedliche Weise zu regeln, sind bislang erfolglos geblieben. Dabei haben die Fehlschläge der zumeist von den USA initiierten Gespräche etwa zur Beilegung des israelisch-palästinensischen Konflikts und die unzureichenden Ergebnisse der Verhandlungen, um das Mullah-Regime im Iran zur vollständigen und endgültigen Abkehr von seiner Nuklear- und Raketenrüstung zu bewegen, die Israelis gerade in jüngster Zeit immer wieder darauf hingewiesen, wie gefährdet ihre staatliche Existenz ist. Gewiß ist diese Erfahrung nicht grundsätzlich neu. Schon unmittelbar nachdem David Ben Gurion am 14. Mai 1948 die Gründung des *jüdischen Staates* Israel – entsprechend der Resolution 181 der Vereinten Nationen vom 29. November 1947 – ausgerufen hatte, waren die arabischen Nachbarn mit brutaler Waffengewalt über das junge Gemeinwesen hergefallen. Und nach der erfolgreichen Abwehr dieses Angriffs haben sich die Israelis in mehreren Kriegen gegen arabische Staaten behaupten müssen. Dabei zeigte sich Israel nicht nur in der Lage, kampfkräftige Streitkräfte mit hoher Professionalität aufzubauen und den sich wandelnden Herausforderungen anzupassen. Es gelang auch, mit einigen arabischen Nachbarstaaten, wie z.B. Ägypten und Jordanien, Friedensabkommen zu schließen. Doch anders als man mit Blick auf die Verhandlungen mit den Palästinensern zur Gründung eines eigenen Staates während der 90er Jahre des vergangenen Jahrhunderts hoffen konnte, sind tiefgreifende Veränderungen in der islamischen Welt eingetreten, die alles bis dahin Erreichte in Frage stellen.

Der enorme Aufschwung des Islamismus, die militärische Handlungsfähigkeit und Entschlossenheit der islamistischen Terrorgruppen – vor allem der Hamas, der Hizbullah, der Al-Quds-Brigaden und der Al Qaeda – und das Beharren des schiitischen Mullah-Regimes im

Iran auf seinem Nuklear- und Raketenprogramm haben die Situation im Nahen Osten dramatisch verändert. Um so mehr muß es die Israelis irritieren, wie stark die Haltung der Europäer von diffusen Debatten und einem ausgeprägten Antiisraelismus, sowie durch wirklichkeitsferne Erwartungen mit Blick auf die Entwicklung im Nahen Osten gekennzeichnet ist.

Vor diesem Hintergrund erscheint es notwendig, die außerordentlich schwierigen politischen und strategischen Rahmenbedingungen für die aktuelle Sicherheitspolitik Israels darzulegen und der Öffentlichkeit eine realistische Einschätzung der Lage im Nahen Osten zu geben. Danach weisen alle Fakten darauf hin, daß es nicht gelingen wird, das iranische Regime zu bewegen, seine Bemühungen um den Erwerb nuklearer Waffen endgültig aufzugeben und Israel möglicherweise gezwungen sein dürfte, seine extrem gefährdete staatliche Existenz mit militärischen Mitteln zu verteidigen.

Walter Schilling   Dezember 2013

Die Bedrohung des jüdischen Staates

In Israel vergeht kaum ein Tag, an dem nicht vom iranischen Nuklearwaffenprogramm die Rede ist. Schon als die Israelis den früheren iranischen Präsidenten Mahmud Ahmadinedshad (2005–2013) erstmals sagen hörten, daß es „den Holocaust nie gegeben" habe und „der Staat Israel von der Landkarte zu tilgen" sei, verstanden sie sofort, was dies bedeutete. Denn mit dem Erwerb nuklearer Waffen und dem zügigen Aufbau eines Arsenals weitreichender Raketen geht es dem islamistischen Mullah-Regime im Iran nicht nur um Status-Symbole und eine Vormachtstellung im Nahen Osten. Für Israel wird mit diesem Handeln des Iran vielmehr konkret die Existenzfrage gestellt. Daran ändert auch die zurückhaltendere Tonart in der Außenpolitik des Iran nichts, die wir seit dem Amtsantritt des neuen Staatspräsidenten Hassan Rohani im August 2013 beobachten können.

Angesichts der Herausforderungen, denen sich der jüdische Staat Israel gegenüber sieht, erstaunt es die Fachleute für internationale Politik und Strategie immer wieder aufs Neue, welche diffusen Debatten in den westlichen Demokratien – vor allem in Europa – über die Frage der Nuklearpolitik des Iran und die Ankündigungen seiner höchsten Repräsentanten geführt werden. So vertreten zahlreiche Politiker und Intellektuelle, aber auch viele Journalisten die Auffassung, die Führung des Iran drohe zwar gelegentlich, den Staat Israel zu beseitigen, doch seien dies nur große Worte. Umsetzen werde sie das wohl niemals. Gegen diese Einschätzung sprechen jedoch alle historischen Erfahrungen. Diktatoren und despotische Regime, die ihr Handeln auf tiefgreifende ideologische Überzeugungen gründen und schließlich das notwendige Macht-Instrumenta-rium erhalten, um ihre Ziele zu verwirklichen, tun zumeist genau das, was sie öffentlich angekündigt haben.

Vor dem Hintergrund dieser geschichtlichen Erfahrung die Politik des despotischen, einer rigiden islamistischen Ideologie verhafteten Regimes im Iran zu verharmlosen oder gar für dieses Regime Verständnis zu finden, wie wir dies in der öffentlichen Debatte gelegentlich beobachten können, ist in der Tat bemerkenswert. Dabei läßt die klare Sprache der Islamisten in Teheran und auch anderswo – z.b. seitens der Terrororganisationen Hizbullah, der Hamas, der Al-Quds-Brigaden und der Al Qaeda – keine Interpretation zu. Die Beseitigung des Staates Israel wird angestrebt.

Angesichts der beharrlichen Nuklearpolitik des Iran, der massiven Unterstützung der islamistischen Terrorgruppen, der eindeutigen Ankündigungen und des zielstrebigen Vorgehens des Mullah-Regimes in Teheran sollten auch die klaren Aussagen der jedermann zugänglichen Charta der Hamas, also der Verfassung dieser den Gaza-Streifen mit brutalen Methoden beherrschenden Terrororganisation, eigentlich für mehr Nachdenklichkeit in den westlichen Demokratien sorgen. Dort heißt es: „Die Preisgabe eines Teils von Palästina ist wie die Preisgabe eines Teils der Religion. (…) Für das palästinensische Problem gibt es keine Lösung außer dem Heiligen Krieg." In Artikel 7 der Charta, einer Schlüsselstelle dieses Dokuments, wird ausgeführt: „Hamas ist eines der Glieder in der Kette des Djihad, die sich der zionistischen Invasion entgegenstellt. (…) Der Prophet – Andacht und Frieden Allahs sei mit ihm – erklärte: Die Zeit wird nicht anbrechen, bevor nicht die Muslime die Juden bekämpfen und sie alle töten." Und in Artikel 13 der Charta wird erklärt: „Ansätze zum Frieden, die sogenannten friedlichen Lösungen und die internationalen Konferenzen zur Lösung der Palästina-Frage stehen sämtlich im Widerspruch zu den Auffassungen der Islamischen Widerstandsbewegung."

Diese Aussagen sind keine bloßen Beschwörungsformeln. Sie spiegeln sich vielmehr in der praktischen Politik der Islamisten wider. Ihr kategorisches Ziel bleibt es, den Staat Israel gewaltsam zu beseitigen. Das Mullah-Regime in Teheran, die Hizbullah, die Hamas und andere Terrorgruppen orientieren ihr Handeln an den Maximen des Führers der Islamischen Revolution von 1979, Ajatollah Ruhollah Chomeini. Sie sind darauf eingeschworen, die in dem „Politischen und Religiösen Programm" Chomeinis vom Jahre 1983 niedergelegte Forderung zu erfüllen, die Einheit von Schiiten und Sunniten wiederherzustellen und den Islam kompromißlos in der ganzen Welt durchzusetzen. Der iranische Revolutionsführer greift mit seinem Programm einen Gedanken wieder auf, der den Islam schon im 7. Jahrhundert beherrschte. Seine Forderungen sind daher nicht allein eine Reaktion auf die Moderne. Sie gelten grundsätzlich und werden auch von dem neuen Präsidenten des Iran, Hassan Rohani, nicht in Frage gestellt.

Mit Blick auf die Grundlegung der Politik des Mullah-Regimes sollte auch nicht außer acht gelassen werden, daß alle Schulbücher und die entsprechenden Lehrerhandbücher im Iran und im Umkreis der vom Iran gesteuerten islamistischen Terrorgruppen ganz im Geist der Islamischen Revolution Chomeinis verfaßt sind. In den Texten wird festgestellt, daß die Islamische Revolution von 1979 ein besonderes historisches Phänomen geschaffen hat: den ersten uneingeschränkt islamischen Staat seit der Zeit des Propheten Mohammed – einen Gottesstaat. Dieser Staat zielt darauf, Allah in allem gefällig zu sein, den Islam in der ganzen Welt zu verbreiten und das Volk zu „den wirklichen Freuden des Jenseits" zu führen. Insofern hat diese Revolution von Anfang an eine internationale Dimension. Dem Iran obliegt es dabei, den lokalen Sieg in einen universellen zu verwandeln und nicht aufzugeben, bevor alle Gebote des Islam – so wie Revolutionsführer Chomeini und seine Anhänger sie verstehen – die gesamte Welt erreicht haben. Der Jugend wird aufgetragen, die Feinde des Islam anzugreifen und das Märtyrertum zu suchen. Mit der in allen Schulbüchern enthaltenen Forderung Chomeinis, im Zuge eines „heiligen Krieges" (Djihad) das Böse in der Welt zu bekämpfen und sich dabei zu opfern, wird das kollektive Märtyrertum des iranischen Volkes beschworen. In den Schulen des Iran wird daher nicht nur darauf hingearbeitet, die Jugend zur Teilnahme am heiligen Krieg zu erziehen. Man versucht auch, sie auf das Märtyrertum vorzubereiten. So heißt es in den iranischen Schulbüchern: „Für diejenigen, die an das ewige Leben glauben, besitzt das Leben in dieser Welt keinen Wert an sich. Sein echter Wert hängt vom ewigen Leben ab. Wenn also der Tag kommt, an dem die Erhaltung des Lebens nichts anderes als Scham mit sich bringt, vergelten sie dieses göttliche Vertrauen mit großer Hingabe und erfüllen ihre Pflicht Allah gegenüber."

Wenngleich nur ein Teil der iranischen Schüler diesem rigiden Verlangen folgt, so ist ihre Zahl doch so beträchtlich, daß sie ins Gewicht fällt und bei der Einschätzung der politischen Handlungsfähigkeit des

Mullah-Regimes berücksichtigt werden muß. Die konsequente Vorbereitung des iranischen Mullah-Regimes auf den heiligen Krieg drückt sich auch darin aus, daß man die Schüler in militärische Einheiten eingliedert und ab der achten Klasse zusätzlich zu der militärischen Ausbildung in dem Fach „Verteidigungsbereitschaft" unterrichtet. Der heilige Krieg wird dabei in allen iranischen Schulbüchern als „Verteidigungskrieg" beschrieben, da man die Islamische Revolution als Gegenwehr gegen die Unterdrückung in der Welt sieht.

Neben den Vereinigten Staaten von Amerika steht in diesem heiligen Krieg der Staat Israel als besonderes Objekt des Hasses im Mittelpunkt. Unmißverständlich hatte Chomeini auch verlangt, daß „das okkupierte Palästina (einschließlich Israels) wieder mit der islamischen Welt vereint werden müsse." Aus dieser Perspektive wäre das von den gemäßigten Palästinensern unter Führung von Mahmud Abbas mit Israel angestrebte Friedensabkommen ein klarer „Verrat". Denn selbst wenn die israelische Regierung sämtliche Gebiete des Westjordanlandes und Ost-Jerusalem an die Palästinenser abtreten würde, müßte die Palästinenser-Führung doch im Gegenzug den jüdischen Staat völkerrechtlich verbindlich anerkennen und damit definitiv „heiliges" arabisches Territorium aufgeben. Die wütenden Reaktionen der Islamisten im Iran, im Libanon und im Gaza auf die Enthüllungen angeblicher Geheimdokumente aus den israelisch-palästinensischen Friedensgesprächen durch den Hamas-freundlichen Sender „Al-Djazira" im Herbst 2011 haben deutlich gemacht, wie kategorisch sich die Islamisten dem Bemühen widersetzen, den Konflikt um Israel auf diplomatischem Wege zu regeln. Das in den Debatten innerhalb der westlichen Demokratien immer wieder sichtbare Drängen auf größere Nachgiebigkeit Israels geht also an der Lebenswirklichkeit im Nahen Osten vorbei. Denn der Erfolg der Bemühungen um ein Friedensabkommen zwischen Israel und den Palästinensern setzt voraus, daß man das Ergebnis auch im Iran, in Syrien, in Libanon und in Gaza akzeptiert. Dieses politische Umfeld existiert nicht.

Mit Blick auf den Tatbestand, daß sowohl die unmißverständlich erklärten Ziele, als auch das konkrete Handeln des Mullah-Regimes in Teheran, der Hizbullah und der Hamas ein Friedensabkommen mit Israel und damit die Anerkennung dieses Staates im Nahen Osten gar nicht zulassen, erscheinen die Debatten in den demokratischen Ländern Europas ziemlich weltfremd. Der gelegentlich vorgeschlagenen Alternative, mit der Hamas und der Hizbullah direkt zu verhandeln, um eine politische Regelung zu erreichen, fehlt eine realistische Erfolgsaussicht. Zwar kann man indirekt, über dritte Parteien, Übereinkünfte in einigen Einzelfragen, wie z.b. Gefangenenaustausch, zeitweilige Waffenruhe, Lieferung lebenswichtiger Waren oder Grenzöffnungen, erzielen. Doch übersehen jene Politiker, Intellektuellen und Journalisten, die für direkte Gespräche zwischen Israel und den Führern der Hamas und Hizbullah plädieren, daß diese ebenso wie der Iran und andere Terrororganisationen, von den Al-Quds-Brigaden bis zur Al Qaeda, das Existenzrecht Israels kategorisch bestreiten. Sie argumentieren dennoch so, als gebe es die klaren Positionen und Handlungsweisen der Islamisten nicht. Es wird offenbar nicht wahrgenommen, daß sich nicht nur Israel, sondern die gesamte freiheitlich-demokratische Staatenwelt in einem politischen und strategischen Konflikt mit dem Mullah-Regime im Iran und den mit diesem Regime verbundenen islamistischen Terrorgruppen befindet. So dominiert in vielen Beiträgen zur internationalen Debatte die ausgeprägte Neigung, die verschiedenen Konfliktbereiche im Nahen Osten isoliert zu sehen und zu glauben, daß man tragfähige Regelungen in einzelnen Bereichen durch Nachgiebigkeit erreichen könne.

In völliger Verkennung der tatsächlichen Situation im Nahen Osten stilisieren viele Politiker, Intellektuellen und Journalisten in Europa daher die Siedlungsfrage zum Hauptproblem des Konfliktes. Gebe es erst einen Friedensvertrag mit den gemäßigten Palästinensern, werde es auch möglich sein, den Konflikt mit den Islamisten und den Nuklearstreit mit dem Iran rasch zu lösen. Bei der Definition der Problematik des Nahostkonflikts sind sogar die Regierungen mancher arabischer Staaten, wie z.B. Jordanien und Saudi-Arabien, schon weiter. Ihnen ist nicht nur die Grundsätzlichkeit des Konflikts mit dem Iran und den mit diesem Staat verbundenen Terrorgruppen bewußt. Sie haben auch erkannt, daß sie sich mit Blick auf den iranisch-schiitischen Vormachtanspruch und den Erwerb von Nuklearwaffen durch das Mullah-Regime im Iran selbst in einer bedrohten Lage befinden.

Nicht erst seit der vom Mullah-Regime in Teheran veranstalteten Konferenz „Eine Welt ohne Zionismus" am 26. Oktober 2005 machte Irans damaliger Präsident Mahmud Ahmadinedshad klar, daß es unabdingbar ist, den Staat Israel zu beseitigen. Er hat dieser Ankündigung – vom geistlichen Führer Ajatollah Ali Chamenei unwidersprochen – immer wieder hinzugefügt, daß der heilige Krieg nicht nur gegen Israel, sondern auch gegen dessen Sympathisanten geführt werden muß. Gleichwohl wird in der öffentlichen Debatte in Europa zum einen die Auffassung verbreitet, als könne man sich aus diesem tiefgreifenden Konflikt ausklinken. Zum anderen suchen manche Politiker und Kommentatoren die Verantwortung für die gefährliche Konfrontation im Nahen Osten der israelischen Regierung zuzuweisen. Wie unprofessionell und wirklichkeitsfern in dieser Hinsicht gelegentlich argumentiert wird, zeigen manche Medienbeiträge, die sich speziell mit dem Konflikt zwischen Israel und dem Iran beschäftigen. So wurde zum Beispiel in dem in einem bekannten deutschen Nachrichtenmagazin erschienenen Essay unter dem Titel „Das Duell der Auserwählten" die Behauptung aufgestellt, daß der israelische Ministerpräsident Benjamin Netanjahu und Irans früherer Staatspräsident Mahmud Ahmadinedshad „Zwillinge im Geiste" seien – beide gefangen in der Absolutheit ihres Anspruchs, besessen von höherer Berufung, überzeugt von ihrer messianischen Mission. Diese Gleichsetzung vor dem Hintergrund der Nuklearpolitik des Iran und der Vernichtungsdrohung gegen Israel in einem deutschen Magazin zu vertreten, macht deutlich, wie absurd die Debatte über ein schwieriges Problem der internationalen Politik geworden ist. Bei allen kritischen Anmerkungen, die man gegen die Politik Benjamin Netanjahus vorbringen kann, ihn als „Zwilling im Geiste" des Despoten Ahmadinedshad zu bezeichnen, weil er sich – wie die große Mehrheit der Israelis – wegen der Vernichtungsdrohungen und der entsprechenden nuklearen Kapazitäten des Iran Sorgen um die Existenz Israels macht, ist grotesk und zynisch zugleich.

Ausgeprägter Antiisraelismus in westlichen Demokratien

Könnte die israelische Regierung – unabhängig davon, welche Parteien sie tragen – die diffusen Debatten in Europa über die Sicherheitslage im Nahen Osten noch gelassen hinnehmen, so hat der ausgeprägte Antiisraelismus, der dem jüdischen Staat aus vielen europäischen Ländern entgegenschlägt, doch ein erhebliches politisches Gewicht. Das damit verbundene Verhalten zahlreicher Politiker und Vertreter der Massenmedien, aber auch mancher Regierung ist für die Bemühungen Israels, eine der Lage angemessene Sicherheitspolitik zu betreiben, durchaus von Belang. Dabei gehört es zu den Wahrnehmungsmustern der Auseinandersetzung mit dem Iran und den verschiedenen islamistischen Terrorgruppen, sowie des Konflikts zwischen Israel und den Palästinensern, daß man in der Europäischen Union das Problem fast durchweg dem Staat Israel anlastet. Wie realitätsfern diese Wahrnehmung auch immer ist, so spiegelt sich darin zunächst der Wunsch wider, möglichst nicht selbst ins Visier der Islamisten zu geraten und keinesfalls von den Auswirkungen des Konflikts betroffen zu sein. Daß dieser Wunsch angesichts der Grundsätzlichkeit des Konflikts nicht in Erfüllung gehen kann, wird entweder verdrängt oder in äußerst scharfe Kritik an Israel, gelegentlich sogar in Feindschaft gegenüber den dort Regierenden umgeleitet. Wenngleich die Staaten der Europäischen Union und Israel ein gemeinsames kulturelles Erbe, gleiche demokratische Werte und viele gemeinsame Interessen teilen, hat sich in jüngster Zeit ein spannungsreiches Verhältnis entwickelt, das jeden Israeli, aber auch die analytisch geschulten Beobachter in Europa alarmieren muß. Israelische Staatsbürger, die das Verhalten der Regierungen in Europa und die Kommentare in den europäischen Medien verfolgen, sehen sich mit der Tatsache konfrontiert, daß zumeist ein äußerst negatives Bild Israels und seiner Politik vermittelt wird.

Darüber hinaus ist zwischen den meisten europäischen Staaten und Israel nicht nur der Geist vertrauensvoller Zusammenarbeit abhanden gekommen. Vielmehr hat das frühere Verständnis der Europäer für Israel einer ressentimentgeladenen Kritik Platz gemacht. Stärker noch als gegenüber den Vereinigten Staaten von Amerika scheint die Entfremdung im europäisch-israelischen Verhältnis schon so weit fortgeschritten, daß die seit Jahren regelmäßig ermittelte Meinung einer großen Mehrheit der europäischen Bevölkerung, von Israel gehe die größte Gefahr für den Frieden aus, nicht mehr überraschen kann.

Zwar wird in wissenschaftlichen Analysen der europäischen Politik und des speziellen Vorgehens mancher Vertreter der Medien gegenüber dem Staat Israel zu Recht bemerkt, daß ein dezidert kritisches Verhalten kein neues Phänomen ist und wenig mit der Siedlungspolitik der Israelis zu tun hat. Eine besonders einschneidende negative Ausrichtung der Grundeinstellungen zahlreicher Politiker und Journalisten geht auf die Zeit unmittelbar nach dem Sechs-Tage-Krieg vom Juni 1967 zurück. Doch wird zum einen die seitdem zu beobachtende Entfremdung der Europäer von Israel in den wissenschaftlichen Analysen nicht ausreichend reflektiert. Zum anderen wird der Tatsache zu wenig Beachtung geschenkt, daß die Einstellungen gegenüber Israel insbesondere in jüngster Zeit Formen angenommen haben, die weit über die in demokratischen Ländern übliche – und auch in Israel selbst praktizierte – Kritik hinausgehen. Das dabei zugrunde gelegte negative Bild Israels muß gerade angesichts der prekären Situation, in der sich das Land heute befindet, zu denken geben. Selbst mit der Machtübernahme der Terrororganisationen Hamas in Gaza und der Hizbullah im Libanon, der beständigen Raketenangriffe dieser beiden Terrorgruppen auf die zivile Bevölkerung in Israel sowie der wiederholten Drohungen führender Repräsentanten des Iran, den jüdischen Staat Israel zu beseitigen, hat sich diese Haltung in keiner Weise der Realität angenähert.

Aus wissenschaftlicher Sicht darf man die Europäer – aber auch die Amerikaner – daran erinnern, welche Folgen damit verknüpft gewesen wären, wenn Israel etwa den Juni-Krieg 1967 oder den Yom-Kippur-Krieg 1973 gegen die damals mit der Sowjetunion verbündeten arabischen Staaten verloren hätte. Die Weltgeschichte wäre dann wohl wesentlich anders verlaufen. Die politische Entwicklung des Sowjetimperiums hätte dann gewiß eine andere Richtung genommen. Und das für Europäer und Amerikaner so günstige Epochenjahr 1989 hätte es sicher nicht gegeben. Den Menschen in der westlichen Staatenwelt sollte vor diesem Hintergrund eigentlich klar sein, wie wichtig Israels Überleben für Europa und Amerika in dem derzeitigen Ringen mit dem Iran und dem islamistischen Terrorismus ist.

Im Grunde sollte es nicht schwerfallen, klar und deutlich eine Grenzlinie zwischen einer kritischen Bewertung der israelischen Politik auf der einen und Antiisraelismus auf der anderen Seite zu ziehen. Doch können wir seit vielen Jahren beobachten, daß diese wichtige Unterscheidung in der öffentlichen Debatte verschwimmt oder gar nicht erst gesucht wird. Die Argumentationsweise mancher Politiker, Intellektueller und Journalisten in Europa läßt dies immer wieder erkennen. Dabei scheint der Antiisraelismus vor allem auf einer aus Vorurteilen genährten Wahrnehmung der israelischen Politik, aber auch auf der Furcht zu beruhen, die eigene Weltsicht revidieren zu müssen. In diesem Kontext wird selbst die Gründungsgeschichte des jüdischen Staates Israel in den europäischen Medien nicht selten sachlich falsch dargestellt und damit der Propaganda des Mullah-Regimes im Iran sowie der islamistischen Terrororganisationen Hamas und Hizbullah ein Schein von Glaubwürdigkeit verliehen.

Gewiß ist es legitim, die Sinnhaftigkeit der Politik Israels kritisch zu hinterfragen. Doch fällt in unserer Epoche auf, daß die Neigung zunimmt, von Israel ein grundsätzlich anderes Verhalten zu verlangen oder gar die Existenzberechtigung des jüdischen Staates Israel überhaupt in Frage zu stellen. Dabei kommt es nicht darauf an, ob die Kritik und die entsprechenden Forderungen nach einer Änderung des Verhaltens der Israelis direkt oder indirekt, subtil oder grob formuliert werden. Das Überschreiten der Grenzlinie zu einem dezidierten Antiisraelismus geschieht immer häufiger. Dies mag u.a. daran liegen, daß der israelisch-palästinensische Konflikt während der vergangenen sechzig Jahre in zahlreichen Kriegen mündete und die nächste militärische Auseinandersetzung – dank der zielstrebigen Rüstungspolitik des Mullah-Regimes im Iran in noch weit größerem Rahmen als je zuvor – möglicherweise bald stattfinden könnte. Die fatale Verbindung mit dem fanatischen Islamismus und der gefährlichen Herausforderung durch das Mullah-Regime im Iran, sowie die Gespaltenheit und innere Schwäche der westlichen Demokratien lassen einen Konflikt von beträchtlicher Sprengkraft weit über die Region des Nahen Ostens hinaus erwarten. Von daher erscheint es zunächst zwar verständlich, daß viele Politiker, Intellektuellen und Journalisten in Europa nicht automatisch eine prinzipiell freundliche Haltung gegenüber Israel einnehmen. Die gelegentlich anzutreffende Feindseligkeit mit Blick auf die Politik Israels ist gleichwohl bemerkenswert.

Antiisraelismus gibt es in den westlichen Demokratien in vielen Facetten. Nicht immer wird dabei offen feindselig argumentiert. Häufig verbirgt sich die Feindseligkeit hinter Nebenbemerkungen oder semantisch fein ausgeklügelten Beurteilungen. Manchmal tritt jedoch hinter der Kritik an Israel ein tief verankerter Antisemitismus hervor. Es sind in der Tat eigenartige Kriterien, nach denen sich die Grundeinstellungen mancher europäischer Politiker, Intellektueller und Journalisten zu Israel entwickelt und verfestigt haben. Immerhin blenden viele Kritiker von vornherein die Frage aus, ob die Vorbehalte gegenüber der Politik dieses Landes sachlich begründet und moralisch gerechtfertigt sind. Dabei scheinen die Vertreter dieser Grundeinstellung gegenüber Israel gar nicht auf die Idee zu kommen, ihre eigene Position mit der gebotenen Sorgfalt zu überprüfen und zwischen legitimer Kritik und schlichtem Antiisraelismus zu unterscheiden.

Mit Blick auf die wichtigsten Streitpunkte im israelisch-palästinensischen Konflikt tun Israels Kritiker so, als habe es die brüske Zurückweisung des großzügigen und mutigen Angebots des damaligen israelischen Regierungschefs Ehud Barak in Camp David (USA) im Juli 2000 durch den damaligen Vorsitzenden der Palästinensischen Autonomiebehörde, Jassir Arafat, niemals gegeben. Im Juli 2000 hatte Israels Ministerpräsident Ehud Barak seine Bereitschaft erklärt, den Gaza-Streifen vollständig, dazu etwa 97 Prozent des Westjordanlandes und alle arabischen Stadtviertel Ost-Jerusalems an die Palästinenser zurückzugeben, einen eigenen Palästinenser-Staat zu akzeptieren und auf dieser Grundlage über alle restlichen Streitpunkte zu verhandeln. Die Palästinenser hätten also ihren eigenen Staat längst haben können, wenn sie das mutige Angebot seitens der israelischen Regierung aufgegriffen hätten. Mit der bedauerlichen Ablehnung dieses Angebots durch die Führung der Palästinenser wurde zum einen die Chance vertan, die Entwicklung in friedliche Bahnen zu lenken. Zum anderen erhielten die islamistischen Kräfte im Nahen Osten die Möglichkeit, die Rahmenbedingungen in ihrem Sinne zu ändern und jene Situation zu schaffen, vor der wir heute stehen. Kaum einen kritischen Hinweis hörte man in den europäischen Medien zu dem Tatbestand, daß Jassir Arafat im Juli 2000 erneut auf Gewalt setzte, weil er glaubte, hierdurch mehr erreichen zu können. Und niemand in der arabischen Welt hat ihn damals von diesem Schritt abgehalten. Die katastrophalen Folgen dieser tragischen Fehlentscheidung Arafats insbesondere für die Palästinenser, aber auch für die Bemühungen um Frieden im Nahen Osten lassen sich nicht leugnen. Nach dem Tod von Jassir Arafat am 11. November 2004 glaubten zwar viele Politiker in den USA und in Europa zunächst, daß es eine neue Chance gebe, den israelisch-palästinensischen Konflikt auf friedliche Weise beizulegen. Doch die Entwicklung ging längst in eine andere Richtung. Zum einen eröffneten sich dem Mullah-Regime im Iran sowohl mit dem erfolgreich verlaufenden Nuklear- und Raketenprogramm, als auch mit der gestiegenen Kampffähigkeit der islamistischen Terrororganisationen neue Perspektiven. Zum anderen war der als „gemäßigt" geltende Nachfolger Arafats im Amt des Präsidenten der Palästinensischen Autonomiebehörde, Mahmud Abbas, nicht in der Lage, realistische Positionen für die Gründung eines eigenen Palästinenser-Staates durchzusetzen, die eine Anerkennung des jüdischen Staates im Nahen Osten zur Folge gehabt hätten. Abbas hat jedenfalls bis heute nicht erkennen lassen, ob er überhaupt zu einem tragfähigen Kompromiß bereit ist. Vielmehr besteht er – wie schon sein Vorgänger Arafat – auf dem Rückkehrrecht aller Flüchtlinge und auf Jerusalem als alleiniger Hauptstadt des Palästinenser-Staates. Dieses Verhalten weist darauf hin, daß Mahmud Abbas letztlich keinen jüdischen Staat Israel im Nahen Osten will. Im Vergleich zu dem Vorgehen der palästinensischen Terrorgruppen Hamas und Hizbullah erscheint das Verhalten von Mahmud Abbas daher als eine Art „Salami-Taktik", um den jüdischen Staat im Nahen Osten dank der vorhersehbaren demographischen Entwicklung schließlich doch „von der Landkarte verschwinden" zu lassen. Offenbar geht Mahmud Abbas davon aus, daß die derzeit etwa zwanzig Prozent der Bevölkerung in Israel ausmachende arabische

Minderheit angesichts der doppelt so hohen Geburtenrate wie die der Juden zusammen mit der Rückkehr der Flüchtlinge ziemlich rasch zu einer Mehrheit anwachsen wird. Ein jüdischer Staat Israel wäre dann nicht mehr zu halten. Es ist die Tragik auch der als „moderat" geltenden Palästinenser, daß sie ihr politisches Verhalten nicht auf „das Ende des Konflikts" richten und die genuinen Interessen der eigenen Bevölkerung in den Mittelpunkt stellen, sondern an festgefügten ideologischen Prämissen orientieren, die nicht die geringste Chance haben, jemals verwirklicht zu werden. Während es die jüdische Nationalbewegung im Laufe des geschichtlichen Prozesses geschafft hat, ihre politischen Ziele auf einen Teil Palästinas zu beschränken, hält die palästinensische Nationalbewegung strikt an ihrem Anspruch auf ganz Palästina fest.

Um so bedrückender muß es auf die Israelis wirken, wenn europäische Politiker und Vertreter der Medien für die Motive der in den letzten dreizehn Jahren mit zunehmender Gewalt agierenden Terrorgruppen Verständnis zeigen und dabei unterschlagen, daß die Hauptträger der Gewalt gegen Israel, die vom Iran und von Syrien massiv unterstützten Terrororganisationen, vor allem die Hizbullah und die Hamas, jede Friedensregelung bekämpfen, die Israels Existenz als jüdischer Staat im Nahen Osten festschreibt. Daß der in den vergangenen dreizehn Jahren praktizierte Krieg islamistischer Terrorgruppen die Palästinenser-Führung bis heute davor bewahrt, im Gegenzug zur zweifellos richtigen und notwendigen Schaffung eines eigenen Staates dem jüdischen Staat Israel eine sichere Existenz zuzubilligen, wollen viele Politiker und Repräsentanten der Medien in Europa nicht wahrhaben. Sie sind vielmehr von dem Gedanken fasziniert, den Opfern der Raketenangriffe, der Terroranschläge und Selbstmordattentate die Schuld an dem schrecklichen Geschehen zu geben – eine Denkweise, die naturgemäß die eigene Argumentation sehr erleichtert und den Anspruch an die Israelis enthält, sie müßten gerade wegen ihrer leidvollen Erfahrung besondere Zurückhaltung gegenüber jenen üben, die sie mit Terror und Krieg zur Selbstaufgabe zwingen wollen.

Es ist aber der vom schiitischen Mullah-Regime in Teheran seit vielen Jahren mit Hilfe der islamistischen Terrorgruppen geführte Stellvertreterkrieg gegen Israel an sich, den zahlreiche Politiker und Repräsentanten der Medien in Europa zu verdrängen suchen. Sie lassen darüber hinaus fast durchweg ihre realitätsferne Auffassung erkennen, die Raketenangriffe und Terroranschläge würden sofort aufhören, wenn Israel nur bereit wäre, alle Siedlungen außerhalb seiner Grenzen vor dem Sechs-Tage-Krieg von 1967 zu räumen und von seinen militärischen Maßnahmen zur Gegenwehr Abstand zu nehmen.

Anhand der täglichen Kommentare aus Europa in Wort und Bild läßt sich exemplarisch lernen, in welcher Weise die Politik Israels gesehen wird. Meist verbunden mit dem Lippenbekenntnis, das Schicksal Israels mit Anteilnahme und Solidarität zu verfolgen, ist von Politikern, Intellektuellen und Journalisten oft zu hören, daß sich die israelische Politik in der Anwendung militärischer Gewalt erschöpfe und keine glaubwürdige Perspektive für einen Ausgleich mit den Palästinensern bereithalte. Wenn man nur diesen Konflikt friedlich regeln würde – so die Vorstellung – könnten alle anderen Konflikte mit der islamischen Welt gelöst werden. Dabei dominiert die Überzeugung, der gegen Israel gerichtete Terror sei eine bloße Reaktion auf das israelische Verhalten. Die Israelis seien selbst schuld an dem, was ihnen durch Terror, Überfälle und Selbstmordattentate widerfährt. Wenn es keine politische, soziale und ökonomische Ungerechtigkeit mehr gebe, so lautet die Argumentation, dann werde es auch keinen Terror mehr geben. Vor diesem Hintergrund kann es nicht verwundern, daß immer mehr Europäer glauben, der offenkundige Haß auf Israel habe seine Ursache allein in der israelischen Politik gegenüber den Palästinensern und dem fehlenden Druck der USA auf ihren Schützling im Nahen Osten. Wenn man dies ändere, den Menschen in Palästina Hoffnung biete und ihre Lebensverhältnisse bessere, so hören wir von vielen Europäern immer wieder, werde der Terror ein Ende finden. Doch verschleiern derart eindimensionale Erklärungsmuster mehr, als sie an Einsicht gewähren. Viele Europäer bemerken dabei gar nicht, daß die nur einen kleinen Teil der muslimischen Welt repräsentierenden Islamisten und die hinter ihnen stehenden despotischen Regime den ungelösten Konflikt zwischen den Israelis und den Palästinensern konsequent als Argument nutzen, weil sie wissen, daß dies in weiten westlichen Kreisen gut ankommt und von den sehr viel tiefer greifenden Gründen terroristischer Vorgehensweisen ablenkt. Dem palästinensischen Volk dienen die antiisraelischen Verhaltensweisen der Europäer also gerade nicht.

Auch langjährige und erfahrene Beobachter der europäischen Politik und der Medien in Europa sind bisweilen doch überrascht, mit welchen einfachen, aber zugleich subtilen Mitteln und Methoden im Hinblick auf die gefährlichen Konflikte im Nahen Osten ein Israelbild gezeichnet und verbreitet wird, das auf sehr ausgeprägten ideologischen Fixierungen beruht. Dies wird besonders deutlich, wenn man die Opfer des Terrors unter den Israelis eher distanziert zur Kenntnis nimmt, ihre Zahl in geradezu makabrer Weise mit der deutlich höheren Zahl der israelischen Verkehrstoten vergleicht und im gleichen Atemzug Israel als brutales Regime darstellt, als einen Staat mit einer Armee schildert, der grundsätzlich dazu neigt, bei seiner Gegenwehr jedes Maß zu verlieren und hierdurch weitere Terroranschläge und Raketenangriffe bewußt herauszufordern. Die Politiker und Journalisten, die solchen ideologischen Fixierungen verhaftet sind und den Israelis die Opferrolle absprechen, ihnen sogar vorwerfen, diese „Opferrolle zu inszenieren" und die einzelnen Terrorgruppen durch ihre Gegenwehr erst stark zu machen, lassen sich durchaus einiges einfallen, um ihre Sichtweise zu rechtfertigen und einem weniger kenntnisreichen Publikum zu vermitteln. So wird durch Verschweigen wichtiger Tatbestände und politischer Zusammenhänge im Hinblick auf die realen Ziele der islamistischen Regime und Terrorgruppen ein künstlicher Rahmen geschaffen, in den sich die einzelnen Darstellungen scheinbar plausibel einordnen.

Auch die Auswahl und Gewichtung von Geschehnissen, die bewußte Vermischung von Tatsachenbehauptungen und Werturteilen läßt den Bürgern in Europa kaum eine Chance, sich ein eigenes Urteil über die Wirklichkeit der Konflikte im Nahen Osten zu bilden. Die beständige Überzeichnung des als negativ Empfundenen unterstreicht dies noch. Selbst die Medienvielfalt hilft dann nicht weiter, wenn es zu Kampagnen kommt, wenn in fast allen Sendungen des Fernsehens und in Zeitungen dieselbe Botschaft übermittelt wird. Dabei ist es irrelevant, ob es sich um ein abgestimmtes Verhalten der Journalisten oder einen gewissen Konformitätsdruck handelt, oder die Eigendynamik des Medienbetriebs dafür verantwortlich ist. In jedem Fall verstärkt die gleichgerichtete Präsentation die lenkende Wirkung auf den Prozeß der politischen Meinungsbildung und macht es den Menschen schwer, die Wirklichkeit zu erkennen.

Vor diesem Hintergrund tun die übermittelten Bilder, die bewußt die in den harten kriegerischen Auseinandersetzungen unvermeidbaren Opfer herausheben, zusammen mit der dabei verwendeten Sprache dann ein Übriges, um jenes Bild Israels entstehen zu lassen, das wir seit vielen Jahren im Fernsehen und in den Zeitungen vorfinden. Besonders fragwürdig ist in manchen Reportagen, daß vor allem Fernseh-Journalisten die Positionen der islamistischen Terrorgruppen unkritisch transportieren und zumindest unterschwellig dafür Verständnis zeigen. Wenn in diesem Kontext nach Recht oder Unrecht von Raketenangriffen und Terroranschlägen gar nicht gefragt, terroristische Gewalt und israelische Gegenwehr eher buchhalterisch verrechnet, die israelische Begründung für militärisches Handeln – etwa zur Zerstörung der zahlreichen Tunnel an der Grenze zu Ägypten, die der Hamas zum Waffenschmuggel dienen, oder für die Verfolgung von Terroristen, die Anschläge organisiert haben oder planen – regelmäßig mit einem „angeblich", „vermeintlich" oder „mutmaßlich" versehen wird, so macht dies deutlich, daß der Glaubwürdigkeit Israels der Boden entzogen und der Politik dieses Landes keine Unterstützung gegeben werden soll. Mit dieser subtilen Technik des häufigen „In-Zweifel-Ziehens" israelischer Positionen und Begründungen läßt sich über Jahre hinweg sehr leicht ein negatives Bild verfestigen.

Ähnliche Wirkungen werden dadurch erzielt, daß manche Repräsentanten der europäischen Medien in ihren Darstellungen über die militärische Gegenwehr der Israelis die in dem Krieg gegen die Terrorgruppen unvermeidbaren Opfer unter der Zivilbevölkerung besonders ins Blickfeld rücken. Sie hinterlassen beim Publikum den Eindruck, als sei das israelische Vorgehen geradezu darauf zugeschnitten, Leid zu verbreiten. Nicht selten ist man in den Fernseh-Studios, aber auch in manchen Regierungen mit dem Vorwurf bei der Hand, das Vorgehen der israelischen Streitkräfte sei „undifferenziert", „unangemessen" oder gar „blindwütig". Das offensichtliche und regelmäßige Bemühen der israelischen Streitkräfte, durch Warnungen vor dem Einsatz militärischer Gewalt die Zivilbevölkerung möglichst wenig in Mitleidenschaft zu ziehen, wird zumeist verschwiegen.

Selbst der von dem früheren Ministerpräsidenten Ariel Scharon im Jahre 2005 angeordnete einseitige Abzug der Israelis aus dem Gaza-Streifen und aus einigen Siedlungen im Westjordanland wurde negativ gesehen, als „rein taktisch" sowie als „PR-Maßnahme" bewertet und die Schwierigkeit der damaligen Regierung bei der Durchsetzung des Abzugs mit einer gewissen Schadenfreude begleitet.

Das negative Bild Israels wird häufig auch mit Hilfe semantischer Tricks vertieft, indem man diejenigen, die im Rahmen des schon seit mehreren Jahrzehnten stattfindenden asymmetrischen Krieges Terroranschläge verüben, lediglich mit dem euphemistischen Begriff „militant" bezeichnet und die definitiv außerhalb des Völkerrechts handelnden islamistischen Terrorgruppen auf eine Stufe stellt mit den israelischen Streitkräften, die als hierarchisch aufgebautes Instrument ausschließlich auf die Anordnungen einer demokratisch legitimierten Regierung eingesetzt werden. Für die Medienvertreter in Europa, die sich dieser subtilen Technik bedienen, ist dies ein unwürdiges und im Grunde auch widersinniges Verfahren.

Der in vielen Aussagen europäischer Politiker und in den Medien sichtbare ausgeprägte Antiisraelismus, der sich in der Dämonisierung des Landes, in der systematischen Diffamierung und Delegitimierung israelischer Politik ausdrückt, verrät immer wieder, daß zahlreiche Europäer offenbar nicht genug aus der Geschichte gelernt haben, aber gleichwohl von ihrer „Mission" überzeugt sind. Sie orientieren sich nicht nur an einem post-nationalen Denken, dem nationalstaatliche Ordnungen, Ansprüche und Verpflichtungen als antiquiert und suspekt erscheinen. Es stört manche Vertreter der europäischen Medien und der Politik wohl auch der Geist der Wehrhaftigkeit, der die israelische Gesellschaft trotz aller Veränderungen in den vergangenen vier Jahrzehnten durchzieht. Dabei gerät nur allzu leicht aus dem Blickfeld, daß die so häufig bei der Beurteilung des Verhaltens von modernen Nationalstaaten herangezogene Bindekraft internationaler Regeln sehr unterschiedlich und zumeist gerade dann schwach ist, wenn es um die hochsensible Frage des nationalen Überlebens geht. Die Träger dieser gegenüber dem modernen Nationalstaat extrem kritischen Grundeinstellung, neben Journalisten auch manche Politiker und Intellektuelle, verstehen offenbar gar nicht, daß in solchen prekären Situationen das Recht auf Selbstverteidigung Vorrang genießt, der Einsatz des militärischen Instrumentariums nicht nur eine theoretische Rolle spielt und mit einer „Militarisierung des Denkens", wie von manchen Politikern behauptet wird, nichts zu tun hat. Diese nicht besonders kenntnisreichen Leute scheinen sich gleichwohl – und nicht nur mit Blick auf Israel – für erziehungsberechtigt zu halten, wenn es gilt, staatliches Handeln in eine bestimmte, allein für richtig befundene Ordnung zu pressen. Auch führt die von manchen europäischen Politikern und Journalisten praktizierte Methode nicht weiter, die Vorwürfe auf die Person des amtierenden israelischen Ministerpräsidenten Benjamin Netanjahu zu konzentrieren und dabei bewußt herunterzuspielen, daß die Politik des israelischen Regierungschefs von einer Mehrheit im Parlament und in der Bevölkerung getragen wird. Dieses Verhalten zeigt zudem eine bemerkenswerte Leichtfertigkeit jener Europäer, die es als ihre Aufgabe ansehen, den israelischen Politikern im Stile einer fragwürdigen „politischen Korrektheit" Nachhilfeunterricht in zivilen Tugenden zu erteilen, obwohl sie diese Tugenden für sich selbst nicht gelten lassen.

Die Eigendynamik des in den Kommentaren europäischer Politiker und Journalisten sichtbar werdenden Antiisraelismus sollte nicht unterschätzt werden. Schon lange kann man beobachten, daß die beständige Vermittlung eines verzerrten Bildes von Israel und seiner Politik bedenkliche Folgen nach sich zieht. So änderte sich nicht nur die einst recht positive Grundhaltung der Menschen in Europa zum Staat Israel in geradezu dramatischer Weise. Die spezifische Art der Kommentierung israelischer Politik hilft auch dem palästinensischen Volk nicht. Im Gegenteil: In der heute angesichts der wachsenden Bedeutung des Islamismus und der vom Iran bewußt geschürten Eskalation des schon lange im Gang befindlichen asymmetrischen Krieges gegen Israel fühlen sich die Terrorgruppen durch eine Kommentierung ermutigt, die Israels Maßnahmen zur Selbstverteidigung regelmäßig an den Pranger stellt. Dank dieser in Europa weit verbreiteten Haltung überrascht es nicht, daß jene politischen Kräfte im Nahen Osten, die den jüdischen

Staat Israel bekämpfen, immer fester daran glauben, es sich erlauben zu können, auf Zeit zu spielen, um nach dem Erwerb nuklearer Waffen in einer noch machtvolleren Position zu sein. So trägt der für viele Europäer charakteristische Antiisraelismus nicht nur wesentlich dazu bei, daß sich die Möglichkeiten für eine friedliche Regelung des israelisch-palästinensischen Konflikts und die Errichtung eines Palästinenser-Staates eher verringern und das Leid der Palästinenser wie der Israelis verlängert. Diese Haltung macht es den Israelis auch zunehmend schwerer, für die Sicherung der Existenz ihres Staates Rückhalt zu bekommen.

Auch im Zuge der öffentlichen Debatte in Deutschland über die Konflikte im Nahen Osten kann man eine wachsende antiisraelische Grundströmung beobachten. Daß in diesem Zusammenhang die rechtsextremen politischen Parteien und gesellschaftlichen Gruppen ihre Feindschaft gegenüber Israel in besonderer Weise kundtun und zudem von einem tief verwurzelten Antisemitismus geprägt sind, überrascht nicht. So werden in den Presseerklärungen rechtsextremer Parteien sowie in Zeitungen der radikalen politischen Rechten nicht nur Israels militärische Maßnahmen im Rahmen der Gegenwehr als „völkerrechtswidrig" und als „Terrorismus" gebrandmarkt und die Regierung in Jerusalem als „internationale Völkermordzentrale" bezeichnet. In den einschlägigen Kommentaren zur Existenz des jüdischen Staates Israel an sich und dem grundsätzlichen Handeln seiner Regierung verwendet man zudem ein Vokabular, daß an die von tiefem Haß geprägten Formulierungen in der Ära des Nationalsozialismus erinnert. Es ist deshalb kein Zufall, daß dieser Stil mit den oft wiederholten Aussagen des früheren iranischen Staatspräsidenten Mahmud Ahmadinedschad übereinstimmt. Die rechtsextremen Parteien und gesellschaftlichen Gruppen sind die konsequentesten Träger des antisemitischen Gedankenguts und der antiisraelischen Strömungen in Deutschland. Insofern erscheint das erschreckende Versagen Deutschlands, ein Verbot der NPD durchzusetzen und eine umfassende Abwehrstrategie gegen Antisemitismus in der Gesellschaft zu verankern, besonders bedrückend.

Einen ausgeprägten Antiisraelismus findet man zudem in zahlreichen öffentlichen Stellungnahmen der extremen Linken in Deutschland. Dieses Phänomen haben nicht zuletzt Wissenschaftler der Universitäten Gießen und Leipzig in einer Studie festgestellt. Danach gehören antiisraelische Positionen bei den Vertretern der extremen Linken zu einer weitgehend konsensfähigen Haltung, die in jüngster Zeit an Kraft gewinnen konnte. Einen genuinen Antisemitismus gibt es bei der extremen Linken jedoch nicht. Gleichwohl sind Vorwürfe, wie „der Terrorismus Israels" oder „die Kriegspolitik Israels" von Repräsentanten dieses Teils des politischen Spektrums gelegentlich zu hören und zu lesen.

Auch die Tatsache, daß Vertreter linker Gruppierungen mit Islamisten in Deutschland gegen Israel demonstrieren, fällt auf. Es ist in diesem Kontext ebenso bezeichnend, daß sich einige Bundestagsabgeordnete von der Resolution des Deutschen Bundestages zum Antisemitismus in einer schriftlichen Erklärung distanzierten. Sie wollten die Passage nicht mittragen, in der es heißt: „Die Solidarität mit Israel ist ein unaufgebbarer Teil der deutschen Staatsräson … Die Solidarisierung mit terroristischen und antisemitischen Gruppen wie der Hamas und der Hizbullah sprengt den Rahmen zulässiger Kritik an der israelischen Politik". Erst recht mußte es die Israelis irritieren, daß einige deutsche Politiker an der von türkischen Islamisten und der Terrororganisation Hamas organisierten Aktion zur Brechung der See-Blockade Gazas Ende Mai des Jahres 2010 teilgenommen haben. Diese Politiker ignorierten mit ihrem Vorgehen immerhin den Tatbestand, daß sich der demokratische Staat Israel mit der Terrororganisation Hamas im Krieg befindet, aber dennoch eine Weiterleitung der auf den Schiffen transportierten Hilfsgüter für die palästinensische Bevölkerung über einen israelischen Hafen angeboten hatte.

Ähnlich problematische Haltungen zur Sicherheitslage Israels können wir in den europäischen Ländern auch mit Blick auf den Iran und dessen Politik gegenüber Israel beobachten. So halten zahlreiche Politiker und Journalisten entgegen den weltweit bekannten Tatsachen nicht nur unbeirrt daran fest, daß die nuklearen Ambitionen des Mullah-Regimes unbewiesen seien. Gelegentlich wird auch versucht, die seit einigen Jahren von Paris aus operierende iranische Widerstandsbewegung, der wir wichtige – und von anderen Organisationen bestätigte – Erkenntnisse über das iranische Nuklearprogramm verdanken, in Verruf zu bringen. Dabei setzte man sich nonchalant über die rechtskräftigen Urteile mehrerer Gerichte, darunter des Europäischen Gerichtshofs hinweg, die bestätigt haben, daß die unter dem Namen „Nationaler Widerstandsrat Iran" bekannte Organisation keine Terrorgruppe ist, die sich gegen Interessen westlicher Länder richtet. Die Europäische Union nahm diese Gruppierung daher zu Recht Ende Januar 2009 von ihrer Terrorliste. Zu Recht aber wurden die Hamas, die Hizbullah und die Al Qaeda von den meisten EU-Staaten als Terrororganisationen angesehen, die es sich zum ernst gemeinten Ziel gesetzt haben, den Staat Israel zu beseitigen. Dabei mußte die Weigerung einiger EU-Länder, die Hizbullah auf die Terrorliste zu setzen, auf die Israelis geradezu peinlich wirken, gibt es doch eine Fülle von gerichtsfesten Beweisen für zahlreiche Terrorakte der Hizbullah auch außerhalb Israels, von dem Anschlag auf israelische Touristen im bulgarischen Burgas am 18. Juli 2012 bis zur Beteiligung an Terrorakten in Frankreich, den USA und Argentinien. Daß sich die EU schließlich am 22. Juli 2013 dazu durchringen konnte, wenigstens den militärischen Arm der Hizbullah als Terrororganisation zu betrachten, ist zwar ein Fortschritt, trifft jedoch nicht die ganze Realität. Denn die bewaffnete Miliz der Hizbullah folgt den Befehlen der von Hassan Nasrallah geführten und streng hierarchisch aufgebauten Organisation.

Ebenso problematisch muß es erscheinen, daß einige europäische Politiker dafür plädieren, mit den Terrorgruppen zu reden und sie in den israelisch-palästinensischen Dialog einzubeziehen. Sie ignorieren damit die Tatsache, daß diese Terrorgruppen das Existenzrecht Israels konsequent bestreiten und auf der Prämisse gegründet wurden, es gebe „keine Lösung des Palästinenserproblems außer durch den Djihad".

Wie weit der Antiisraelismus in Deutschland gelegentlich geht, zeigt auch die Forderung mancher Politiker, israelische Produkte in deutschen Geschäften besonders kennzeichnen zu lassen, wenn diese aus dem Westjordanland stammen. Es handelt sich dabei um einen kaum verschleierten Versuch, unter dem Deckmantel einschlägiger EU-Richtlinien Israel negativ herauszuheben und zum Boykott israelischer Waren aufzurufen. Ebenso mußte der „strategische Dialog" führender deutscher Sozialdemokraten mit der Palästinenser-Organisation Fatah in Israel Befremden hervorrufen. In diesem Dialog „gemeinsame Werte" mit der Fatah zu betonen, die mit der Terrorgruppe Hamas öffentlich „Versöhnung" gefeiert und die Raketenangriffe auf die israelische Zivilbevölkerung keineswegs verurteilt hat, erscheint zumindest fragwürdig.

Die realitätsferne Haltung mancher deutscher Politiker kam einmal mehr darin zum Ausdruck, als sie im Juli 2011 gegen den geplanten Verkauf von 200 modernen Kampfpanzern des Typs Leopard-2 an Saudi-Arabien Stellung nahmen und hierfür vor allem Menschenrechtserwägungen geltend machten. Sie setzten sich dabei nicht nur über die unbestreitbare Tatsache hinweg, daß sich die geopolitischen und strategischen Verhältnisse seit der massiven militärischen Aufrüstung des Iran und der Gefährdung der für die westlichen Demokratien so bedeutsamen Stabilität im Nahen Osten erheblich geändert haben. Sie ließen auch den Tatbestand außer acht, daß die USA und Israel der Lieferung dieser Waffensysteme zugestimmt haben. Vor allem Israel sieht zu Recht die Gefahr, daß der Iran sowohl über den Umsturz im mehrheitlich schiitischen Bahrain, als auch vom instabilen Jemen aus (wo die iranischen Al-Quds-Brigaden gemeinsam mit der islamistischen Terrorgruppe Al Qaeda schon große Teile kontrollieren) das sunnitische Saudi-Arabien wirksam bekämpfen und schließlich zum Zusammenbruch führen kann. So hat der damalige Vizeaußenminister Israels, Daniel Ayalon, am 7. Juli 2011 in einem Interview mit der Zeitung „Die Welt" mit Blick auf die Lieferung von Rüstungsgütern an Saudi-Arabien zu Recht darauf hingewiesen, daß sich die gesamte internationale Gemeinschaft gegen den Iran in Stellung bringen muß, um sowohl die sunnitischen als auch die westlichen Interessen zu schützen. Wie weit entfernt sich die Kritiker der avisierten deutschen Panzer-Lieferung von den Realitäten in der Welt befinden, wird auch daran sichtbar, daß die U.S.-Regierung Ende Dezember 2011 ein Waffengeschäft mit Saudi-Arabien (u.a. moderne Kampfflugzeuge) im Umfang von 30 Milliarden Dollar (!) bekanntmachte.

Im Zusammenhang mit dem innerdeutschen Streit um die Lieferung von Kampfpanzern an Saudi-Arabien ist bemerkenswert, wie hartnäckig sich manche Politiker den fundamentalen Veränderungen der Kräfte und der Interessen im Nahen Osten verschließen und an ihren eindimensionalen Sichtweisen festhalten. Die Welt nur aus dem engen

Blickwinkel der „Menschenrechte" zu sehen, wird den tatsächlichen Verhältnissen nicht gerecht. Man wird im übrigen wohl kaum ernsthaft behaupten können, daß ein Regimewechsel etwa in Bahrain zugunsten der vom Mullah-Regime im Iran unterstützten Schiiten die Menschenrechte im Nahen Osten fördert.

Zahlreiche Anhänger der eher linken Gruppierungen in Deutschland drücken ihre Kritik an Israels Politik insbesondere dadurch aus, daß sie zusammen mit islamischen Fundamentalisten in europäischen Städten gegen Israel und seine Schutzmacht USA demonstrieren, für das Vorgehen islamistischer Terrorgruppen, wie z.B. der Hizbullah und der Hamas, ein gewisses Verständnis zeigen und sogar an Aktionen gegen Israel aktiv teilnehmen. Vor dem Hintergrund des offenen Paktierens mit Islamisten, die gegen den jüdischen Staat Krieg führen und diesen Staat beseitigen wollen, taugt auch die jeweils nachgereichte Bekundung des Existenzrechts Israels nicht einmal mehr als Alibi. Selbst kirchliche Organisationen und Menschenrechtsgruppen lassen sich gelegentlich vor den Karren der gegen Israel gerichteten Kräfte spannen. Das alles geschieht – gemäß den Erkenntnissen der Sicherheitsbehörden – vor dem Hintergrund der Tatsache, daß es in Deutschland und anderen Staaten Europas weit gespannte, vom Iran gesteuerte islamistische Netzwerke gibt, die in dem Konflikt mit Israel bereits heute genutzt werden.

Der für die extreme Rechte und manche Vertreter der extremen Linken charakteristische Antiisraelismus spiegelt sich darüber hinaus – wenn auch in sprachlich „feinerer" Form – in Kreisen des linken Bürgertums wider. In diesem politischen und gesellschaftlichen Umfeld, das in den Medien, in großen Teilen des Bildungswesens, in einigen politischen Parteien, in den Kirchen und manchen Nichtregierungsorganisationen zu finden ist, gilt eine subtile antiisraelische Haltung als salonfähig. Im Laufe der Zeit hat sich mit Blick auf die extrem kritische Bewertung der israelischen Politik ein bedenklicher Automatismus eingeschlichen. Dabei stützt man sich nur allzu gern und vorbehaltlos auf die einseitigen Darstellungen der Vereinten Nationen, in dessen Gremien die Repräsentanten der autoritären und despotischen Regime die Mehrheit haben, und blendet jene Fakten aus, die der einmal vorgefaßten Meinung die Grundlage nehmen könnten. Und nicht zuletzt spiegelt sich dieser Antiisraelismus in einigen Lehrbüchern wider, die in Deutschlands Schulen verwendet werden.

Getragen wird diese in Deutschland, aber auch in anderen EU-Staaten weit verbreitete Argumentationsweise von einem beständig in der Öffentlichkeit kommunizierten eindimensionalen Bild, das auf bruchstückhaften Informationen und ausgeprägten Gefühlen beruht. Es richtet sich gegen einen modernen Nationalstaat, dessen Erfolg, Durchsetzungskraft und relative Machtfülle in der Region des Nahen Ostens allein schon kritisch betrachtet werden und dessen Handlungsbereitschaft vor allem dann Unbehagen hervorruft, wenn sie der in den Medien häufig vertretenen und äußerst fragwürdigen „politischen Korrektheit" mit ihren moralischen Ansprüchen nicht zu genügen scheint.

Welche erschreckenden Blüten diese „politischen Korrektheit" treibt, konnte man bei der Verurteilung der Kommando-Aktion der U.S.-Navy Seals am 2. Mai 2011 in Pakistan beobachten, bei der Osama bin Laden, der Gründer und damalige Chef der Terrororganisation Al Qaeda, getötet wurde. Den meisten Kommentatoren aus dem Umfeld der „politischen Korrektheit" ist dabei zuerst das Wort „alttestamentarische Rache" eingefallen, um das Geschehen zu bewerten. Ihr anti-jüdischer Unterton war sicherlich bewußt gewählt und zeigt das Bedürfnis, sich moralisch zu erhöhen, um damit den angeblich überlegenen Stand der europäischen Zivilisiertheit im Gegensatz zu amerikanischen und israelischen Verhaltensweisen zu bekunden. Träger dieser charakteristischen Haltung sind interessanterweise jene gesellschaftlichen Kräfte, die schon den Preis der Verteidigung der westlichen Demokratien gegen den Kommunismus nicht zahlen wollten. In der Tat gehört es zu den Wesenszügen dieser Haltung gegenüber Israel, daß einige Politiker, Intellektuelle und Journalisten beharrlich dazu neigen, die Sichtweise der Gegner Israels ungeprüft zu übernehmen und selbst dann noch daran festzuhalten, wenn sich deren Behauptungen längst als falsch erwiesen haben. Und wo dies nicht so ohne weiteres möglich erscheint, weil etwa das verbrecherische und völlig außerhalb des Völkerrechts stattfindende Handeln der vom Mullah-Regime im Iran militärisch ausgerüsteten, geschulten und gesteuerten Terrororganisationen zu offenkundig ist, flüchtet man sich in grundsätzliche Erwägungen im Hinblick auf den Einsatz militärischer Mittel oder greift zu semantischen Tricks, die es zumindest für eine Weile erlauben, der Sichtweise der israelischen Regierung zu widersprechen. Es scheint die Redakteure mancher Zeitungen und Magazine in Europa dabei nicht zu stören, wenn ihre antiisraelischen Artikel von den Mitgliedern und Sympathisanten rechtsextremer Parteien gern zitiert werden oder sogar großes Lob erfahren.

Daß die Politik Israels allgemein und erst recht die Verteidigung gegen islamistischen Terror einerseits von der großen Mehrheit im Parlament getragen und andererseits die Beachtung des Völkerrechts durch Israel immer wieder vom Obersten Gerichtshof des Landes überprüft wird, sind von Kreisen des linken Bürgertums und den mit ihnen verbundenen Medien gerne und subtil heruntergespielte Tatsachen. Ebenso wird von manchen europäischen Politikern und Journalisten zumeist verschwiegen, daß die Abriegelung des Gaza-Streifens lange Zeit auch auf ägyptischer Seite stattgefunden hat. Und als ein von radikalen islamistischen Kräften in der Türkei organisierter Schiffskonvoi Ende Mai 2010 die nach internationalem Recht legale See-Blockade des Gaza durchbrechen wollte und von der israelischen Marine gewaltsam daran gehindert wurde, forderten die Europäer – ohne nähere Informationen über die Hintergründe des Zwischenfalls abzuwarten – die israelische Regierung auf, die Abriegelung sofort zu beenden. Der Tatbestand, daß die Aktion von dem Schöpfer der türkischen Islamisten-Organisation Milli Görüs, Necmettin Erbakan, initiiert und darauf angelegt war, die brutale Terrorherrschaft der Hamas im Gaza zu stabilisieren, löste bei europäischen Politikern und Medien weit weniger Bedenken aus, als die Reaktion Israels. Und von Kritik völlig verschont blieb die Regierung des NATO-Landes Türkei, obwohl sie die völkerrechtswidrige und militante Aktion der Islamisten ausdrücklich unterstützt hatte und ihr bekannt war, daß hochrangige Hamas-Mitglieder (u.a. Hamas-Chef Khaled Meshal) und ein Führer der jordanischen Muslimbruderschaft bei der feierlichen Verabschiedung der Aktivisten in Istanbul anwesend waren. Von einem Großteil der europäischen Medien wurde auch nicht erwähnt, daß die israelische Regierung mehrfach angeboten hatte, die Ladung der Schiffe im israelischen Hafen Ashdod zu löschen und nach Gaza weiterzuleiten.

Verschwiegen wurde zudem, daß die Seegrenze des Gaza-Streifens unter israelischer Verwaltung steht, wie dies auch in den 1993 von Jassir Arafat unterzeichneten Osloer Abkommen festgehalten worden ist. Dieses Verhalten von Politikern und Journalisten in Europa zeigt nicht nur eine enorme Leichtfertigkeit im Umgang mit den Fakten. Es wirft auch ein bezeichnendes Licht auf das Demokratieverständnis jener, die es als ihre Mission ansehen, den Israelis Vorschriften zu machen und sich mit dem Anspruch auf die ausschließliche Gültigkeit ihrer eigenen moralischen, politischen und rechtlichen Maßstäbe gegen das Handeln der Regierung in Jerusalem zu wenden.

Wenn einflußreiche Vertreter des linken Bürgertums, Fernseh-Journalisten und Redakteure überregionaler Zeitungen in Deutschland und anderen europäischen Ländern die Aussagen von höchsten Vertretern des Mullah-Regimes im Iran zum Holocaust und zur Zerstörung des jüdischen Staates verurteilen, kann das weder die Sorgen der Israelis mildern, noch zeigt es, daß man sich der politischen Wirklichkeit stellt. In Teheran nimmt man solche Aussagen gelassen hin, da man weiß, wie man sie einzuordnen hat. Die stereotyp wiederholte Anerkennung des Existenzrechts Israels und die kritischen Vorhaltungen an die Adresse der politischen Führung des Iran sind die üblichen nichtssagenden Floskeln, mit denen die Vertreter des Antiisraelismus versuchen, sich aus der Affäre zu ziehen. Doch kann dies letztlich nicht gelingen. Die israelische Regierung wird die skeptische bis feindselige Haltung vor allem vieler Europäer zwar zu bedenken haben. Im Ringen um seine Existenz wird das Land jedoch trotz dieser ungünstigen politischen Rahmenbedingungen entsprechend seinen vitalen Interessen handeln müssen.

Die jüngste Entwicklung des Nahostkonflikts und die Eigenart der für unsere Epoche charakteristischen asymmetrischen Kriege weisen uns darauf hin, daß der vom Mullah-Regime im Iran und von den islamistischen Terrorgruppen besonders bedrohte Staat Israel sein Wohl und Wehe sicher nicht den Vorstellungen der internationalen Staatengemeinschaft oder den Einschätzungen jener politischen Kräfte in Europa überlassen wird, die bestimmte Interpretationen des Völkerrechts durchzusetzen suchen. Fast täglich muß die israelische Regierung die Erfahrung machen, daß sie sich in der äußerst sensiblen Frage der

Existenz ihres Landes weder auf die Führung der Vereinten Nationen, noch auf die Unterstützung aus den westlichen Demokratien verlassen kann. Selbst im Hinblick auf die Interpretation des Völkerrechts haben zahlreiche führende westliche Politiker nicht den Mut, die Bedeutung dieses wichtigen Instrumentariums der internationalen Politik wirklichkeitsnah einzuordnen.

Die Fragen nach dem Verständnis und der Bedeutung des Völkerrechts stellen sich vor allem dann besonders eindringlich, wenn es in politischen Konflikten um die Anwendung militärischer Gewalt geht. Auf diesem Felde können wir in der derzeitigen Epoche an zahlreichen Geschehnissen der internationalen Politik beobachten, daß völkerrechtliche Bestimmungen nicht immer die gewünschte Bindekraft zu haben scheinen. Dies liegt zum einen daran, daß völkerrechtliche Regeln keineswegs jene universale Geltung besitzen, die manche Wissenschaftler und Politiker ihnen unterstellen. Denn das Völkerrecht beruht auf Normen und Werten, über die nicht in jedem Fall internationale Übereinstimmung besteht. Zum anderen unterscheiden sich Entstehung und Anwendung völkerrechtlicher Normen grundlegend von der innerstaatlichen Rechtsordnung. Es gibt weder einen einheitlichen Normgeber, noch einen Mechanismus der Anwendung, der dem innerstaatlichen Recht vergleichbar wäre. Damit fehlt die Gewißheit, daß die vorhandenen Normen den zu lösenden Problemen angemessen sind und stets in gleicher Weise gelten.

In der Tat leidet das Völkerrecht an einem fundamentalen Widerspruch. Es will eine normative Ordnung schaffen, welche die Staaten als Rechtssubjekte gewissen Bindungen unterwirft und zu einem bestimmten Verhalten verpflichtet. Doch entsteht diese Ordnung erst durch den Willen der Staaten, erhält demnach durch sie letztlich ihre Legitimation. So kollidiert der Anspruch des Völkerrechts, normativ zu sein, nicht selten mit dem Problem, daß es sich den Gegebenheiten der Politik anpassen muß. Angesichts des Widerspruchs zwischen der idealen Vorstellung einer „internationalen Gemeinschaft" und dem Gewicht der politischen Realitäten gelingt es dem Völkerrecht nicht immer, absolut geltende Begründungen zu liefern. Und umgekehrt läßt sich mit dem Völkerrecht vieles begründen. Selbst die Rechtsquellenlehre hilft dann nicht weiter. Denn die Entstehung und Behandlung völkerrechtlicher Normen folgen selten einer klaren Linie. In manchen Fällen leitet das Völkerrecht eine Norm aus den Erklärungen eines Staates ab, denen viele andere oder sogar alle Staaten zustimmen. Es gibt aber auch immer wieder Beispiele dafür, daß eine Norm vor dem Hintergrund übergeordneter Gesichtspunkte und Interessen übergangen wird. Einmal wird eine Praxis als bindend angesehen, ein anderes Mal erklärt man diese für irrelevant.

Sind schon von daher die Eindeutigkeit und grundsätzliche Bindekraft des Völkerrechts fraglich, so sollte man angesichts des Charakters des derzeitigen internationalen Systems mit seinen tiefgreifenden Konflikten nicht zu große Erwartungen damit verbinden, was das Völkerrecht bewirken kann. Bereits die Tatsache, daß es viele Staaten mit sehr unterschiedlichen und oft gegenläufigen Interessen gibt, setzt der Wirkungsmacht des Völkerrechts Grenzen. Entgegen der landläufigen Meinung schließen sich nicht einmal moderne Nationalstaaten, wie die USA, China oder Russland in jedem Fall den häufig von außen kommenden Interpretationen völkerrechtlicher Normen an. Um so mehr zeigt die aktuelle politische Praxis, wie einige despotische Regime, z.B. der Iran und Syrien, oder nichtstaatliche Akteure, z.B. die islamistischen Terrorgruppen, völlig außerhalb des Völkerrechts agieren und dabei durchweg die massive Unterstützung von Staaten erhalten, die Mitglieder der Vereinten Nationen sind. Diese Mitglieder verletzen dabei ebenso offen und skrupellos die Charta der Weltorganisation und bedeutsame völkerrechtlich relevante Bestimmungen, die sie selbst unterzeichnet haben.

Auch moralische Überlegungen und Appelle helfen nicht immer weiter, wenn es darum geht, dem Völkerrecht höheres Gewicht zukommen zu lassen. Was moralisch ist und was nicht, wird in unterschiedlichen Kulturkreisen sehr unterschiedlich definiert, und selbst der in westlich-demokratischen politischen Systemen auf den ersten Blick gleich erscheinende Moralkanon läßt für unterschiedliche Interpretationen viel Raum. Zudem gibt es keinen Konsens in der Welt darüber, wann der Gebrauch von militärischer Gewalt „unverhältnismäßig" oder „völkerrechtlich nicht akzeptabel" ist. Einschlägige Vorwürfe vor allem von Nichtregierungsorganisationen und manche „Belehrungen" europäischer Politiker an die Adresse Israels sind deshalb von der Sache her fehl am Platze.

Alle diese Einschränkungen besagen zwar nicht, daß das Völkerrecht für das Handeln der Staaten im internationalen System bedeutungslos ist. Seine Bedeutung als Mittel zum Zweck, als eines unter mehreren Instrumenten, um Konflikte möglichst friedlich zu lösen oder das Verhalten in den Konflikten zu regeln, ist jedoch geringer als vielfach angenommen, da es als eigene Kraft nicht über allem steht. Ob der Staat Israel bei seinem bisherigen Handeln zur Abwehr der zahlreichen Angriffe seitens der islamistischen Terrorgruppen und der hinter ihnen stehenden despotischen Regime das Völkerrecht verletzt hat oder bei seinen künftigen Aktionen die Regeln des Völkerrechts nicht beachten wird, wie die Gegner Israels dies behaupten, bleibt schon aufgrund der Unbestimmtheit und der begrenzten Reichweite des Völkerrechts zweifelhaft.

Ein Blick auf die völkerrechtlich relevante aktuelle Staatenpraxis bietet kein eindeutiges Bild von dem, was die Akteure im internationalen System als rechtlich verbindlich anerkennen. Dies läßt sich an dem immer wieder aufkommenden Streit etwa über das außenpolitische Handeln der USA im Balkan-Konflikt, im Irak-Krieg und gegen den islamistischen Terrorismus oder über das Vorgehen Russlands im Tschetschenien-Krieg ablesen. In ähnlicher Weise sind die Reaktionen Israels auf die beständigen Angriffe der islamistischen Terrorgruppen Gegenstand bitterer Auseinandersetzungen. Es gibt jedoch einige Gegebenheiten in der internationalen Politik, die auch mit semantischen Tricks nicht einfach ausgeblendet oder umgedeutet werden können. Vor dem Hintergrund des Holocausts, der Vernichtung von sechs Millionen europäischen Juden durch das Nationalsozialistische Regime in Deutschland, war die Entstehung des modernen israelischen Staates in jenem Gebiet, in dem das Vereinigte Königreich Israel vor mehr als drei Jahrtausenden bestanden hatte, ein historisch bedeutsamer Vorgang. Zu den klaren Fakten gehört es ebenso, daß der auf der Basis der Resolution 181 der Vereinten Nationen vom 29. November 1947 gegründete moderne jüdische Staat Israel seit vielen Jahrzehnten von einigen Staaten und islamistischen Terrororganisationen angegriffen worden ist und heute immer massiver bedroht wird. Dennoch müssen wir feststellen, daß vielen europäischen Politikern der Mut fehlt, diese klaren Fakten zu benennen und die problematische Beziehung des Völkerrechts zur aktuellen politischen Praxis im internationalen System zu akzeptieren.

Insbesondere in Europa neigen viele Menschen dazu, an realitätsfernen Erwartungen festzuhalten, ohne sich über die schädlichen Folgen ihrer Position für die Bewahrung der Existenz Israels Rechenschaft zu geben. In manchen europäischen Staatskanzleien weigert man sich anzuerkennen, daß der israelisch-palästinensische Konflikt und der spezifische Streit mit dem Iran in einen größeren Kontext gehören. Erst recht ist es heute außerordentlich problematisch, wenn die Regierungen der europäischen Länder in der Öffentlichkeit immer noch den Eindruck vermitteln, daß eine militärische Austragung des Konflikts mit dem Mullah-Regime im Iran und den von ihm massiv unterstützten Terrororganisationen in jedem Fall vermeidbar sei.

Die führenden Repräsentanten der Politik bemerken angesichts dieses fragwürdigen Verhaltens offenbar gar nicht, daß sie den vielfach realitätsfernen Darstellungen der iranischen Nuklear- und Raketenrüstung in den europäischen Medien Tür und Tor öffnen und damit bewirken, daß sich die sachlich falschen Bilder über die Politik des Mullah-Regimes weiter verfestigen. Inzwischen wagt es kaum noch ein Politiker in Europa, die Tatbestände im Iran klar beim Namen zu nennen, weil er sofort fürchten muß, als „Schwarzmaler" oder als „Bellizist" angegriffen zu werden. Es verwundert in diesem Zusammenhang nicht, daß viele Journalisten bei der Kommentierung der iranischen Nuklear- und Rüstungspolitik an den vor allem von Israel und den USA vorgebrachten Darstellungen zweifeln. Sie reduzieren die Vorwürfe an das Mullah-Regime konsequent darauf, daß die Regierungen und die Geheimdienste der westlichen Demokratien angeblich nur den „Verdacht" haben, der Iran strebe mit seiner Nuklearpolitik eine militärische Option an. Es sind aber mit Blick auf das iranische Nuklearprogramm klare Fakten, die von den Geheimdiensten ihren jeweiligen Regierungen vorgelegt werden.

Fast alle Geheimdienste haben zudem detaillierte Kenntnis darüber, daß zum Beispiel die Waffentransporte an die islamistische Terrororganisation Hizbullah trotz der im Libanon stationierten UN-Truppe nach dem Libanon-Krieg vom Sommer 2006 weiter gegangen sind und auch heute noch vorwiegend mit Lastwagen erfolgen, die nicht an den offiziellen Grenzübergängen, sondern über schwer kontrollierbare Wege abseits der Städte und Dörfer von Syrien in den Libanon gelangen. Die mit Containern beladenen Lastwagen fahren stets direkt zu den Hizbullah-Stützpunkten. Die Waffentransporte wurden in so massiver Weise betrieben, daß der Generalsekretär der Vereinten Nationen, Ban Ki-moon, in seinen Berichten an den Sicherheitsrat diesen Tatbestand mehrfach bestätigt hat. Den Geheimdiensten ist ebenso bekannt, in welch intensiver Weise der Waffenschmuggel an die islamistische Terrororganisation Hamas in Gaza auch nach dem Versuch der israelischen Streitkräfte Anfang 2009, das Tunnelsystem von Gaza nach Ägypten zu zerstören, bis heute fortgesetzt wird. Selbst auf dem Seeweg von syrischen und türkischen Häfen und dann via Ägypten finden die Waffentransporte an die Hamas und andere von Gaza aus operierende Terrorgruppen statt. Seitens der europäischen Regierungen wird zumeist schamhaft verschwiegen, daß die militärischen Vorbereitungen der islamistischen Terrorgruppen auf einen weiteren, noch wesentlich umfangreicheren Waffengang gegen Israel zügig voranschreiten und niemand einen Finger rührt, um dies zu unterbinden.

Mit Blick auf die Nuklear- und Raketenrüstung des Iran und den derzeitigen Stand der iranischen Kapazitäten haben die Geheimdienste umfangreiche und tiefgehende Kenntnisse, die eine solide Beurteilung erlauben. Die europäischen Regierungen können sich also keineswegs mit dem Hinweis entschuldigen, nicht über hinreichendes Wissen zu verfügen. Dennoch vermitteln die Regierungen heute immer noch den Eindruck, als gebe es noch eine Chance, die nukleare Bewaffnung des Iran durch Gespräche endgültig verhindern zu können. In Wirklichkeit befindet sich die Entwicklung schon seit langem „beyond the point of no return". Hier geht es um die Frage der Existenz des jüdischen Staates Israel. Die meisten Regierungen der westlichen Demokratien vermeiden es jedoch, diese Realität beim Namen zu nennen. Sie glauben, daß es eine vernünftige Haltung sei, der Öffentlichkeit gegenüber die tatsächlichen Verhältnisse verschleiern zu sollen. Gleichzeitig wird von U.S.-Präsident Barack Obama, von Großbritanniens Premierminister David Cameron und von Deutschlands Bundeskanzlerin Angela Merkel wiederholt verkündet, daß „Nuklearwaffen in den Händen des iranischen Regimes nicht akzeptabel" seien. Man darf gespannt sein, was die Regierungen der westlichen Demokratien denn tun, wenn die Iraner schließlich doch eines Tages ihre neuen Waffensysteme erstmals der Weltöffentlichkeit vorführen und welche Wirkung ein derartiges Ereignis in den demokratischen Ländern haben wird.

Vordringen des Islamismus

Für das aktuelle Ringen Israels um seine gesicherte Existenz als jüdischer und demokratischer Staat im Nahen Osten sind der ausgeprägte Antiisraelismus in Europa und der mangelnde Realismus zahlreicher westlicher Regierungen eine schwere Belastung. Wo man Beistand für die Sicherheitspolitik eines extrem gefährdeten demokratischen Staates erwarten sollte, dominieren Skepsis, Angst und Nachgiebigkeit. Sie wirken um so nachhaltiger in einer Epoche, die durch dramatische Prozesse des Wandels in der islamischen Welt gekennzeichnet ist. Wenngleich es schon vor dem Umbruch in den islamischen Ländern des Nahen Ostens – von der Türkei über Ägypten bis nach Marokko – für Israel nicht einfach war, seine Sicherheit zu bewahren und hierfür Beistand zu erhoffen, stellt der seit einigen Jahren zu beobachtende Aufschwung des Islamismus eine zusätzliche politische Herausforderung dar.

Anders als man im Jahre 2000 mit den intensiven Bemühungen zur Fortsetzung des Friedensprozesses im Nahen Osten hoffen konnte, sind seit der bedauerlichen Ablehnung des großzügigen Angebots der israelischen Regierung unter Ehud Barak durch den damaligen Vorsitzenden der Palästinensischen Autonomiebehörde Jassir Arafat und dem Beginn der Zweiten Intifada Entwicklungen in der internationalen Politik eingetreten, die alles bis dahin Erreichte in Frage gestellt haben.

Das Vordringen des islamischen Fundamentalismus, die zahlreichen weltweit verübten Anschläge islamistischer Terrorgruppen und die aggressive Machtpolitik des Iran haben die politische und strategische Lage nicht nur Israels, sondern der gesamten westlichen Staatenwelt und der mit ihr kooperierenden arabischen Länder grundlegend verändert. Immerhin dauert dieser Prozeß bereits mehr als ein Jahrzehnt. Dabei steht nicht die an sich friedfertige Religion des Islam als solche im Mittelpunkt der kritischen Betrachtung. Der islamischen Religion kann man die gefährliche Entwicklung der internationalen Politik nicht anlasten. Es ist vielmehr die von einer Minderheit radikaler Muslime vertretene extrem strenge Auslegung des Koran und die darauf fußende Politik, die uns so große Sorge bereitet. Inzwischen gelang es dem Islamismus, sich als machtvolles Element der internationalen Politik zu etablieren. Tendenzen, die auf ein Ende dieses Phänomens hindeuten, sind nicht zu erkennen. Vielmehr scheint sich die Politik darauf einzustellen, daß der Islamismus und der mit ihm verknüpfte Terrorismus auf unabsehbare Dauer zum öffentlichen Leben gehört und weltweit für eine gefährliche Dynamik sorgt. Es überrascht auch nicht, daß man in den westlichen Demokratien über die Ursachen des Islamismus und den mit dieser totalitären Ideologie begründeten Terrorismus überhaupt streitet.

Nicht nur für Israel, sondern auch für Europa ist das Phänomen des Islamismus im Laufe der vergangenen zwei Jahrzehnte zu einer bedeutsamen Herausforderung geworden. Doch selbst die offene Infragestellung der freiheitlich-demokratischen Verfassungen durch streng islamisch geprägte Gruppen, die zielstrebige Entwicklung von „Parallelgesellschaften" und die immer stärker hervortretende Militanz vieler Muslime haben in den Ländern der Europäischen Union bisher nicht dazu geführt, die Tragweite der Herausforderung voll zu erfassen. Wenngleich die große Mehrheit der in Europa lebenden etwa 25 Millionen Muslime mit den Lebensvorstellungen und den in Europa geltenden freiheitlich-demokratischen Grundordnungen keine Probleme hat, ist es eine Tatsache, daß viele Muslime einer extrem strengen Auslegung des Koran folgen und es ablehnen, sich vorbehaltlos in die säkularisierten Gesellschaften des alten Kontinents zu integrieren und die jeweiligen Verfassungen der einzelnen Länder als verbindlich anzuerkennen. Der Einfluß politisch bewußter geistlicher Führer, die sich unter Verweis auf den Koran gegen die Prinzipien der freiheitlichen Demokratie wenden, hat in jüngster Zeit erheblich zugenommen. Sie sehen in der Dominanz westlicher Werte und des freiheitlichen Lebensstils in Europa die Gefahr der Abwendung der Muslime von der Religion und den Verlust ihrer traditionell religiös geprägten Kultur. Folgerichtig propagieren viele Prediger eine recht eigenwillige und äußerst umstrittene Interpretation des Koran, die keine Kompromisse und keine Anpassung erlaubt, sondern die strikte Beachtung der religiösen Schriften fordert. Der Koran bildet nach Auffassung der an islamistischen Interpretationen festhaltenden Gelehrten das jenseits aller Geschichte geltende, nicht hinterfragbare Wissen, dessen Kenntnis Allah, wie es im sogenannten Thronvers (Sure 2, 255) heißt, den Menschen zugedacht hat. Es kann daher aus der Sicht der Sachwalter der extrem strengen Interpretation der religiösen Schriften nicht in Betracht kommen, auf den Anspruch zu verzichten, im Besitz der einzig gültigen „Wahrheit" zu sein.

Wenngleich der Gemeinschaft der Muslime eine zentrale Führung fehlt, die religiöse Streitfragen in letzter Instanz beantworten könnte, zeigen zahlreiche geistliche Führer bislang keine Bereitschaft, den entscheidenden Schritt zur selbstkritischen Reflexion zu wagen. Im Gegenteil. Wir können vielmehr beobachten, daß sowohl in Deutschland als auch in anderen Staaten Europas jene geistlichen Führer Zulauf erhalten, die eine extrem strenge, islamistische Sicht vertreten. Die Sorge der führenden Repräsentanten fundamentalistischer Auffassungen in Europa gilt in diesem Zusammenhang nicht nur dem Verlust der Deutungshoheit des Diesseits und der Gefährdung der kulturellen Identität der Muslime. Sie befürchten ebenso, daß der Islam die immer wieder – auch von vielen Muslimen – geforderte kritische historische Auseinandersetzung und die Relativierung seiner „Wahrheit" nicht ertragen würde und die Bindung der Menschen an die Religion gelockert werden könnte. Das Beispiel des unaufhaltsam erscheinenden Macht- und Bedeutungsverlustes des Christentums mag den Repräsentanten der extrem strengen Lehre des islamischen Glaubens dabei vor Augen stehen.

Die Muslime in Europa befinden sich dabei in einem Konflikt zwischen dem Universalitätsanspruch des Religiösen im Islam und dem Universalitätsanspruch der aus den Wurzeln des jüdisch-christlichen Abendlandes hervorgegangenen freiheitlichen Kultur. Sie werden dazu gedrängt, sich zu entscheiden. Eben dies hat der frühere iranische Staatspräsident Mohammad Chatami (1997–2005) im November 2005 im Berliner Wissenschaftskolleg deutlich hervorgehoben, als er klarstellte, daß Säkularität „ein historisch partikularer Zustand jüdisch-christlich geprägter Gesellschaften" sei, der auf die islamische Gesellschaft nicht übertragen werden könne. Zwar sei ein Dialog der Kulturen möglich. Einen Dialog der Religionen könne es aber nicht geben, da „der Islam die Wahrheit sei" und diese Wahrheit unbedingt verteidigt werden müsse.

Auf dieser klaren ideologischen Grundlage und gestützt auf eine lange Tradition der Politisierung der Religion bemühen sich viele im Laufe mehrerer Jahrzehnte in den europäischen Ländern entstandene islamische Organisationen darum, ihrer extrem strengen Interpretation des Koran Geltung zu verschaffen und die muslimische Welt von allen Entwicklungen abzuschotten, die sie für gefährlich halten. Die in ihrem Rahmen eingesetzten religiösen Lehrer und Prediger kämpfen mit zunehmendem Erfolg gegen die Verwestlichung der Muslime und gegen den universalen Geltungsanspruch politischer Prinzipien der freiheitlichen Demokratien. Sie sind inzwischen aus der Defensive herausgetreten und zu einem dynamischen politischen Faktor in den europäischen Gesellschaften geworden. Wenngleich sich diese problematische Entwicklung bereits in den 70er Jahren des vergangenen Jahrhunderts klar abzeichnete, haben nur wenige Wissenschaftler, wie etwa der Orientalist Bernard Lewis mit seinem Essay „The Return of Islam" von 1976, auf dieses Phänomen hingewiesen. Ihre Stimmen blieben außerhalb eines kleinen Teils der Wissenschaft ungehört.

Der Islamismus ist inzwischen die militanteste der monotheistischen Traditionen. Seine Vertreter betrachten das Judentum und das Christentum als Verfälschungen der Botschaft Gottes. Sie leugnen damit in aggressiver Weise, was historisch der Entstehung des Islam überhaupt vorausgegangen ist. Und angesichts der Eigenart der Verbreitung dieser Auffassungen durch die radikal-islamischen Gelehrten und Prediger darf man sich nicht wundern, wenn zahlreiche Muslime in den Juden und Christen Lügner sehen und deren materielle und wissenschaftliche Überlegenheit sowie die daraus folgende Macht als Gotteslästerung betrachten. Der extrem strenge Islam hält die Muslime folgerichtig dazu an, diesen Zustand nicht zu akzeptieren und alles zu unternehmen, um die im Koran verbriefte Überlegenheit seiner Lehre und den daraus sich ergebenden Herrschaftsanspruch über die Welt durchzusetzen. In ganz ähnlicher Weise hatte auch Irans Ajatollah Chomeini argumentiert, als er sein politisches und religiöses Programm verkündete und damit die Forderung verband, den jüdischen Staat Israel zu beseitigen.

Bis heute findet die Tatsache zu wenig Beachtung, mit welcher Entschlossenheit und mit welchem Geschick die Repräsentanten des Islamismus ihre Ziele zu erreichen suchen. So werden die mit den freiheitlichen Verfassungen gegebenen Spielräume konsequent genutzt, um den Rechtsstaat mit seinen eigenen Mitteln zu bezwingen und Schritt für Schritt die mit der Religion begründeten Ansprüche durchzusetzen. Mit beeindruckender Konsequenz vertreten die führenden Funktionäre und Prediger des Islamismus den Anspruch auf die Verbreitung ihrer strengen Lehren, die Gewährung von Sonderrechten und die Bewegungsfreiheit ihrer Organisationen. Die Prediger und Vorbeter werden entweder aus islamischen Ländern – vor allem aus der Türkei, Algerien, Tunesien und Marokko – nach Europa geschickt oder von der Muslimbruderschaft in Château Chinon (Frankreich) ausgebildet. An finanziellen Ressourcen fehlt es den radikal-islamischen Organisationen hierbei nicht. Mehrere islamische Staaten, insbesondere die Türkei und der Iran, finanzieren die ehrgeizigen Projekte gerade der radikalen Gruppen in Europa und ermöglichen so das Wirken zahlreicher Imame, die den islamischen Fundamentalisten nahestehen und die weltweite Strategie der Abgrenzung von säkularen Tendenzen im Islam für richtig halten. Diese Imame lehren und tun genau das Gegenteil von dem, was die Integration der Muslime in die europäischen Gesellschaften verlangt. Sie hindern die Muslime daran, die Welt reflektierend zu betrachten und als eigenverantwortliche Menschen aufzutreten. Sogar die Forderung, die derzeitigen Rechtsgrundlagen der europäischen Demokratien an die islamrechtlichen Vorschriften gemäß der Scharia anzupassen, wird längst erhoben. Und wenn sich politischer Widerstand regt, ist man mit dem Vorwurf der „Diskriminierung" oder des „Rassismus" schnell bei der Hand – wohl wissend, daß man hierfür Zuspruch von zahlreichen Intellektuellen, Politikern und Publizisten in den europäischen Ländern erhält. Selbst auf die Unterstützung von manchen kirchlichen Würdenträgern können die Repräsentanten des islamischen Fundamentalismus in Europa zählen. So hatte der Erzbischof von Canterbury Anfang Februar 2008 in einer Rede vor Juristen vorgeschlagen, mindestens Teile der Scharia gelten zu lassen. Er setzte sich mit seinen Aussagen nicht nur über fundamentale Prinzipien im britischen Rechtssystem hinweg und legte damit sein antiaufklärerisches Religionsverständnis offen. Der Kirchenführer schien auch nicht erkannt zu haben, daß die Scharia, das islamische Gesetz, ein anachronistisches Überbleibsel einer lange zurückliegenden historischen Epoche ist und ein schweres Hindernis auf dem Weg zur Reformierung des Islam darstellt.

Inzwischen gehen die Forderungen von Vertretern des Islamismus in Europa schon weiter. So verlangten Repräsentanten einer „Initiative Europäischer Muslime für Sozialen Zusammenhalt" Ende Oktober 2011 auf einer OECD-Konferenz in Wien die Einführung von „Richtlinien gegen Islamophobie im öffentlichen Diskurs". Und eine islamistische Organisation in Dänemark, die sich „Ruf zum Islam" nennt, forderte die Einführung von „Scharia-Zonen" in von Muslimen bewohnten Gebieten des Landes. Dabei erscheint es besonders besorgniserregend, daß sich zahlreiche Gruppen in mehreren europäischen Ländern diesen gegen die Redefreiheit und die Menschenrechte gerichteten Forderungen angeschlossen haben.

Dank solcher Rahmenbedingungen und ihrer gut ausgebildeten Juristen scheuen die dem Islamismus nahestehenden Verbände längst nicht mehr vor einem Rechtsstreit zurück, wenn es etwa gilt, extrem streng islamisch bestimmte Zentren und Internate zu betreiben oder gegen journalistische Kritik vorzugehen. Sogar die Meinungs- und Pressefreiheit stellt man in Frage und scheut sich nicht, zu Demonstrationen aufzurufen, die nicht selten in Gewaltakten enden. Dabei zeigte sich immer wieder, daß die meisten führenden Vertreter des Islamismus in Europa den Koran und die darauf beruhenden Rechtsvorschriften höher einstufen als die Verfassungen der europäischen Länder. Sie lehnen es ab, sich mit der jüdisch-christlich geprägten Tradition der Toleranz und der Religionsfreiheit in Europa zu arrangieren und eine differenzierte Betrachtung der Religion zuzulassen.

Die Wirklichkeitsverweigerung vieler Europäer mit Blick auf das Vordringen des Islamismus in Europa verhindert bis heute, eine angemessene Antwort auf diese historisch bedeutsame Herausforderung zu finden. Es wird vielfach auch nicht erkannt, daß die Herausforderung nicht erst mit dem Terrorangriff islamischer Fundamentalisten am 11. September 2001 auf New York und Washington begonnen hat, sondern grundsätzlicher Natur ist und wesentlich tiefer reicht. So überrascht es nicht, daß es immer schwieriger wird, den rasch wachsenden und entschlossenen muslimischen Organisationen, die einen mit den Werten der Demokratie und den Prinzipien des freiheitlichen Verfassungsstaates kaum zu vereinbarenden streng islamischen Lebensstil erzwingen wollen, eine Schranke zu setzen.

Zahlreiche Europäer wollen immer noch nicht wahrhaben, daß die Repräsentanten des Islamismus meinen, was sie sagen, wenn sie jeden Ansatz historischen Hinterfragens ablehnen und die Muslime in Europa dazu drängen, der extrem strengen Auslegung des Koran zu folgen und alles tun, um den Einfluß dieser Form des Glaubens zu vergrößern. Im Zuge der innenpolitischen Debatten über diese Problematik fällt nicht nur die geringe Lernbereitschaft in den Medien, in manchen gesellschaftlichen Gruppen und die ausgeprägte Beratungsresistenz führender Politiker auf. Sie lassen sich statt dessen lieber von Intellektuellen leiten, die sich anmaßen, die Welt erklären zu können, aber de facto von den tatsächlichen Vorgängen sehr geringe Kenntnisse haben. Es zeigt sich in diesem Kontext auch ein erheblicher Mangel an Geschichtsbewußtsein und an politisch-strategischem Denken in Europa, aus dem die Repräsentanten des islamischen Fundamentalismus große Vorteile ziehen. Ihnen kommt dabei die Tendenz der Europäer zur Selbsttäuschung und zur Relativierung ihrer kulturellen Werte sehr entgegen.

Den politisch bewußten und kenntnisreichen geistlichen Repräsentanten des Islamismus in Europa hat das Verhalten vieler Europäer immer wieder demonstriert, wie man Debatten führen und wo man ansetzen muß, um die eigenen politischen Ziele zu erreichen. Sie profitieren dabei von dem ausgeprägten Kulturrelativismus und der oft absurden Argumentation mancher Intellektueller, Politiker und Publizisten, welche die Schuld für die Probleme des Zusammenlebens und für das Aufkommen von Konflikten den europäischen Gesellschaften und jenen geschichtsbewußten Eliten zuzuweisen suchen, die bereit sind, die Herausforderung anzunehmen. Wer die unter den Muslimen in Europa vorkommenden Ehrenmorde, Zwangsehen und andere religiös motivierte Gewalt anklagt, wird nicht selten als „islamophob" diffamiert. Die oft grotesken Vorwürfe seitens mancher Vertreter des Kulturrelativismus an die Adresse der verfassungstreuen und an den Traditionen der europäischen Aufklärung festhaltenden Eliten sind aber nicht nur naiv und fahrlässig, sondern in hohem Maße gefährlich. Denn die Repräsentanten dieser Szene verharren gleichsam in einer „zweiten Welt", einem geschlossenen System von Ideologemen und emotionaler Bindung. Selbst schreckliche Gewalttaten von radikalen Muslimen, wie beispielsweise die bestialische Ermordung des niederländischen Filmregisseurs Theo van Gogh am 2. November 2004 auf offener Straße in Amsterdam und die Morddrohungen gegen engagierte Demokraten in vielen europäischen Ländern können die Vertreter des Kulturrelativismus nicht von ihren realitätsfernen Vorstellungen abbringen. Sie vergrößern durch ihr Zurückweichen, durch die Leugnung konkreter Gefahren und die Verneinung berechtigter Interessen der großen Mehrheit der Europäer – einschließlich der aufgeklärten und integrierten Muslime – nicht nur das ohnehin sehr hohe Erpressungspotential jener machtbewußten Funktionäre des Islamismus und der hinter ihnen stehenden islamistisch ausgerichteten Staaten, die sich der vorbehaltlosen Einordnung der Muslime in die säkularen europäischen Gesellschaften widersetzen. Sie fördern durch ihr Verhalten auch den bedenklichen Stimmenzuwachs und politischen Einfluß rechtspopulistischer und rechtsextremer Parteien in den europäischen Ländern.

Die Vertreter dieser fragwürdigen und sachfremden Ideologie folgen in der Tat einer absurden und realitätsfernen Argumentation. Sie scheuen sich nicht, den Kernbestand der freiheitlichen Demokratie und der europäischen Aufklärung in Frage zu stellen. Ihre Vorwürfe an die Adresse jener geschichtsbewußten und verfassungstreuen Eliten, diese betrieben mit ihrer Kritik an den besonders schlimmen Erscheinungsformen des Islamismus „einen Fundamentalismus der Aufklärung", seien „der Islamophobie verfallen" und träten als „Haßprediger" auf, sind in der Tat ungerechtfertigt und verletzend. Es erscheint dabei nur folgerichtig, daß man diese Entwicklung in Israel mit großer Sorge verfolgt.

Das Phänomen dieser Art von Vorwürfen ist in der Tat schon lange bekannt. In den Mahnungen einiger westlicher Intellektueller und Journalisten, die Kritik am Islamismus nicht zu übertreiben, spiegelt sich die frühere, in den 70er und 80er Jahren dominierende Haltung der gleichen Kreise zur Kritik am Kommunismus wider. Die Kritik am Kommunismus wurde mit dem Hinweis abgewehrt, daß auch das westliche System unzulänglich sei und von Grund auf verändert werden müsse. Freiheitlich denkende und handelnde Kommunismusgegner fanden sich damals regelmäßig mittels des Schlagworts des „Antikommunismus"-Verdachts unversehens in die Nähe von Faschisten gerückt. Es ist in diesem Kontext bemerkenswert, daß sich unter den Repräsentanten des heutigen Mainstreams der veröffentlichten Meinung zahlreiche Leute finden, die der israelischen Regierung bei dem Ringen um die Existenz ihres Staates vorzuschreiben trachten, was sie im Rahmen ihrer Politik zu tun und zu lassen hat.

Angesichts des äußerst fragwürdigen Verhaltens mancher Politiker, Intellektuellen und Publizisten im Hinblick auf die Verteidigung des freiheitlichen Verfassungsstaates und der darauf beruhenden Erfolge des Islamismus in Europa können wir davon ausgehen, daß die Repräsentanten des islamischen Fundamentalismus immer stärker an der Identität des freiheitlich-demokratischen Europa rütteln werden. Trotz der Bemühungen um Integration gibt es viele Lebensbereiche, in denen zahlreiche in Europa lebende Muslime nicht nur ihr Anderssein gegen Verfassung und Gesetze ihrer Gastländer praktizieren und damit den innergesellschaftlichen Frieden gefährden. In manchen Großstädten hat die Stärke radikal-islamischer Gemeinschaften vielmehr schon das kritische Maß überschritten, bei dem für die Annahme von Prinzipien und Werten der Mehrheitskultur offenbar die Anreize fehlen. Darüber hinaus streben radikal-islamische Organisationen auch im Bereich der Außen- und Sicherheitspolitik Ziele an, die sich nicht mit den vitalen europäischen Interessen vereinbaren lassen.

Die unübersehbaren Erfolge der Islamisten in dem Bemühen um Folgebereitschaft der Muslime in Europa haben nicht nur das Gewicht radikaler Gruppen in den europäischen Gesellschaften deutlich erhöht. Die Repräsentanten des Islamismus zeigen darüber hinaus eine enorme Mobilisierungsfähigkeit sowohl in dem Ringen um grundlegende

Fragen der Religion, als auch im Hinblick auf die Haltung der Muslime zu aktuellen internationalen Problemen, wie etwa dem israelisch-palästinensischen Konflikt oder den spezifischen Vorgehensweisen des Mullah-Regimes im Iran. Die ihnen zugerechneten Publikationen sind voll von antisemitischen Beiträgen, der offenen Verehrung muslimischer Selbstmordattentäter und vielfach wiederholten Aufforderungen an die Gläubigen, das in den europäischen Ländern herrschende politische System zu überwinden. Die daraus sich ergebenden Gefahren für Europa, für das Judentum im allgemeinen und für Israel im besonderen werden immer noch unterschätzt.

Angesichts dieser Sachlage an dem Bestreben festzuhalten, die islamische Türkei mit ihrer derzeit 74 Millionen Menschen umfassenden und rasch wachsenden Bevölkerung in die Europäische Union aufzunehmen, legt vor der gesamten Welt gravierende Realitätsdefizite in der europäischen Politik offen. Die politische Führung der Türkei hat – wie man täglich beobachten kann – ein völlig anderes Verständnis von Demokratie, als dies in den europäischen Verfassungen niedergelegt ist. Sie wendet sich nicht nur zielstrebig gegen den vom Staatsgründer Mustafa Kemal Atatürk erzwungenen Säkularismus und das alte kemalistische Establishment. Sie unterstützt auch bewußt islamistische Terrorgruppen im Nahen Osten und radikal-islamische Organisationen in europäischen Ländern, die sich für die Verbreitung des strengen Islam engagieren und jeden Schritt zur Säkularisierung bekämpfen.

In der Türkei sind die derzeit Regierenden davon überzeugt, daß der Islam die Einheit von Staat und Religion gebietet. Folgerichtig sucht man die Religion des Islam auch organisatorisch und inhaltlich mit dem Staatsinteresse zu verknüpfen. So umfaßt das hierzu geschaffene Direktorium für Religionsfragen (Ditib) etwa 100.000 Angestellte, darunter Gelehrte, Prediger, Vorbeter. Mit dieser staatlichen Behörde, der auch ca. 70.000 Moscheen unterstehen, verfügt der türkische Staat über ein Instrument, um über den Religionsunterricht und die religiöse Bildung Kontrolle auszuüben und eventuelle säkulare Bestrebungen von vornherein abzuwehren. Ihr Einfluß hat mit Beginn der Regierung Erdogan erheblich zugenommen. Dabei ist es von großer politischer Bedeutung, daß die von Ministerpräsident Recep Tayyip Erdogan und dem derzeitigen Staatspräsidenten Abdullah Gül gegründete „Partei für Gerechtigkeit und Entwicklung" (AKP), die seit 2003 die Regierung trägt, in der ungebrochenen Tradition der radikal- islamisch geprägten Vorgängerpartei (Saadeh) steht, in der Erdogan und Gül ebenfalls eine Führungsrolle spielten. Die AKP repräsentiert die Denkweisen und Interessen des streng islamisch orientierten und wirtschaftlich erfolgreichen anatolischen Bürgertums, das sich vehement gegen die kemalistisch eingestellten Kräfte richtet und die ohnehin sehr schwachen säkularen Tendenzen in der türkischen Gesellschaft zu überwinden trachtet. Nach den Parlamentswahlen in der Türkei vom 12. Juni 2011, die der AKP mit 49,8 Prozent erneut einen hohen Zuspruch gegeben und damit 326 der 550 Mandate verschafft haben, wird Erdogan den Einfluß der säkularen Kräfte in der Türkei weiter zurückzudrängen und den islamischen Charakter des Landes zu verstärken suchen. Die in der türkischen Sozialdemokratie (CHP) versammelten säkularen Kräfte, von Erdogan als „Gegner Gottes" tituliert, konnten bei den Wahlen gerade einmal ein Viertel der Wählerschaft an sich binden.

Wenngleich es der AKP nicht gelang, die Zweidrittelmehrheit zu erreichen, um auf dieser Grundlage eine neue Verfassung durchzusetzen, versucht Erdogan sein Wahlversprechen dadurch einzulösen, die ihm zum notwendigen Quorum von 330 Stimmen noch fehlenden vier Stimmen auf andere Weise für sich zu gewinnen. Damit könnte die AKP eine neue, noch stärker islamisch geprägte Verfassung zwar nicht im Parlament durchbringen, aber das Volk in einem Referendum darüber entscheiden lassen. Die seit Anfang Juni 2013 aufflammenden landesweiten heftigen Proteste säkularer Kräfte gegen die weitere Islamisierung des Landes und das harte Durchgreifen der türkischen Regierung könnten zwar den Zuspruch zu Erdogan und seinen engsten Mitstreitern vermindern. So dürfte es schwierig werden, noch während der derzeitigen Legislaturperiode eine Verfassung durchzusetzen, die abgesehen von der gewünschten stärkeren islamischen Prägung ein auf Recep Tayyip Erdogan zugeschnittenes Präsidialsystem einführt. Erdogan selbst hat dies während des Kongresses seiner Partei am 30. September 2012 in Istanbul, wo er zum dritten Mal zu deren Führer gewählt wurde, noch einmal unterstrichen. In seiner Grundsatzrede skizzierte er die Politik der Türkei bis zum Epochenjahr 2023 und machte – im Beisein des damaligen ägyptischen Staatspräsidenten Mursi und des Führers der Terrororganisation Hamas, Khaled Meshal – klar, daß die Türkei 100 Jahre nach der Gründung durch Mustafa Kemal Atatürk ein mächtiger islamischer (!) Staat sein werde. Die hierzu notwendige Umformung der zunächst säkular ausgerichteten Armee hat inzwischen begonnen. Dabei war der unerwartete Rücktritt der türkischen Militärführung am 29. Juli 2011 für Erdogan eine willkommene Hilfe.

Nachdem die AKP bereits die Polizei, die Justiz, das Bildungswesen und den Verwaltungsapparat in der Hand hat, wird sie nunmehr auch die Streitkräfte über die Personalpolitik unter ihre Kontrolle bringen können und streng islamisch denkende Offiziere in entscheidende Machtpositionen befördern. Wie konsequent die von der AKP geprägte türkische Justiz bei ihrem Kampf gegen die säkularen Kräfte vorzugehen pflegt, zeigt die Verhaftung des am 29. Juli 2011 zurückgetretenen Generalstabschefs Ilker Basbug Anfang Januar 2012. Ihm wurde nicht nur fälschlicherweise vorgeworfen, einen Putsch gegen die Regierung Erdogan geplant zu haben. Die Meldung über diesen Justiz-Akt wurde auch von dem der islamistischen Gülen-Sekte nahestehenden Fernsehsender Samanyolu TV fast eine halbe Stunde vor der Zustellung des Haftbefehls gebracht. Mit der Verurteilung von Ilker Basbug sowie weiterer Generäle zu lebenslangen Haftstrafen am 5. August 2013 zeigte das Erdogan-Regime, daß es eine rechtsstaatlich und säkular ausgerichtete Türkei nicht mehr gibt.

Darüber hinaus trachten die Gefolgsleute Erdogans danach, jede öffentliche Kritik an dem Handeln der Regierung auch mit justiziellen Mitteln zu unterbinden. Kritik an der Regierung gilt nach wiederholten Bekundungen Erdogans als ein „schwerwiegendes Vergehen". So versucht man investigative Journalisten, wie Ahmet Sik und Nedim Sener, die sich gegen die Islamisierung von Staat und Gesellschaft der Türkei wenden, im Rahmen fragwürdiger Prozesse mundtot zu machen. Siks Buch „Die Armee des Imam" wurde bereits in diesem Kontext verboten. Immerhin geschieht dies vor dem Hintergrund, daß nach Angaben des internationalen PEN-Clubs und der regierungsunabhängigen Organisation „Freedom House" mehr als einhundert Journalisten und Schriftsteller in der Türkei inhaftiert sind.

In der Tat erscheint es nach den zurückliegenden zehn Regierungsjahren und dem jüngsten Wahlergebnis für die AKP gerechtfertigt, von einer Ära zu sprechen, die einen markanten Regimewechsel mit sich brachte. Zwar konnten wir in der Türkei schon seit einiger Zeit beobachten, wie religiös bestimmte und außerordentlich machtbewußte Kräfte, die sich streng am Koran, also an den Weisungen und Regeln eines als heilig und unantastbar betrachteten Buches aus dem 7. Jahrhundert orientieren, in jene Machtpositionen einrücken, aus denen sie lange ferngehalten worden waren. Die sehr streng islamisch ausgerichteten Gruppen, die in der Türkei schon seit einigen Jahren starken Zulauf fanden und von der türkischen Regierung zielstrebig gefördert wurden, dürften künftig noch stärker in den Vordergrund treten. Dies zeigt sich besonders deutlich an dem seit März 2012 von harten Auseinandersetzungen im türkischen Parlament begleiteten Ringen um die Schulreform. Hier setzte die AKP gegen die säkularen Kräfte der Sozialdemokraten (CHP) mit rigorosen Mitteln ihr politisch-strategisches Ziel durch, die Islamisierung der Gesellschaft durch veränderte Aufgaben der Schulen voranzubringen. Erdogan selbst sagte in diesem Streit unmißverständlich, worum es dabei geht: „Wir werden eine religiöse Generation heranziehen!"

In welchem Geist die kulturelle Auseinandersetzung und der Machtkampf in der Türkei gegenwärtig ausgetragen werden, zeigt nicht nur der amtierende Regierungschef Erdogan mit seinen zahlreichen Reden und seinen politischen Entscheidungen. Auch die brutale Gewalt, mit der die Regierung Erdogan im Juni 2013 den Taksim-Platz sowie den Gezi-Park in Istanbul von den zahlreichen Demonstranten räumen ließ und ebenso in anderen türkischen Städten vorgegangen ist, macht klar, daß der eingeschlagene Kurs zur Islamisierung des Landes beibehalten werden soll. Die streng islamischen Vorzeichen der derzeitigen türkischen Politik sind ebenso aus dem Buch des Weggefährten Erdogans und amtierenden Außenministers Ahmet Davutoglu klar zu erkennen. Davutoglu schildert in seinem Buch unter dem Titel „Zivilisatorische Transformation" den überlegenen Wert der islamischen Zivilisation im Vergleich zu der westlichen Zivilisation, die sich nach seiner Auffassung im Niedergang befindet. Eine „Brückenfunktion zwischen dem Westen und der islamischen Welt" wird von Davutoglu strikt abgelehnt. Und in seinen Siegesreden nach dem Wahlausgang vom 12. Juni 2011 hat Erdogan keineswegs von einem demokratischeren Parteiengesetz, vollen Minderheitenrechten oder der Gleichberechtigung der Frauen, etc. gesprochen. Er betonte vielmehr, sein Sieg sei auch ein Sieg für die Hamas im Gaza, für ein palästinensisches Jerusalem und für den Aufschwung der islamischen Welt. Der türkische Regierungschef kann sich dabei auf eine Mehrheit in der Bevölkerung seines Landes berufen. Erdogans Unterstützung der Hamas im Zuge der mehrtägigen militärischen Auseinandersetzung mit Israel im November 2012 machte erneut klar, daß die Türkei einen völlig anderen Kurs verfolgt, als etwa die USA oder Deutschland. Die seit Anfang Juni 2013 im ganzen Lande stattfindenden Demonstrationen säkularer Kräfte gegen den autoritären Regierungsstil Erdogans werden an der grundlegenden Ausrichtung der türkischen Politik nichts ändern. Die Israelis sollten daher nicht darauf setzen, daß der zuweilen heftige Protest eines Teils der Bevölkerung das Erdogan-Regime entscheidend schwächen könnte.

Aus der Sicht des derzeitigen türkischen Regierungschefs Recep Tayyip Erdogan und des Staatspräsidenten Abdullah Gül ist „die Religion des Islam ohne Fehler". Erdogans während seiner Reden vor 20.000 Türken am 10. Februar 2008 in Köln und am 27. Februar 2011 in Düsseldorf abgegebenes Bekenntnis, daß die europäische Form der Integration, die er als „Anpassung" versteht, ein „Verbrechen gegen die Menschlichkeit" sei, erscheint in diesem Kontext nur folgerichtig. Es weist nicht nur darauf hin, daß Erdogan die Existenz von „Parallelgesellschaften" befürwortet. Der türkische Regierungschef zeigt damit auch, daß er unter dem Begriff „Integration" oder „Menschenrechte" etwas völlig anderes versteht als wir Europäer. Diese Haltung unterstrich Erdogan erneut anläßlich der Feiern zum 50. Jahrestag des deutsch-türkischen Anwerbeabkommens am 2. November 2011 in Berlin. Sein Vorwurf an die deutsche Seite, „wer Deutschkenntnisse zur wichtigsten Voraussetzung erklärt, verletzt die Menschenrechte", belegt einmal mehr, daß der türkische Regierungschef das Wesen der Integration verkennt und einem gefährlichen Nationalismus das Wort redet. Mit seiner Rede anläßlich der Eröffnung der neuen türkischen Botschaft in Berlin am 30. Oktober 2012 hat Erdogan den nationalistischen Anspruch erneut untermauert. Er forderte „seine Landsleute" in Deutschland zwar auf, intensiv Deutsch zu lernen, gab ihnen aber auch zu verstehen, daß ihre wichtigsten Orientierungspunkte in den Werken türkischer Schriftsteller zu finden seien, die einem mächtigen türkischen Staat das Wort redeten. Wie zielstrebig Erdogan seine Idee des streng islamisch geprägten Nationalismus verfolgt, wird in der Gründung des „Amtes für Auslandstürken" im Jahre 2010 deutlich. Das vom stellvertretenden Regierungschef – und Mitglied der islamistischen Gülen-Sekte – Bekir Bozdag geführte Amt hat die Aufgabe, ein zentral von Ankara geleitetes Netzwerk von Organisationen entstehen zu lassen, das Millionen von Türken in aller Welt zu einer schlagkräftigen Diaspora formen soll.

Wie wenig glaubwürdig der türkische Ministerpräsident Erdogan ist, wenn es um Fragen der Menschenrechte geht, hat er auch durch den Abriss des „Mahnmals für Menschlichkeit" in Kars (Osttürkei) gezeigt. Das als Zeichen des Friedens und der Versöhnung gedachte Mahnmal des international bekannten Künstlers Mehmet Aksoy war 2008 zur Erinnerung an den türkischen Völkermord von 1915 an den Armeniern errichtet worden. Im übrigen demonstriert die türkische Regierung mit der Verhaftung zahlreicher kritischer Journalisten, Verleger, Intellektueller und Menschenrechtler, die für die Anerkennung des schrecklichen Geschehens von 1915 als Völkermord plädieren, wie sehr sie in vordemokratischem Denken befangen bleibt. Die strikte Zurückweisung des Völkermord-Vorwurfs wurde einmal mehr im Zuge der Verabschiedung eines Genozid-Gesetzes durch die französische Nationalversammlung (Assemblée Nationale) am 22. Dezember 2011 deutlich. Nachdem die französische Nationalversammlung mit großer Mehrheit aller dort vertretenen Parteien die Leugnung des Völkermords an den Armeniern unter Strafe gestellt hatte, beorderte der türkische Regierungschef Erdogan seinen Botschafter aus Paris zurück und kündigte die militärische Zusammenarbeit mit Frankreich auf. Und als der Senat am 24. Januar 2012 das Genozid-Gesetz ebenfalls mit großer Mehrheit bestätigte, drohte Erdogan Frankreich gar mit Bestrafung. Wenngleich das französische Verfassungsgericht das Genozid-Gesetz am 28. Februar 2012 mit dem Hinweis auf das „Recht der freien Meinungsäußerung" für verfassungswidrig erklärt hat, wurde der Streit zwischen den Regierungen in Paris und Ankara erst nach dem Machtwechsel in Frankreich im Juni 2012 beigelegt. Die fragwürdige Entscheidung des Gerichts ändert jedoch nichts daran, daß das vom französischen Parlament beschlossene Gesetz die Wahrheit ausspricht.

Die volle Mitgliedschaft der islamischen Türkei in der Europäischen Union würde nicht nur das politische und gesellschaftliche Kräfteverhältnis in diesem Staatenverbund erheblich verschieben. Auch außenpolitisch hätte dies gravierende Folgen. Ein derartiger Schritt würde die Unterstützung Israels im Ringen um seine bloße Existenz als jüdischer Staat kaum noch erlauben und die derzeit nur unter großen Mühen erreichbare Gemeinsamkeit in der Außen- und Sicherheitspolitik zu einer Utopie werden lassen. Erdogans deutlich sichtbares Einvernehmen mit der im Gaza herrschenden Terrorgruppe Hamas weist längst auf diese Gefahren hin. Und mit seinem ebenso haßerfüllten wie absurden Auftritt bei einer Konferenz der Vereinten Nationen in Wien am 28. Februar 2013, wo er den „Zionismus als ein Verbrechen gegen die Menschlichkeit" bezeichnete und „das Streben nach einem jüdischen Land" mit Faschismus verglich, hat Erdogan erneut klargemacht, welche Feindseligkeit hier gegen Israel aufgewachsen ist. Um so mehr muß es uns Europäern, aber erst recht den Israelis Sorge bereiten, wie zurückhaltend die höchsten Repräsentanten der Europäischen Union auf die antiisraelischen Ausfälle des türkischen Regierungschefs reagiert haben. Immerhin spricht der türkische Ministerpräsident mit seinem Verdikt dem jüdischen Staat Israel das Existenzrecht im Nahen Osten ab.

Die amtliche Unterstützung des Versuchs islamistischer Kräfte im Mai 2010, die israelische See-Blockade Gazas zu durchbrechen, die Androhung des türkischen Regierungschefs im September 2011, eine erneute Aktion dieser Art durch den Einsatz der eigenen Kriegsmarine zu decken und die unmißverständliche Drohung gegenüber dem EU-Mitgliedsstaat Zypern, militärisch gegen dieses Land vorzugehen, wenn es im östlichen Mittelmeer Erdgasbohrungen vornehmen sollte, demonstrieren sehr klar, wie sehr sich die Türkei einer aggressiven Politik gegen Israel und dessen Verbündete verschrieben hat. Mit diesem Verhalten setzt sich die türkische Regierung zudem über das geltende Völkerrecht hinweg. Die wiederholte öffentliche Bezichtigung Israels durch Erdogan, es habe „einen Genozid an den Palästinensern im Gaza verübt", und Erdogans Aussage, „er könne einen Völkermord des sudanesischen Regimes an den Menschen in Darfur nicht erkennen, zumal islamische Länder ohnehin nicht fähig seien, solche Verbrechen zu begehen", belegen einmal mehr, welche unüberwindbaren Gegensätze zur Haltung der Europäischen Union bestehen. Auf dieser Linie liegen auch Erdogans im Oktober 2011 öffentlich vorgebrachten falschen Anschuldigungen, deutsche Partei-Stiftungen unterstützten die kurdische Unabhängigkeitsbewegung PKK mit erheblichen Geldmitteln und wollten das Land spalten. Dem derzeitigen türkischen Regierungschef, der das kurdische Volk unterdrückt und kurdische Dörfer gelegentlich bombardieren läßt, mit einem Menschenrechts-Preis zu ehren, wie dies im März 2012 mit dem „Steiger Award" in Bochum geschehen sollte und nur aus terminlichen Gründen nicht zustande kam, ist äußerst fragwürdig.

Vor diesem Hintergrund erscheint es schon bemerkenswert, daß es Ministerpräsident Erdogan bisher gelungen ist, von der fortschreitenden und gewollten Re-Islamisierung der türkischen Gesellschaft abzulenken und die Absichten seiner Beitrittsstrategie, nämlich die Ausbreitung des strengen Islam und die Instrumentalisierung der Europäischen Union zur Brechung des Einflusses der säkularen Kräfte in der Türkei, zu verdecken. Er kann sich dabei sogar auf den Koran (Sure 16, 106) berufen, der es ihm ausdrücklich erlaubt, sich zu verstellen (Taqiyah), wenn dies der Ausbreitung des strengen Islam dient. Erdogan reiht sich damit in die Phalanx jener Politiker der islamischen Welt ein, die schon seit den 70er Jahren der Veränderung Europas im Sinne des strengen Islam das Wort reden. So hatte der damalige algerische Präsident Houari Boumedienne bereits 1976 in einer Rede vor der Generalversammlung der Vereinten Nationen prophezeit, Europa werde in Zukunft den Muslimen gehören. Libyens ehemaliger Diktator Muammar al-Gaddafi tat es ihm in der Folgezeit nach.

Kurzsichtige partikulare Interessen und eine erstaunliche Ignoranz zahlreicher politischer Entscheidungsträger in Europa im Hinblick auf die tatsächlichen Gegebenheiten in der Türkei haben es dem von seiner Mission überzeugten Erdogan gewiß erleichtert, seinem politischen Ziel so nahe zu kommen. Auch in Deutschland haben die realitätsfernen und eindimensionalen Einschätzungen der Türkei seit der Amtszeit der Rot-Grünen Bundesregierung Schröder/Fischer bis heute überdauert. Die stereotypen und realitätsfernen Vorstellungen von der Türkei als „Brücke zur arabischen Welt" offenbaren eine Enge des Denkens, die Besorgnis erregen muß. Wie die Aussagen und Verhaltensweisen mancher deutscher Politiker im Hinblick auf das Vorgehen der türkischen Regierung immer wieder zeigen, ist die Lernbereitschaft gering. Man weigert sich beharrlich, den längst vollzogenen Paradigmenwechsel der politischen Führung der Türkei zum strengen Islam und die strategischen Allianzen dieses Landes mit den islamistischen Regimen im Nahen Osten sowie mit der gegen Israel unerbittlich Krieg führenden Terrorgruppe Hamas sachlich korrekt einzuschätzen und daraus die nötigen Konsequenzen zu ziehen.

Die in jüngster Zeit spürbare Schwächung der Demokratie in Europa und der schleichende Verlust der Deutungshoheit über das, was die freiheitlich-demokratischen Verfassungen und die Errungenschaften der Aufklärung ausmachen, kennzeichnen die gegenwärtige Situation, die den westlichen Universalismus auf eine ungewohnte Probe stellt. Die Europäer haben jedenfalls die Auseinandersetzung mit dem Phänomen des Islamismus noch nicht bestanden.

Gewiß können wir gelegentlich wohlklingende Reden führender europäischer Politiker hören, in denen die Problematik des Vordringens des Islamismus und dessen Folgen erörtert wird. Doch allzu oft beobachten wir, daß die Einlassungen oberflächlich bleiben und mannigfachen Interpretationen Tür und Tor öffnen. Die Repräsentanten der radikal-islamisch eingestellten Organisationen greifen oberflächliche Formulierungen führender europäischer Politiker nur zu gern auf und nutzen die darin liegenden Möglichkeiten, ihre machtpolitischen Interessen zu forcieren. So darf man sich nicht wundern, daß die an der extrem strengen Auslegung des Koran festhaltenden und politisch engagiertesten Verbände sich ermutigt fühlen und immer offener zeigen, wie nahe sie den führenden Ideologen des anti-westlichen Kampfes stehen. Ihr Engagement beruht auf der im Koran (Sure 8,39 und Sure 9,41) enthaltenen Vorstellung, die Welt aufzuteilen in ein „Haus des Friedens", das dort ist, wo der Islam herrscht, und ein „Haus des Krieges", das sich dort befindet, wo der Islam noch nicht herrschende Gesellschaftsform ist. Nach dieser Vorstellung bestimmt sich der Wert des Menschen, anders als in den Verfassungen der demokratischen Staaten festgelegt, aus seiner Haltung zur islamischen Religion. Die Aussage des Imams von London nach den Terrorakten von Madrid am 11. März 2004, daß im Krieg gegen die Ungläubigen nicht zwischen Zivilisten und Nichtzivilisten, sondern zwischen Muslimen und Nichtmuslimen unterschieden wird, macht diese Vorstellung und das damit verknüpfte Menschenbild besonders deutlich. Gleichwohl haben solche Aussagen und die Tatsache, daß allein im vergangenen Jahrzehnt mehr als ein Drittel aller Terroranschläge der Islamisten in Europa stattfanden, nicht dazu geführt, die zunehmende Macht und die verbesserten Handlungsmöglichkeiten radikaler Muslime sachgerecht einzuschätzen. Selbst die Tatsache wird verdrängt, daß die Islamisten bereits ein großes Potential an Kämpfern in Europa besitzen und zielstrebig erweitern. Allein in Deutschland zählt der Verfassungsschutz etwa eintausend Hizbullah-Aktivisten und Mitglieder der zu den Revolutionären Garden des Iran gehörenden Al-Quds-Brigaden, die als terroristischer Arm des Mullah-Regimes in Teheran in kürzester Frist handeln können. Sie werden über ein eng gespanntes Netzwerk von islamischen Zentren, Moscheen, Banken und diplomatischen Vertretungen geführt.

Unter den Fachleuten, die sich mit dem Phänomen des islamischen Fundamentalismus und des mit ihm verbundenen Terrorismus seit vielen Jahren beschäftigen, wird heute kaum noch bestritten, daß die spezifische, von der allgemein friedlichen Ausrichtung des Islam abweichende religiöse Überzeugung einer wachsenden Zahl von Muslimen entscheidend dazu beigetragen hat, die Herausbildung von Terrororganisationen zu ermöglichen und dem Handeln dieser Gruppen ein starkes ideologisches Fundament zu geben. Die Ursprünge dieser Entwicklung reichen bis in das Ägypten der zwanziger Jahre des vergangenen Jahrhunderts zurück, als mit der Gründung der sogenannten „Muslimbruderschaft" durch den Lehrer Hassan al-Banna der Kampf gegen die britische Kolonialherrschaft und gegen die Säkularisierung der islamischen Welt begann. „Den Ideologien des Westens muß widerstanden werden", schrieb Hassan al-Banna schon damals, als es den modernen Staat Israel noch gar nicht gab und die USA noch nicht die Rolle spielten, die sie heute innehaben. Wie weit der Haß der Muslimbrüder auf die Juden noch vor der Gründung des modernen Staates Israel ging, hat Hassan al-Banna in einem Loblied auf Amin al-Husseini, den früheren Mufti von Jerusalem, der immer wieder zum Völkermord an den Juden aufgerufen und während des Zweiten Weltkrieges mit dem Nazi-Regime eng zusammengearbeitet hatte, deutlich gemacht. In einer im Juli 1946 verbreiteten Botschaft verkündete er: „Der Mufti ist Palästina, und Palästina ist der Mufti ... Deutschland und Hitler sind vergangen, aber Amin al-Husseini wird den Kampf fortsetzen." Vor dem Hintergrund des politischen Geschehens im Nahen Osten unmittelbar nach dem Ende des Zweiten Weltkrieges konnte der Gleichklang zwischen den führenden Repräsentanten des arabischen Nationalismus und der Muslimbruderschaft nicht überraschen. In jener Epoche war es für Hassan al-Banna nicht schwierig, allein in Kairo eine Million Anhänger auf die Straße zu bringen.

Nach dem Ende der britischen Kolonialherrschaft und dem Sturz von König Faruk am 23. Juli 1952 wandten sich die Muslimbrüder gegen die säkularen Tendenzen der Nationalisten unter Ägyptens Präsident Gamal Abdel Nasser. Die radikale Gruppierung wurde zum Sammelbecken aller Muslime, die ihr Werben für eine strenge Auslegung des Koran mit dem Kampf gegen die aus ihrer Sicht schädlichen Einflüsse aus dem Westen verbanden. Zur Schlüsselfigur des radikalen Islamismus wurde der Muslimbruder Sajjid Qutb (1906–1966), der in seinen Schriften der fünfziger und sechziger Jahre gegen die westliche Denkweise weit über Hassan al-Banna hinausging und die westlichen Länder als die „großen Verderber", die „neuen Kreuzfahrer" bezeichnete, die es mit allen Mitteln zu bekämpfen gelte. Dies schloß nunmehr auch den Kampf gegen den jüdischen Staat Israel ein.

Die Lehren Sajjid Qutbs, die in seinem dreißigbändigen Koran-Kommentar enthalten sind, spiegeln – ähnlich wie die religiöse und politische Programmatik des iranischen Ajatollah Chomeini – eine dezidiert totalitäre Ideologie wider. Sie rechtfertigen explizit auch Terroranschläge und bieten den islamistischen Kämpfern eine Deutung ihres Handelns. Nach Auffassung von Sajjid Qutb kann es erst dann Frieden geben, wenn der „wahre Islam" im Zuge des „heiligen Krieges" (Djihad) die Vorherrschaft in der Welt errungen hat. Der Kern dessen, was den islamistischen Terrorismus seitdem ausmacht, gründet sich auf die zutiefst antiaufklärerische Philosophie eines sich im Physischen nicht erschöpfenden Lebens. Sajjid Qutbs ganze Verachtung gilt dem Verlangen, um jeden Preis zu leben. Erst durch den Märtyrertod gelangt man ins wahre Leben. Mit der Hingabe seines Lebens für die Sache Gottes zeigt der Muslim sein wahres Verständnis des Islam.

Diesen extremen Auffassungen Sajjid Qutbs schlossen sich in der Folgezeit immer mehr geistliche Führer und viele Muslime an. Auf der Grundlage ihrer tiefen religiösen Überzeugung bildeten sich zahlreiche Gruppen, die nicht zögerten, mit Gewalt gegen die als „Verderber" angesehenen Modernisierer in der muslimischen Welt und gegen die aus ihrer Sicht nicht akzeptablen Entwicklungen, wie zum Beispiel die Existenz des Staates Israel oder das politische Handeln der USA, vorzugehen. In diesem Kontext entstanden zahlreiche Terrororganisationen, von der Hamas bis zur Al Qaeda. Der aus Saudi-Arabien stammende Gründer des Terror-Netzwerks der Al Qaeda, Osama bin Laden, ein Schüler des 1966 vom Nasser-Regime in Ägypten hingerichteten Sajjid Qutb, war dabei zum Vorreiter der Islamisten geworden, dem viele Muslime auch nach seinem Tode noch nacheifern und der in der ganzen Welt – auch in Europa – viele Anhänger findet. Sein am 23. Februar 1998 in der in London erscheinenden arabischen Zeitung „Al-Quds al-Arabi" ausgerufener „Krieg gegen Israel und die Kreuzzügler" richtet sich gegen die gesamte vom Westen geprägte Welt und die – aus seiner Sicht – korrumpierten Eliten in den islamischen Ländern. Bei aller regionalen Differenzierung vereint die Islamisten das grundlegende Ziel, die islamischen Länder von westlichen Einflüssen zu befreien. Sie beziehen dabei ihre Motivation und Handlungsbereitschaft nicht nur aus ihrer tiefen religiösen Überzeugung und der wachsenden Zustimmung, die sie in den islamischen Ländern erfahren. Sie profitieren auch von den gravierenden Fehleinschätzungen westlicher Politiker und Intellektueller, sowie zahlreicher Repräsentanten der westlichen Medien und Nichtregierungsorganisationen.

Das Vordringen des Islamismus hat sich auch durch die seit Anfang 2011 in vielen arabischen Ländern – von Tunesien und Ägypten bis Libyen – erfolgten Aufstände nicht stoppen lassen. Wenngleich es für diese Aufstände kein einheitliches Muster gibt, haben sie doch das System der begrenzten Sicherheit zerstört, das es den führenden westlichen Ländern ermöglichte, die Region für ihre Interessen zu nutzen und Israel zu schützen. Der von westlichen Journalisten und Politikern behauptete „Durchmarsch der Freiheit" und der staunenden Öffentlichkeit immer wieder beschworene „arabische Frühling" blieb jedoch eine Chimäre. Die Proteste und Rebellionen leiteten keine Hinwendung zur Demokratie westlichen Zuschnitts ein, wie zahlreiche Repräsentanten der Medien dies erwarteten und mit überschwenglichen Kommentaren beschrieben. Vielmehr mündeten die Proteste und Aufstände in eine Epoche des Ringens um eine Neuordnung, deren Ergebnis zwar noch nicht im einzelnen vorhergesagt werden kann. Doch die Rahmenbedingungen für die Herausbildung von Demokratien bleiben in der Tat äußerst ungünstig. Die Bereitschaft, in einer eher westlich geprägten säkularen Welt zu leben, erfaßte nur eine Minderheit in den arabischen Ländern. Und die Einführung von formalen demokratischen Strukturen konnte, schneller als von vielen Beobachtern erwartet, von den am besten organisierten Gruppen, nämlich den radikal-islamischen Kräften, genutzt werden. Sie wissen, was sie wollen und sind es gewöhnt, auf der Grundlage einer klaren ideologischen bzw. religiösen Überzeugung zu handeln. In keinem Fall durfte man erwarten, daß in diesen Ländern politische Systeme nach dem Muster der westlichen Demokratien in Europa entstehen. In Wirklichkeit haben die Rebellionen in den arabischen Ländern keineswegs die säkularen und demokratischen Kräfte gestärkt, sondern zu einer „Entwestlichung" der Gegenküste am Mittelmeer geführt. Es handelt sich dabei um eine Veränderung historischen Ausmaßes, deren nachhaltige Wirkung die Europäer, erst recht aber die Israelis noch stärker zu spüren bekommen werden.

In Tunesien, wo die dramatische Entwicklung mit dem Sturz des autokratisch regierenden Präsidenten Zine al-Abidine Ben Ali und dessen Flucht am 14. Januar 2011 nach Saudi-Arabien begann, spielte allein schon die schwierige wirtschaftliche Lage den am strengen Islam orientierten Kräften in die Hände. Ein wirtschaftlicher Aufstieg des Landes, der für die innere Befriedung und den raschen Abbau der enorm hohen Arbeitslosigkeit vor allem der jungen Generation notwendig wäre, ist nicht in Sicht. Vielmehr sind durch Arbeitsausfall und ausbleibenden Tourismus Milliardenverluste entstanden. Welche weiter reichenden Folgen die zur politischen Neugestaltung Tunesiens festgelegten Wahlen, angefangen von der am 23. Oktober 2011 abgehaltenen Wahl einer Verfassunggebenden Versammlung, haben werden, läßt sich inzwischen ermessen. An den Schaltstellen der Macht, bei den Sicherheitskräften und in der Verwaltung wird es keineswegs zu jenen Veränderungen kommen, die großen Teilen der jungen Generation in Tunesien vorschwebten und von den westlichen Medien vorausgesagt wurden.

Die in der bereits 1981 gegründeten, aber unter der Diktatur Ben Alis verbotenen Partei „Ennahda" (Wiedergeburt) organisierten islamistischen Kräfte sind die stärkste Gruppierung, die in Tunesien auf vielerlei Art um den Zuspruch der Bevölkerung wirbt. Sie haben Büros in allen Städten des Landes, unterhalten Suppenküchen für die Armen, organisieren die Krankenversorgung, kontrollieren die Moscheen und können sich aufwendige, umfassende Wahlkämpfe leisten. Die Ennahda rekrutiert ihre Mitglieder aber nicht nur bei den armen Leuten. Vielmehr hat sie starke Wurzeln im Mittelstand, bei den Unternehmern, Handwerkern und Künstlern. Die Partei wird vom reichen, islamistisch ausgerichteten Golf-Emirat Qatar sehr großzügig finanziell unterstützt, und der dort ansässige, der Herrscherfamilie gehörende Sender „Al-Djazira" wirbt in konsequenter Weise für die Ennahda. Die Verlegung des Termins der Wahlen zur Verfassunggebenden Versammlung auf den 23. Oktober 2011, kurz nach dem Fastenmonat Ramadan, gab den Predigern eine gute Gelegenheit, in den Moscheen Wahlkampf zu machen. Die Islamisten haben vor diesem Hintergrund mit großem Geschick ihre Chance wahrgenommen, die Politik Tunesiens stärker mitzugestalten. Sie unterstreichen ihre Lernfähigkeit auch dadurch, daß sie die bei der jungen Generation beliebten modernen technischen Instrumente konsequent nutzen. Mit dem Kauf von großen Facebook-Gruppen und der professionell durchgeführten Organisation von Kampagnen im Netz demonstrieren sie, daß sie auch technisch und organisatorisch auf der Höhe der Zeit sind. Wie stark der Rückhalt der Islamisten in Tunesien tatsächlich ist, zeigte sich schon beim Besuch des türkischen Ministerpräsidenten Erdogan in Tunis am 15. September 2011. Erdogan wurde nicht nur von den Massen in den Straßen von Tunis vor allem wegen seiner weithin bekannten aniisraelischen Haltung und der Unterstützung der Hamas begeistert empfangen, sondern auch demonstrativ von dem islamistischen Führer Rachid al-Ghannouchi herzlich umarmt. Ghannouchi hat nie einen Hehl daraus gemacht, daß er die Hinwendung der Türkei zum strengen Islam und den von Erdogan eingeleiteten Paradigmenwechsel der türkischen Außenpolitik sehr begrüßt.

Zwar ist der am 30. Januar 2011 nach Tunesien zurückgekehrte islamistische Führer Rachid al-Ghannouchi kein tunesischer „Chomeini", doch wird sein Einfluß künftig entscheidend sein. Seine Teilnahme an der Beerdigung des am 27. Februar 2011 gestorbenen türkischen Islamisten Necmettin Erbakan, der wie Irans ehemaliger Staatspräsident Ahmadinedshad den Staat Israel beseitigen will, macht deutlich, welche Denkweise er vertritt. Neben Ghannouchi waren Abdel Rahman Swar al-Dahab, der frühere Präsident des Sudan, während dessen Amtszeit Osama bin Laden im Sudan Unterschlupf gefunden hatte, sowie Saad al-Katatni, der Sprecher der ägyptischen Muslimbrüder und Abdel Rashid Turabi, islamistischer Milizenchef aus Pakistan, bei der Beerdigung. Es war dabei nur folgerichtig, daß der türkische Staatspräsident Abdullah Gül und Regierungschef Recep Tayyip Erdogan die Trauergemeinde anführten. Die beiden mächtigsten Politiker der Türkei hatten sich zwar vor einigen Jahren von ihrem früheren Mentor Erbakan emanzipiert, teilen aber auch heute noch dessen außenpolitische Vision – eine enge Verflechtung der Türkei mit den streng islamischen Ländern und auf dieser Grundlage das Streben nach größerem Einfluß in Europa mit dem Ziel, die vom Westen dominierte Weltordnung aus den Angeln zu heben und dabei den Staat Israel zu beseitigen.

Der Ausgang der Wahlen zur Verfassunggebenden Versammlung am 23. Oktober 2011, bei denen die islamistische Ennahda 90 der 217 Sitze errang und mit deutlichem Abstand die stärkste politische Kraft in Tunesien geworden ist, bestätigte einmal mehr, in welche Richtung sich das Land entwickeln wird. Diese politische Gruppierung als „gemäßigt" oder „islamisch-demokratisch" zu bezeichnen, wie zahlreiche deutsche Journalisten immer noch verbreiten, erscheint völlig abwegig. Die ideologische Ausrichtung der Ennahda bleibt vielmehr streng islamisch. Zwar wird die schon während des Wahlkampfes sichtbare pragmatische Haltung und taktisch geschickte Rhetorik die politische Vorgehensweise der Ennahda prägen, da sie ohnehin eine Koalition mit anderen Parteien eingehen mußte. Die von Ghannouchi geführten Islamisten nehmen jedoch nicht nur die Schlüsselpositionen in der Regierung Tunesiens ein. Sie werden auch die Inhalte der Verfassung wesentlich mitbestimmen und dafür sorgen, daß Tunesien ein streng islamisch ausgerichteter Staat bleibt. Dies zeigte sich schon kurz nach dem Zusammentritt der Verfassunggebenden Versammlung am 22. November 2011. Die von der Ennahda geleitete Drei-Parteien-Koalition, die über 139 der 217 Sitze in der Verfassunggebenden Versammlung verfügt, teilte die wichtigsten Positionen unter sich auf: Zum Präsidenten der Verfassunggebenden Versammlung wurde Mustafa Ben Jaafar von der sozialdemokratischen Partei „Ettakatol" bestimmt; zum Staatspräsidenten wählte die Verfassunggebende Versammlung am 12. Dezember 2011 den Menschenrechtsaktivisten Moncef Marzouki von der Partei „Congrès Pour la République" (CPR), und zum Ministerpräsidenten wurde der Generalsekretär der Ennahda, Hammadi Jebali, ernannt.

Wenngleich der Führer der „Ennahda", Rachid al-Ghannouchi, aus taktischen Gründen konziliante Töne anschlägt, zeigen seine islamistischen Mitstreiter in der Regierung, in den Moscheen und auf der Straße, in welche Richtung sich Tunesien entwickeln soll. So versuchen die Behörden u.a. durch die Benennung von Chefredakteuren staatlicher Medien Einfluß auf die Berichterstattung zu nehmen. Mit Demonstrationen, Sitzstreiks und über die Besetzung einzelner Fakultäten bemühen sich die Islamisten, das Tragen von Kopftüchern und Vollschleiern in Universitäten zu erzwingen. Und in den Moscheen wird nahezu durchweg zur Schaffung eines Staates aufgerufen, der strengen islamischen Vorschriften genügt. Dies spiegelt sich auch in der äußerst harten Auseinandersetzung um die Formulierung des Artikel 1 der neuen Verfassung wider, in dem es um die Frage des Selbstverständnisses des Staates und die Rolle der Religion geht.

Die Härte der Auseinandersetzungen zwischen den Islamisten und den säkularen Kräften in Tunesien zeigte sich in der Ermordung des prominenten säkularen Oppositionspolitikers Schokri Belaid am 6. Februar 2013 in Tunis. Das Attentat, das man salafistischen Fanatikern der Terrorgruppe Ansar al-Scharia zuschreibt, die der Ennahda vorwerfen, den säkularen Kräften zu große Zugeständnisse zu machen, löste prompt landesweite Unruhen aus. Deren Träger aus dem säkularen Milieu Tunesiens werden es jedoch nicht schaffen, den politischen Einfluß der am strengen Islam orientierten Kräfte zurückzudrängen. Trotz mancher Zugeständnisse an die säkular eingestellten gesellschaftlichen Gruppen im Lande und des Rücktritts des der Ennahda angehörenden Ministerpräsidenten Hammadi Jebali am 19. Februar 2013 wird Tunesiens Politik künftig islamistisch ausgerichtet bleiben. Das wurde bereits mit der Ernennung des Islamisten Ali Larayedh zum neuen Regierungschef deutlich. Auch die tagelangen Demonstrationen säkularer Kräfte anläßlich der Ermordung des Oppositionspolitikers Mohamed Brahmi am 25. Juli 2013 in Tunis durch dieselbe Gruppe der Salafisten wie schon beim Attentat auf Schokri Belaid wenige Monate zuvor konnte der Regierung Larayedh nichts anhaben. Die Ennahda zeigte sich dank ihrer überlegenen Machttechnik imstande, eine tiefer gehende politische Krise zu verhindern.

Auch in dem für das Verhältnis zur westlichen Staatenwelt, speziell aber für Israel, so wichtigen Ägypten wurde die Rebellion gegen das autoritäre und korrupte Regime von Husni Mubarak nicht von islamistischen Kräften ausgelöst. Die im Zuge der vor allem auf dem Kairoer Tahrir-Platz, aber auch in anderen Städten Ägyptens stattfindenden Demonstrationen und die dort sichtbare starke Rolle der jungen Generation führte bei der Mehrheit der europäischen Beobachter prompt zu gravierenden Fehleinschätzungen. Man behauptete sogar, nun werde vollendet, was 1989 in Ost- und Mitteleuropa begonnen habe. Zwar gelang es der mit westlichem Gedankengut und Techniken vertrauten jungen Generation in Ägypten, eine enorme Dynamik zu entfalten und dank der nach dem Sturz Mubaraks offenbar werdenden Schwäche des Obersten Militärrats einige politische Forderungen durchzusetzen.

An dem Tatbestand, daß sich Ägyptens Wirtschaft in einer äußerst schwierigen Situation befand und die Aussichten der Jugend auf Arbeit auch in absehbarer Zukunft gering sein würden, konnte die Rebellion gegen das Mubarak-Regime jedoch nichts ändern. Im Gegenteil. Die bereits bestehende hohe Arbeitslosigkeit hat sich seit Mubaraks Sturz noch verschlimmert. Während sich die westlichen Medien fast ausschließlich dem spektakulären Geschehen auf dem Kairoer Tahrir-Platz widmeten, blieb der wirtschaftliche Niedergang des Landes weitgehend unbeachtet. Seit Beginn der Rebellion im Frühjahr 2011 sind mehr als 6.000 Betriebe geschlossen worden. Viele Unternehmen mußten ihre Produktion deutlich zurückfahren. Ausländische Kapitalanleger haben ihre Anteile verkauft, sie in Devisen umgetauscht und außer Landes gebracht. Die ohnehin nicht sehr umfangreichen Währungsreserven Ägyptens schrumpften dramatisch. Zudem hat die Kriminalität in Ägypten nach dem Sturz Mubaraks deutlich zugenommen. Selbst die tägliche Versorgung der etwa 83 Millionen Menschen (davon 32 Millionen Analphabeten) umfassenden ägyptischen Bevölkerung mit den nötigsten Grundnahrungsmitteln ist seit dem Beginn des Rebellionsprozesses erheblich schwieriger geworden. Ägyptens Landwirtschaft befindet sich in einem erbärmlichen Zustand. Inzwischen muß das an kultivierbarem Boden reiche Land die Hälfte seiner Lebensmittel und zunehmend sogar Brotgetreide importieren. Der Kollaps des ägyptischen Staatshaushalts konnte nur durch rasch gewährte Milliarden-Kredite seitens der reichen arabischen Golf-Staaten verhindert werden.

Lösungen für die enormen wirtschaftlichen Probleme konnte bislang niemand anbieten. Doch war bereits in der Anfangsphase der Rebellion abzusehen, daß die am strengen Islam orientierte Muslimbruderschaft und die noch fanatischeren Salafisten in der Politik Ägyptens eine größere Rolle übernehmen wollten. Die etwa eine Million Mitglieder zählende und hierarchisch organisierte Muslimbruderschaft verfügte als einzige politische Gruppierung in Ägypten über eine funktionierende Basis bis in die kleinsten Dörfer. Ihr Einfluß reichte weit über ihre eigene am 30. April 2011 gegründete „Partei für Freiheit und Gerechtigkeit" (FJP) hinaus, da sie mit großem Geschick andere Parteien unterwandern und über deren Kandidatenlisten zusätzlichen Erfolg verbuchen konnten. Selbst unter den Universitätsabsolventen schien der Einfluß der Muslimbrüder sehr groß zu sein. Die islamistischen Führer haben Konfrontationen mit dem Obersten Militärrat zunächst vermieden, aber beharrlich versucht, ihre Macht fest zu etablieren, ohne die Interessen der Militärs im wirtschaftlichen Bereich zu beschädigen. Sie glaubten, daß die Zeit für sie arbeiten würde. So zeigte bereits die Zustimmung einer großen Mehrheit (77 Prozent) der Bevölkerung zu der im März 2011 per Referendum angenommenen Änderung der alten Verfassung aus der Mubarak-Ära, daß die meisten Ägypter an dem Islam als Staatsreligion und an der Geltung wichtiger Bestimmungen der Scharia als wesentliche Quelle der staatlichen Gesetzgebung festhalten wollen.

Darüber hinaus ließ sich der Oberste Militärrat durch die wiederholten und zumeist von Gewalt begleiteten Demonstrationen der gegenüber den alten Machtstrukturen von Armee, Polizei und Geheimdienst kritisch eingestellten Gruppen auf dem Tahrir-Platz in Kairo nicht davon abbringen, die in mehreren Phasen organisierten Parlamentswahlen wie geplant vom 28. November 2011 bis Mitte Januar 2012 durchführen zu lassen und die Präsidentenwahlen im Juni 2012 abzuhalten. Auch die Ende des Jahres 2011 von zahlreichen politischen Parteien und gesellschaftlichen Gruppen durchgeführten heftigen Massenproteste gegen die Pläne des damals von Feldmarschall Mohammed Hussein Tantawi geleiteten Obersten Militärrats, in dem Entwurf für eine neue Verfassung die Streitkräfte auch künftig der parlamentarischen Kontrolle zu entziehen, wurden mit brutaler Gewalt bekämpft. Es ist in diesem Zusammenhang bemerkenswert, daß sich die Muslimbrüder an diesen Protesten kaum beteiligt haben. Sie zogen es in dieser frühen Phase des politischen Wandels vor, direkt mit dem Obersten Militärrat zu verhandeln.

Wenngleich der Umbruch in Ägypten deutlich gemacht hat, daß es nicht der Natur der arabischen Völker entspricht, stets mit harter Hand regiert zu werden, herrschen dort andere gesellschaftliche Kräfteverhältnisse und kulturelle Rahmenbedingungen, als von den Massenmedien der westlichen Demokratien täglich verbreitet wird. So wurde nur selten erwähnt, daß die säkularen und liberalen Kräfte in Ägypten kaum verankert sind. Auch das Verschweigen der Tatsache, daß die zumeist jugendlichen Demonstranten in Kairo bei ihrem Aufbegehren gegen Husni Mubarak immer Kritik an dessen positiver Haltung gegenüber Israel geübt haben, ist in diesem Zusammenhang bemerkenswert. Die große Mehrheit der jugendlichen Demonstranten plädiert für einen Abbruch der Beziehungen zu Israel, für offene Grenzen zu Gaza, für die Beendigung der Erdgaslieferungen an Israel und für größere Bewegungsfreiheit im Sinai. Sie lehnen die Zwei-Staaten-Lösung in Palästina zumeist ab und vertreten mehrheitlich die Auffassung, daß ganz Palästina den Palästinensern zusteht.

Es ist auch kein Zufall, daß der türkische Regierungschef Erdogan dank seiner aggressiven Politik gegenüber Israel gerade bei der Jugend in Ägypten hohes Ansehen genießt und bei seinem Besuch in Kairo am 13. September 2011 diese Haltung in einer Rede vor der Arabischen Liga allen arabischen Ländern als gemeinsame Position empfahl. Die feindselige Haltung gegenüber dem Staat Israel kennzeichnet auch nach dem Ende des Mubarak-Regimes in immer stärkerem Maße den öffentlichen Diskurs in Ägypten. Im übrigen hält die große Mehrheit der ägyptischen Bevölkerung an einem religiösen Bezugsrahmen des Staates fest. Die entscheidenden gesellschaftlichen Gruppierungen wollen eine größere Distanz zu den USA, stärkere Orientierung an arabischen Interessen, Unterstützung für die radikalen Palästinenser, eine Abkehr von der Verbindung mit Israel und keine neue Abhängigkeit von westlichen Krediten. So gehörte es folgerichtig im ägyptischen Wahlkampf zum normalen Repertoire selbst der als moderat geltenden Kandidaten, mit antiisraelischer Propaganda um die Stimmen der Bürger zu werben.

Die Muslimbrüder gingen – wie Fachleute richtig vorausgesagt haben – als stärkste Kraft aus den Wahlen zur Volksversammlung im Frühjahr 2012 hervor. Die noch radikaleren Salafisten errangen mit ihrer „Al-Nour-Partei" (Das Licht) ebenfalls einen hohen Zuspruch und wurden zur zweitstärksten Fraktion. Die Parteien der Muslimbruderschaft und der Salafisten erreichten zusammen 72 Prozent der Stimmen. Und nach dem Sieg ihres Kandidaten Mohammed Mursi bei der Präsidentenwahl am 16./17. Juni 2012 versuchte die Muslimbruderschaft mit allen ihr nunmehr zur Verfügung stehenden Mitteln, die Politik des Landes im radikal-islamischen Sinne auszurichten und die

Dominanz der Islamisten sicherzustellen. In diesem Zusammenhang gilt es zudem festzuhalten, daß Mohammed Mursi von jeher ein erbitterter Gegner des jüdischen Staates Israel war. Er beschwor in seinen Reden und geheimen Verhandlungen mit anderen arabischen Gruppierungen, jede Initiative für Frieden zwischen den Palästinensern und Israel zu sabotieren. Nur die Beseitigung Israels und die Errichtung eines einzigen arabischen Staates in Palästina könnte „das Ziel aller anständigen Muslime" sein.

Wenngleich das Oberste Verfassungsgericht in Kairo Mitte Juni 2012 die ersten freien Parlamentswahlen in Ägypten annulliert hatte, ernannte Staatspräsident Mursi am 24. Juli 2012 Hischam Kandil zum Ministerpräsidenten. Verteidigungsminister wurde der Vorsitzende des Obersten Militärrats, Feldmarschall Mohammed Hussein Tantawi. Innenminister wurde Ahmed Gamaleldin, ein Mann der Militärs. Außenminister blieb Mohammed Amr. Doch am 13. August 2012 entließ Staatspräsident Mursi den Verteidigungsminister Tantawi und den Generalstabschef Sami Anan. Zum neuen Verteidigungsminister ernannte Mursi den als strenggläubigen Muslim bekannten Chef des Militärgeheimdienstes General Abdel Fattah al-Sisi. Neuer Generalstabschef wurde General Sidki Sobhi.

Wie konsequent Mohammed Mursi die Dominanz der Muslimbruderschaft zu etablieren trachtete, wurde auch daraus deutlich, daß die Muslimbrüder die Berichterstattung in den ägyptischen Medien zu bestimmen suchten und gegen alle Journalisten vorgingen, die an der Politik der Regierung Kritik übten. Schließlich gelang es Mursi und den Muslimbrüdern, die weitgehend von ihnen bestimmte streng islamische neue Verfassung im Eilverfahren durchzupeitschen und hierfür am 15. bzw. 22. Dezember 2012 in einem Referendum die Zustimmung von 63,8 Prozent der Bevölkerung zu erhalten. Die Tatsache, daß das ägyptische Verfassungsgericht Anfang Juni 2013 die Verfassungsgebende Versammlung für ungültig erklärt hatte, deutete aber bereits an, daß die Muslimbrüder nicht alles durchsetzen konnten und die Machtverhältnisse in Ägypten in Bewegung blieben. Zwar brachte die erneute Umbildung der Regierung weitere Muslimbrüder in wichtige Positionen. Zudem machte Präsident Mursi eine Reihe von Muslimbrüdern zu Provinzgouverneuren. Doch scheiterte er mit seinem permanenten Bestreben, andere Staatsgewalten auszuschalten und sich selbst umfassende Vollmachten zu verschaffen. Darüber hinaus gelang es dem islamistischen Regime trotz der großzügigen finanziellen Unterstützung durch das Golf-Emirat Qatar nicht, die Wirtschaft Ägyptens zu stabilisieren.

Die rigorose Machtpolitik zugunsten der Muslimbruderschaft, erst recht aber der katastrophale wirtschaftliche Niedergang Ägyptens und die damit verbundene rapide Verschlechterung der Lebensverhältnisse ließen die Rebellion gegen das Mursi-Regime enorm anschwellen. Das ägyptische Militär konnte die Welle des Widerstands gegen das von großen Teilen der Bevölkerung abgelehnte Regime schließlich nutzen, um in enger Kooperation mit der höheren Richterschaft seine eigene Macht wieder zu stärken und dem Land eine maßvollere Richtung zu geben. Die Militärführung unter General Abdel Fattah al-Sisi setzte am Abend des 3. Juli 2013 Staatspräsident Mursi ab, ernannte in Absprache mit den verschiedenen politischen Kräften des Landes – außer den Muslimbrüdern – den Obersten Verfassungsrichter Adli Mansur zum Übergangspräsidenten. Der rasch gebildeten Übergangsregierung unter dem neuen Ministerpräsidenten Hasem al-Beblawi, der auch General Abdel Fattah al-Sisi als Verteidigungsminister angehört, wurde die Aufgabe erteilt, die islamistisch geprägte Verfassung zu überarbeiten und innerhalb eines Jahres Parlaments- und Präsidentenwahlen zu organisieren. Neben dem abgesetzten Präsidenten Mursi wurden zahlreiche führende Mitglieder der Muslimbruderschaft inhaftiert.

Ungeachtet der Tatsache, daß es der Militärführung mit dem Putsch vom 3. Juli 2013, dem harten, mehrere hundert Menschenleben fordernden militärischen Durchgreifen gegen die Muslimbrüder und den nachfolgenden Entscheidungen gelungen ist, die Machtverhältnisse in Ägypten zugunsten des alten Regimes zu korrigieren, bleibt es ein unübersehbares Faktum, daß die Muslimbrüder zusammen mit den noch radikaleren Kräften der Salafisten etwa die Hälfte der ägyptischen Gesellschaft repräsentieren. Inwieweit das am 23. September 2013 durch ein ägyptisches Gericht ausgesprochene Verbot der Muslimbruderschaft und die Beschlagnahme ihres Vermögens die politischen Verhältnisse in Ägypten beruhigen und den Einfluß der Islamisten auf

Dauer brechen kann, steht dahin. Zwar scheint das ägyptische Militär unter der Führung von General Abdel Fattah al-Sisi entschlossen zu sein, die extremen islamischen Kräfte zu zähmen. Seinen streng islamischen Charakter wird das Land in jedem Fall behalten. Und auch in der Außen- und Sicherheitspolitik Ägyptens wird es keine Rückkehr zu eher pro-westlichen Haltungen geben.

Schon die nach dem Sturz Mubaraks eingeleitete Politik des Landes zeigte den klaren Trend, daß sich die Außenpolitik Ägyptens deutlich verändern und die Sicherheit Israels zunehmend gefährden würde. Vor diesem Hintergrund ist bemerkenswert, daß viele Kommentatoren in den europäischen Medien und zahlreiche Politiker immer noch hofften, die Entwicklung in Ägypten folge demokratischen Bahnen. Dabei ging man im Westen vielfach von der falschen Annahme aus, daß sich die bestimmenden politischen Kräfte Ägyptens an demokratischen Denkweisen westlichen Musters orientieren würden. Die auch nach dem Wahlsieg der Islamisten im Jahre 2012 unverdrossene Forderung europäischer Politiker, es müsse „der vereinbarte Fahrplan in Richtung Demokratie eingehalten werden", offenbarte ein Realitätsdefizit, das nicht nur Fachleute in Erstaunen versetzte. Die wichtigsten politischen Kräfte in Ägypten haben jedoch von ihrer antiwestlichen und insbesondere von ihrer antisemitischen Ideologie nichts zurückgenommen. Das gilt vor allem für die Muslimbruderschaft. Der Staat Israel im Nahen Osten wird von diesen Kräften nicht akzeptiert. Diese Haltung findet auch eine gewisse Resonanz in der ägyptischen Bevölkerung, deren Mehrheit (54 Prozent) eine Auflösung des 1979 mit Israel geschlossenen Friedensvertrags verlangt.

Der machtpolitische Aufstieg der Islamisten und deren zeitweise Führungsrolle waren sicherlich nur möglich, weil die den Prozeß der Umwandlung des politischen Systems zunächst kontrollierende ägyptische Armee zu lange gezögert hatte, den von der Muslimbruderschaft geforderten Veränderungen massiv genug entgegenzuwirken. Das seit dem Sturz von Ägyptens König Faruk am 23. Juli 1952 durch die Armee unter den Generälen Gamal Abdel Nasser und Ali Muhammad Nagib als bestimmender Faktor wirkende Militär hat weit verzweigte politische und ökonomische Interessen und sucht diese Interessen zu bewahren. Aus der Sicht der Militärs schien die Wahrung dieser Interessen zunächst am ehesten möglich, wenn man sich mit der Muslimbruderschaft arrangierte. Deren Vertreter und Anhänger nutzten die Gunst der Stunde und trieben die Radikalisierung der ägyptischen Gesellschaft schon vor den entscheidenden Wahlen des Jahres 2012 zielstrebig voran. Es überraschte daher nicht, daß immer mehr reiche und weniger streng islamisch denkende Ägypter ins Ausland flüchteten, Investitionen in die Wirtschaft des Landes ausblieben und auch in den Außenbeziehungen Ägyptens, vor allem gegenüber Israel, ein Paradigmenwechsel eingeleitet wurde.

Die seit den späten 70er Jahren von Präsident Anwar al-Sadat eingeführte und nach dessen Ermordung am 6. Oktober 1981 von seinem Nachfolger, General Husni Mubarak, übernommene mäßigende Rolle des ägyptischen Militär in der Außenpolitik, insbesondere im Verhältnis zu Israel, ließ sich nach dem Umbruch vom Frühjahr 2011 nicht mehr lange aufrechterhalten. Ungeachtet der nach dem ägyptisch-israelischen Friedensvertrag 1979 unterbrochenen diplomatischen Beziehungen zwischen Teheran und Kairo deutete bereits die am 22. Februar 2011 gegebene Erlaubnis für zwei iranische Kriegsschiffe, auf ihrem Weg nach Syrien den Suez-Kanal zu passieren, einen entscheidenden Wandel im Verhältnis zu Israel an. Das Mullah-Regime in Teheran profitierte seitdem von dem Umbruch in Ägypten und erweiterte seine strategischen Handlungsmöglichkeiten. Das Bemühen des Iran, sich als Seemacht der Region zu etablieren, zeigte sich auch daran, daß zwei Unterseeboote in das Rote Meer verlegt wurden.

Die Öffnung der Grenze zum Gaza-Streifen und die am 4. Mai 2011 feierlich verkündete erfolgreiche Vermittlung der „Versöhnung" zwischen der islamistischen Terrororganisation Hamas und der Fatah des Palästinenser-Führers Mahmud Abbas durch die damalige ägyptische Übergangsregierung machte einmal mehr deutlich, in welche Richtung sich die Außenpolitik Ägyptens entwickelt. Nach der Grenzöffnung zu Gaza kann Israels Blockade umgangen werden. Dies führte folgerichtig dazu, daß Waffen, Geld und islamistische Kämpfer – unter ihnen auch Angehörige der iranischen Revolutionsgarden – zur Unterstützung der Hamas nach Gaza gelangen konnten. Angesichts der Tatsache, daß die ägyptischen Sicherheitskräfte nach dem Machtwechsel vom Februar 2011 in Kairo die Sinai-Halbinsel nicht mehr entschieden kontrollieren, hat sich die Bewegungsfreiheit der Revolutionsgarden, der Al Qaeda und anderer Terrorgruppen ohnehin deutlich vergrößert. Sie bedrohen seither sehr viel direkter die 230 Kilometer lange, zumeist nicht einmal markierte und schwer zu sichernde ägyptisch-israelische Grenze. Von daher überrascht es auch nicht, daß es den islamistischen Kämpfern schon mehrfach gelang, Anschläge auf die von Ägypten nach Jordanien und Israel führende Gas-Pipeline zu verüben.

Wie die koordinierten Angriffe islamistischer Terroristen am 18. August 2011 mit Mörsern und Raketen vom ägyptischen Sinai aus auf Israel belegen, war die Regierung in Kairo offenbar nicht bereit, wirksame Maßnahmen zu ergreifen, um die Kontrolle über die weiträumige Halbinsel auszuüben und die Grenze nach Israel zu sichern. Die Ägypter verdammten nahezu reflexhaft die israelische Reaktion auf die brutalen Angriffe der von ägyptischem Territorium ausgehenden Terroraktionen der Islamisten gegen die Zivilbevölkerung in Israel, nicht aber diese Terroraktionen selbst. Daß bei der Verfolgung der islamistischen Kämpfer, die innerhalb weniger Stunden zehn Israelis getötet und mehr als einhundert Raketen auf Israel abgeschossen hatten, auch sechs ägyptische Soldaten ums Leben kamen, wurde bewußt hochgespielt, obwohl der Regierung in Kairo durchaus klar war, welche unglücklichen Umstände zum Tod ihrer Landsleute geführt hatten. Sie starben nicht durch den gezielten Angriff israelischer Truppen, sondern bei der Explosion von Sprengsätzen, die von den Islamisten im Grenzgebiet versteckt worden waren. In den Vorwürfen der Ägypter an die israelische Seite lag schon eine gewisse Dreistigkeit. Schließlich sind die ägyptischen Sicherheitskräfte vertraglich verpflichtet, Terroranschläge von ägyptischem Territorium aus gegen Israel zu verhindern. Der Vorgang zeigte daher einmal mehr, wie stark sich die Beziehungen zwischen den beiden Staaten seit dem Umbruch in Ägypten verändert haben. Die Erstürmung und Verwüstung der israelischen Botschaft in Kairo am 9. September 2011 durch eine große Gruppe aufgehetzter Demonstranten unterstreicht dies noch. Erst auf erheblichen Druck seitens des amerikanischen Präsidenten fand sich die ägyptische Regierung zur Mäßigung gegenüber Israel bereit. Die kluge Zurückhaltung von Israels Ministerpräsident Benjamin Netanjahu in dieser äußerst kritischen Situation und seine öffentlich bekundete Bereitschaft, weiterhin an dem Friedensvertrag von 1979 mit Ägypten festzuhalten, baute der ägyptischen Regierung eine tragfähige Brücke, um das Verhältnis zu Israel zu deeskalieren.

Auch der Überfall islamistischer Terrorgruppen auf den ägyptischen Grenzposten Kerem Shalom am Gaza Anfang August 2012 und der anschließende Versuch der Terroristen, auf israelisches Gebiet vorzudringen, hat deutlich gemacht, wie prekär die Sicherheitslage im Sinai geworden ist. Die nachfolgenden kurzfristigen Aktionen des ägyptischen Militärs gegen islamistische Gruppen dürften daran kaum etwas ändern. Auch die Erfolge der ägyptischen Streitkräfte beim Kampf gegen verschiedene Terrorgruppen im Sinai während des Sommers 2013 werden nicht ausreichen, die Eigendynamik der gefährlichen Entwicklung zu stoppen.

Mit Blick auf die Sicherheit im Sinai muß die israelische Regierung wohl davon ausgehen, daß künftig kein wirksamer Schutz von ägyptischer Seite zu erwarten ist. Israel hat damit eine neue offene Flanke nach Süden. Es ist in diesem Zusammenhang ebenso bezeichnend, daß der Tod israelischer Zivilisten durch die Terrorangriffe der Islamisten die internationale Öffentlichkeit weitgehend kalt gelassen hat. Der Sicherheitsrat der Vereinten Nationen sah sich nicht in der Lage, die Terrorangriffe zu verurteilen – sitzt doch der von der islamistischen Terrororganisation Hizbullah dominierte Libanon in diesem Gremium. Und zahlreiche antiisraelisch geprägte Kommentare in den westlichen Medien rückten wie üblich die Folgen der Gegenwehr Israels in den Mittelpunkt der Darstellungen, nicht die Ursachen und Hintergründe des Waffengangs. Das gleiche „Spiel" wiederholte sich im Zuge der militärischen Auseinandersetzungen zwischen der Hamas und Israel im November 2012. Die demonstrative Solidarität, die der islamistischen Terrororganisation Hamas in Gaza nach ihren massiven Raketenangriffen auf die israelische Zivilbevölkerung und der militärischen Gegenwehr Israels im November 2012 durch die damalige ägyptische Regierung, aber auch durch andere islamische Länder am Mittelmeer – von Tunesien bis zur Türkei – zuteil wurde, belegt einmal mehr, welcher politisch-strategische Wandel hier stattgefunden hat und wie stark die Gefährdung Israels inzwischen angestiegen ist. Dieser gefährliche Trend hat sich auch nach dem Staatsstreich des ägyptischen Militärs am 3. Juli 2013 und der Ablösung des Mursi-Regimes nicht geändert.

Der Funke des Aufruhrs in der arabischen Welt ist nach dem Zusammenbruch der Regime in Tunesien und Ägypten ziemlich rasch auf Jordanien, den Jemen, Bahrain, Oman, Marokko, Algerien, Libyen und Syrien übergesprungen. In dem von sozialen und politischen Konflikten durchzogenen Jordanien zwangen die Aufständischen König Abdullah II. nicht nur, die Regierung auszuwechseln und wesentliche politische Zugeständnisse zu machen. Wenngleich sich der König noch immer auf die Treue der Armee und der alteingesessenen Beduinen stützen kann, mußte er doch dem Widerstand der eingewanderten Palästinenser nachgeben und akzeptieren, daß streng islamische Kräfte, wie zum Beispiel die jordanische Muslimbruderschaft, die für eine härtere Linie gegenüber Israel eintreten, nunmehr wohl größeren Einfluß erhalten werden.

Auch in Marokko und Algerien erreichten die Aufständischen wesentliche Änderungen im Hinblick auf die politische und wirtschaftliche Ausrichtung der herrschenden Regime. Vor dem Hintergrund der Rebellionen in anderen arabischen Ländern und der wirtschaftlichen Probleme Marokkos hatte König Mohammed VI. im Juni 2011 eine Neufassung der Konstitution des Landes eingeleitet. Gleichwohl gelang es der islamistischen „Partei für Gerechtigkeit und Entwicklung" (PJD) bei den Wahlen am 26. November 2011, stärkste Kraft zu werden. Sie hatte 107 der 395 Parlamentsmandate gewonnen. Der Monarch mußte den Chef der Islamisten, Abdelilah Benkirane, zum Regierungschef ernennen. Der Islamistenführer gibt sich derzeit zwar vorsichtig und mußte eine Koalition mit der zweitstärksten Kraft, der „Istiqlal-Partei", eingehen. Doch hat der Einfluß der Islamisten in Marokko deutlich zugenommen.

Während König Mohammed VI. von Marokko durch eine umfassende Reform, die seine Machtfülle deutlich beschränkt, der Regierung und dem Parlament mehr Einfluß einräumt und der Justiz Unabhängigkeit verleiht, eine gefährliche Revolte verhindern will, ist die Lage in Algerien deutlich anders. Streng islamische Gruppen können zwar seit dem Frühjahr 2011 freier agieren und haben beständig an Einfluß gewonnen. Die alte Führungselite unter Präsident Abdelaziz Bouteflika hat die Lage dank des Einsatzes großer Geldmittel aus den Erdöleinnahmen des Landes noch unter Kontrolle. In den Parlamentswahlen am 10. Mai 2012 erhielt die FLN, die Partei von Präsident Bouteflika, die meisten Stimmen. Die zu den Wahlen zugelassenen islamistischen Parteien blieben zwar diesmal noch in der Minderheit, werden aber in Zukunft die Gesellschaft dominieren und spätestens nach dem Abtritt von Präsident Bouteflika die Politik Algeriens entscheidend mitbestimmen.

Die enorme Dynamik der Rebellion hatte im Frühjahr 2011 auch Libyen erfaßt. Im Zuge eines brutalen Bürgerkrieges und unter großen Opfern der Zivilbevölkerung lieferten sich der seit dem Jahre 1969 durch einen Putsch gegen König Idris über Libyen herrschende Despot Muammar al-Gaddafi und die ihn noch unterstützenden Teile der Streitkräfte seit Mitte Februar 2011 heftige Kämpfe. Zwar standen die Chancen für einen Sieg der Rebellen zunächst sehr schlecht. Erst nach der Verhängung der Flugverbotszone durch die Resolution 1973 des Sicherheitsrats der Vereinten Nationen vom 17. März 2011 und der danach folgenden militärischen Aktionen seitens einiger NATO-Länder im Rahmen der Operation „Unified Protector" konnten sich die Rebellen erheblich besser entfalten und die Bodentruppen des Gaddafi-Regimes allmählich zurückdrängen. Doch konnte sich Gaddafi trotz umfangreicher Sanktionen der westlichen Demokratien, der Abriegelung der libyschen Küste durch Kriegsschiffe der NATO sowie des fast sieben Monate dauernden, von den NATO-Stäben in Italien aus geführten Luftkriegs und insgesamt mehr als 26.000 Einsätzen gegen seine Truppen noch lange gegen die Aufständischen halten. Erst im Zuge des Kampfes um die Stadt Sirte gelang es den Rebellen am 20. Oktober 2011, Muammar al-Gaddafi zu töten und damit das Land endgültig von dem Regime des Despoten zu befreien. De facto haben die in Libyen militärisch engagierten NATO-Staaten – weit über den von der Resolution 1973 des Sicherheitsrats der Vereinten Nationen gesetzten Rahmen hinaus – den Regimewechsel erzwungen.

Nach der offiziellen Beendigung des Einsatzes der NATO am 31. Oktober 2011 und der Aufhebung der Flugverbotszone sowie der

Sanktionen durch den Sicherheitsrat der Vereinten Nationen bemühten sich die Libyer, ihr Land neu aufzubauen. Dabei zeichnete sich von Anfang an die Tendenz ab, daß neben den in dem monatelangen Kampf engagierten Kräften die Führer der etwa 140 Stämme künftig eine stärkere Rolle in dem etwas mehr als sechs Millionen Einwohner umfassenden Libyen spielen würden. Es wurde auch rasch sichtbar, daß die seit dem Beginn des Aufstandes gegen das Gaddafi-Regime eingebundenen politischen Kräfte in Libyen keine homogene Vorstellung von der Neugestaltung des Landes haben. Sie sind sich aber weitgehend darin einig, daß der neue Staat „streng islamisch" sein wird. Nach einer repräsentativen Umfrage vom Februar 2012 scheint die Mehrheit der Bevölkerung hinter dieser Auffassung zu stehen. Für eine Demokratie nach westlichem Muster sprachen sich nur sechs Prozent der Bevölkerung aus.

Zahlreiche unterschiedlich ausgerichtete bewaffnete Gruppen kämpften und arbeiteten im Laufe des Krieges auf eigene Rechnung. Wie weit dies gelegentlich ging, hat die Ermordung des Rebellenführers Abdul Fatah Younis am 28. Juli 2011 durch islamistische Kämpfer deutlich gemacht. Darüber hinaus war es bereits während der Anfangsphase des Bürgerkrieges den in kleinen Gruppen eingesickerten Kräften der Al Qaeda, der Hizbullah und der Al-Quds-Brigaden gelungen, Zugang zu Politikern und Militärs der Rebellen zu finden. Sie halten seit dem Tod Gaddafis enge Verbindung zu mehreren im Kampf gegen das Gaddafi-Regime engagierten islamistischen Gruppen, deren führende Repräsentanten nunmehr die Neuordnung des Landes mitbestimmen und in einflußreiche Positionen eingerückt sind. Überdies werden einzelne Regionen, wie z.B. das Gebiet um die Stadt Bengasi und der schwer zu kontrollierende Süden des Landes, von islamistischen Terrorgruppen beherrscht, die der Al Qaeda nahestehen und sich in den internationalen Djihadismus einordnen. Diese Gruppen unterhalten dort sogar Trainingscamps und umfangreiche Waffenlager. In diesem Zusammenhang ist besonders bedenklich, daß im Zuge der Kämpfe aus den Waffendepots Gaddafis mehr als 20.000 Boden-Luft-Raketen verschwunden sind. Es sollte nicht überraschen, daß ein Teil dieser Waffen nach Gaza und in den Libanon gelangten und von den Terrorgruppen gegen die israelischen Luftstreitkräfte und selbst gegen zivile Flugzeuge eingesetzt werden. Israel sieht sich daher genötigt, den Einbau von Raketenabwehrsystemen auch in die Zivilflugzeuge erheblich zu beschleunigen.

Darüber hinaus gibt es Hinweise darauf, daß die von dem pakistanischen Nuklear-Experten Abdul Qadir Khan im Sommer 2003 von Malaysia aus an Libyen versandten Zentrifugen zur Urananreicherung und andere bedeutsame Nukleartechnik, wie z.B. speziell gehärteter Stahl und Präzisionswerkzeug, trotz intensiver Recherchen westlicher Experten nicht mehr aufzufinden sind. Die wertvolle Nukleartechnik könnte durchaus in die Hände der in Libyen sehr aktiven Al-Quds-Brigaden gefallen und auf dem Wege über den als Drehscheibe des Waffenschmuggels und als wichtiges Zentrum der Raketenproduktion dienenden Sudan in den Iran gelangt sein.

Die diplomatischen Bemühungen der westlichen Länder, im Rahmen der sogenannten „Libyen-Kontaktgruppe" die künftige Neuordnung des Landes mitzuprägen, reichten nicht aus, um eine streng islamische Ausrichtung des neuen libyschen Regimes zu verhindern. Unter der neuen Führungselite des Landes haben Politiker und Strategen, wie Mustafa Abd al-Dschalil, der frühere Justizminister des Gaddafi-Regimes und Abd al-Hakim Belhadsch, der als Islamist an der Seite von Osama bin Laden in Afghanistan kämpfte und im Laufe des Bürgerkrieges zum Kommandanten der Rebellen in Tripolis aufgestiegen war, großen Einfluß gewonnen. Darüber hinaus weigern sich zahlreiche radikal-islamische Rebellengruppen immer noch, ihre Waffen abzugeben. Die Morde an Politikern, die sich – wie z.B. der Menschenrechtsaktivist Abdulsalam al-Mesmaris – gegen die Muslimbrüder und andere radikale Kräfte in Libyen wenden, belegen ziemlich deutlich, daß verschiedene islamische Gruppierungen großen Einfluß im Lande haben.

Der Präsident des Nationalen Übergangsrates, Mustafa Abd al-Dschalil, machte schon im September 2011 – ähnlich wie schon vorher der Chef der Übergangsregierung, Mahmud Dschibril – ziemlich klar, daß sich die künftige Politik Libyens in die Politik der islamischen Länder einordnen werde. Der eher moderat eingestellte Dschibril zog sich zwar zunächst auf Druck der Islamisten aus der Politik zurück und machte Anfang November 2011 dem stärker islamisch orientierten Abdulrahim al-Kib Platz, der – bis auf wenige Ausnahmen – im November 2011 ein Kabinett aus Technokraten bildete. Nach den am 7. Juli 2012 abgehaltenen Wahlen zum 200 Abgeordnete zählenden Nationalkongreß konnten zwar die moderater eingestellten Kräfte des Parteien-Bündnisses von Mahmud Dschibril einen beachtlichen Erfolg erzielen. Doch wurde bereits bei der Übertragung der Macht vom Nationalen Übergangsrat an das Parlament und der Wahl des Islamisten Mohammed al-Magarief zum neuen Übergangspräsidenten am 10. August 2012 sowie bei der Ernennung von Ali Seidan zum Chef der libyschen Übergangsregierung im Oktober 2012 deutlich, daß Libyen künftig von einem Regime geprägt werden dürfte, das der Politik des Iran und dessen antiisraelischer Allianz freundlich gegenübersteht. Wie weit der Einfluß islamistischer Kräfte in diesem Land derzeit reicht, zeigte die Entführung des Ministerpräsidenten Ali Seidan am 10. Oktober 2013 durch Milizionäre in Tripolis, die für ihre enge Verbindung zur Al Qaeda bekannt sind. Sie demonstrierten damit auf eindruckvolle Weise, daß trotz aller Bemühungen westlicher Staaten keine Chance besteht, Libyen aus dem Bannkreis des Islamismus zu lösen.

Besonders gefährlich entwickelte sich zeitweise die Rebellion in dem strategisch wichtigen Kleinstaat Bahrain, wo die im Persischen Golf operierende 5. U.S.-Flotte ihren Stützpunkt hat. Hier ist es die große Mehrheit der Schiiten, die gegen die sunnitische Herrschaftselite unter König Hamad Bin Issa al-Khalifa rebelliert, weil sie sich in jeder Hinsicht benachteiligt fühlt. Seit den 80er Jahren schürt der Iran den Widerstand der schiitischen Mehrheit in Bahrain gegen das sunnitische Königshaus, um es zu vertreiben. Mit dem Sturz des Regimes in Bahrain und der Übernahme der Macht durch die Schiiten wäre nicht dem „arabischen Frühling" und der Demokratie Genüge getan, wie manche Politiker in Deutschland glauben. Es würde vielmehr ein weiterer islamistischer Gottesstaat entstehen. Das Mullah-Regime in Teheran würde einen neuen Bündnispartner an der Südküste des Persischen Golfs erhalten und seine Handlungsfähigkeit deutlich ausweiten können. Käme es dazu, wäre Saudi-Arabien unmittelbar gefährdet.

Im Jemen brach das seit 1978 bestehende Regime von Präsident Ali Abdullah Saleh nach den schweren Unruhen und dem Abfall der mächtigen Stämme im Süden des Landes weitgehend zusammen. Zwar wurde ein Teil der Regierungsmacht trotz der schweren Verletzung von Präsident Saleh und seiner in langen Verhandlungen durch die Golfstaaten erzwungenen Abdankung am 24. November 2011 gehalten. Doch reicht diese Macht nicht weit. Ende November 2011 einigte sich die Partei des früheren Präsidenten Saleh mit der Opposition auf die Verteilung der Posten in der bis zur Wahl eines neuen Präsidenten am 21. Februar 2012 amtierenden Übergangsregierung. Die Partei Salehs blieb für Verteidigung, Außenpolitik und Erdöl zuständig; die Gegner der alten Herrschaftselite haben in der Regierung von Ministerpräsident Mohammed Basindwa die Ressorts Inneres, Finanzen, Information und internationale Zusammenarbeit übernommen. Der am 21. Februar 2012 zum neuen Staatspräsidenten gewählte Stellvertreter des früheren Präsidenten Saleh, Abed Rabo Mansur Hadi, hat zwar wiederholt bekräftigt, den Kampf gegen die weite Gebiete des Jemen kontrollierende Terrororganisation Al Qaeda und andere Gruppen fortsetzen zu wollen, doch wird ihm angesichts der veränderten Kräfteverhältnisse im Lande wohl kein Erfolg beschieden sein.

Alle Anzeichen deuten darauf hin, daß die Repräsentanten des alten Regimes schon recht bald keine Rolle mehr spielen werden. Bereits im Laufe des Frühjahrs 2011 hatte die jemenitische Regierung die Kontrolle über mehrere Provinzen an die Islamisten verloren. Der Wandel wird auch hier zu größerem Einfluß radikaler Kräfte führen. Zum einen nutzen die Islamisten und die mit ihnen verbundene Terrororganisation Al Qaeda den Machtverfall im Jemen rigoros aus. Sie haben inzwischen die Initiative an sich gerissen und ihre Basis deutlich erweitert. Auch die Tötung von Anwar al-Awlaki, des einflußreichen Propagandisten der Al Qaeda, bei einem U.S.-Luftangriff am 30. September 2011 ca. 140 Kilometer nordöstlich der Hauptstadt Sanaa hat die Schlagkraft der Islamisten im Jemen nicht geschwächt. Der Al Qaeda ist es nicht nur gelungen, mehrere Städte unter ihre Kontrolle zu bringen. Sie hat auch mit schweren Terroranschlägen, u.a. am 21. Mai 2012 sogar in der Hauptstadt des Jemen demonstriert, daß sie die jemenitische Regierung jederzeit herausfordern kann. Zum anderen konnte der Iran durch die zunehmende Aktivität seiner schon längere Zeit im Jemen präsenten Revolutionsgarden größeren Einfluß gewinnen.

Zwar haben die Rebellionen noch nicht auf das wegen seines Öl-Reichtums und seiner pro-westlichen Politik wichtige Saudi-Arabien übergegriffen. Hier scheint das Bündnis der saudischen Herrscherfamilie mit den asketischen und strengen wahhabitischen Geistlichen zu halten. Im übrigen werden die verschiedenen Sicherheitskräfte des Landes von Mitgliedern der Herrscherfamilie geführt. Inwieweit die von König Abdullah eingeführten politischen und sozialen Reformen die Lage im Lande beruhigen können, steht dahin. Die Investition von ca. einhundert Milliarden Dollar für diese Zwecke zeigt jedoch, wie ernst das Königshaus die Situation einschätzt. Wie vorsichtig das Königshaus im Hinblick auf die innere Stabilität des Systems agiert, läßt sich zudem an der Regelung der Nachfolge des bereits 89-jährigen Königs ablesen.

Im Zusammenhang mit den dramatischen machtpolitischen Veränderungen in der islamischen Welt ist bemerkenswert, daß alle Ansätze zum Protest vor allem vieler junger Leute im Iran brutal niedergeschlagen wurden. Iranische Politiker, die in dem Ruf stehen, den Kritikern des Regimes eventuell Zugeständnisse machen zu wollen, wie z.B. Manutschehr Mottaki, Mir Hussein Mussawi und Mehdi Karubi, wurden rasch kaltgestellt. Das Mullah-Regime in Teheran griff konsequent durch und fühlte sich noch dadurch gestärkt, daß die Rebellionen in den arabischen Ländern das gesamte Umfeld zu seinen Gunsten verändert haben. Die führenden Vertreter der Islamisten sind davon überzeugt, daß der Iran zur Nuklearmacht im Nahen Osten aufsteigen, dem Konflikt mit Israel und seiner Schutzmacht USA eine neue Qualität verleihen und den Aufschwung des Islamismus weiter befördern wird. In der Tat läßt sich nicht leugnen, daß der Iran nicht nur durch seinen zielstrebigen Aufbau einer militärischen Nuklearoption und durch seine geschickte, den westlichen Gegenspielern weit überlegene Diplomatie auftrumpft, sondern seit dem Beginn der Islamischen Revolution im Jahre 1979 den allgemeinen Wiederaufstieg der Schiiten im gesamten Nahen Osten entscheidend beschleunigt und zudem starke Kräfte der Sunniten an sich gebunden hat.

Diese Entwicklung hat nachhaltige Auswirkungen auf jene Länder, in denen die Schiiten einen beträchtlichen Teil der Bevölkerung stellen: der Libanon, die arabischen Golfstaaten und der Irak, wo die Schiiten sogar in der Mehrheit sind und die wichtigsten religiösen Grundlagen für den Aufbruch des zeitgenössischen schiitischen Islamismus – nämlich in Nadshaf – geschaffen wurden. In Nadshaf liegt der Gründer der schiitischen Linie des Islam, Imam Ali, begraben. Dort haben fast alle bedeutenden schiitischen Religionsführer ihre Ausbildung erhalten, nicht zuletzt der iranische Religionsführer Ajatollah Chomeini, der charismatische Libanese Musa al-Sadr und auch der Hizbullah-Chef Hassan Nasrallah. Diese Tatbestände wiegen um so schwerer, als der Schiismus ein transnationaler Ansatz der religiösen Lehre ist, der auf die Ausbreitung in andere Regionen zielt. Dabei muß man noch ins Kalkül ziehen, daß manche schiitischen Führungspersönlichkeiten des Iran und selbst der schiitische Hizbullah-Chef Hassan Nasrallah sogar von Teilen der sunnitischen Bevölkerung in den arabischen Ländern als Helden verehrt werden.

Mit Blick auf den phänomenalen Aufstieg des schiitischen Islamismus kommt der Entwicklung im Irak nach dem vollständigen Abzug der amerikanischen Truppen aus diesem Lande eine von den westlichen Medien vielfach übersehene Bedeutung zu. Der noch von U.S.-Präsident George W. Bush ausgehandelte Termin (31. Dezember 2011) und inzwischen von der Regierung Obama vollzogene Abzug der amerikanischen Streitkräfte erscheint den Akteuren im Nahen Osten nicht nur als klares Symbol einer Rückzugspolitik und der Schwäche der Vereinigten Staaten von Amerika. Der Abzug der U.S.-Truppen hat der schiitischen Führung des Irak unter Ministerpräsident Nuri al-Maliki freie Hand für seine ohnehin schon enge Kooperation mit dem Mullah-Regime im Iran gegeben. Trotz eines gewaltigen Aufwands an Menschenleben (4.488 Gefallene, mehr als 32.000 Verwundete) und Kriegskosten in Höhe von ca. zwei Billionen Dollar konnten die USA keine politische Rendite einfahren. Zwar war es gelungen, im Zuge des im März 2003 begonnenen Krieges das Regime des irakischen Diktators Saddam Hussein zu beseitigen und zu verhindern, das dieser nach dem damals kurz bevorstehenden Ende der Sanktionen ein militärisches Nuklearprogramm einleiten konnte. Doch führte die Machtübernahme durch die Schiiten dazu, daß nunmehr ein weiteres Land im Nahen Osten dem Einfluß der Vereinigten Staaten von Amerika entglitt.

Der wachsende Einfluß des schiitischen Islamismus unter der strategischen Führung durch den Iran zeigt sich besonders deutlich im Libanon. Hier hat sich die vom Mullah-Regime gegründete Terrororganisation Hizbullah nicht nur zu einem Staat im Staate entwickelt, gegen die de facto nicht mehr Politik gemacht werden kann. Die Hizbullah demonstrierte ebenso, daß sie jederzeit in der Lage ist, mit immer wirksameren, vom Iran und von Syrien gelieferten Waffen Stellvertreterkriege gegen Israel vom Zaun zu brechen. Und Ende Januar 2011 ist es der Terrororganisation zudem gelungen, ihren Mann für das Amt des Regierungschefs im Libanon, den Milliardär Nadshib Mikati, gegen alle Widerstände durchzusetzen. Seitdem fällt es der Hizbullah noch leichter, alle staatlichen Organisationen, einschließlich der Armee, mit ihren Parteigängern zu infiltrieren.

Vor diesem Hintergrund wird es eine Illusion bleiben, die Entwaffnung der Hizbullah zu erwarten. Obwohl im Libanon 11.000 UN-Soldaten stationiert sind, werden weder der Schmuggel von Waffen über Syrien in den Libanon, noch die gefährlichen Kriegsvorbereitungen der Hizbullah unterbunden. Dies verstößt klar gegen die geltenden Resolutionen des Sicherheitsrats der Vereinten Nationen. Die Anzahl, Reichweite und Einsatzfähigkeit der über Syrien in den Libanon gelangenden Waffen werden vielmehr weiter zunehmen und die Terrororganisation immer stärker befähigen, Israel anzugreifen und längere Kriege zu führen. Selbst moderne Flugabwehrraketen aus russischer Produktion gehören inzwischen zur Ausrüstung der Hizbullah. Die Terrororganisation hat in den letzten Jahren ihr Raketenarsenal erheblich erweitert. Es umfaßt heute etwa 40.000 Stück. Dazu kommt ein beträchtliches Arsenal an iranischen Raketen mit einer Reichweite von dreihundert Kilometern, die von der Hizbullah und ihren fachkundigen Helfern aus den Reihen der Revolutionären Garden des Iran bereitgehalten werden. Sie können israelische Städte, wie z.B. Tel Aviv, erreichen und stellen damit eine Bedrohung neuer Qualität dar. Das

Mullah-Regime im Iran ist derzeit im Begriff, eine zweite Front gegen Israel im Libanon aufzubauen. So wurden in jüngster Zeit vermehrt Raketen und möglicherweise sogar chemische Waffen aus syrischen Arsenalen in den Libanon transportiert. Auch diese Tatsache unterstreicht, wie eng sich der syrische Präsident Bashar al-Assad an das Mullah-Regime in Teheran gebunden hat. Daß die klaren strategischen Fronten des längst internationalisierten Konflikts durch die zielstrebige Unterstützung moderater sunnitischer Kräfte im Libanon aufgebrochen werden können, ist angesichts der Machtverhältnisse höchst unwahrscheinlich. Vielmehr stimmt Hizbullah-Chef Hassan Nasrallah die libanesische Bevölkerung schon seit langem auf die kommende und aus seiner Sicht wohl entscheidende Konfrontation mit Israel ein.

Wenngleich die von Gaza aus operierende und trotz gelegentlicher militärischer Aktionen Israels immer stärker gewordene islamistische Terrorgruppe Hamas ihre Herkunft von der fundamentalistischen ägyptischen Muslimbruderschaft ableitet, ordnet sie sich ungeachtet ihrer guten Beziehungen zum Golf-Emirat Qatar in den strategischen Kontext des Mullah-Regimes in Teheran ein. Wie lange diese Tendenz noch anhält, läßt sich nicht sicher vorhersagen. Die Terrororganisation, die am 8. Dezember 2012 im Beisein ihres seit Sommer 2012 in Qatar residierenden Führers Khaled Meshal den 25. Jahrestag ihrer Gründung gefeiert hat, bleibt auch weiterhin dem Ziel der Beseitigung Israels verpflichtet. Die Repräsentanten dieser Terrororganisation demonstrieren durch ihr brutales Vorgehen selbst gegenüber anderen palästinensischen Gruppierungen immer wieder, daß bei ihnen trotz vereinzelter pragmatisch klingender Äußerungen alles Politische aus dem radikalen Islamismus begründet wird. Die Entschlossenheit der Hamas zeigt sich nicht nur darin, daß sie im Gaza-Streifen einen „Koran-Staat" errichtet haben. Sie wird auch dadurch deutlich, daß die Truppen der Hamas nach dem Vorbild der Hizbullah im Libanon aufgebaut wurden und inzwischen etwa 20.000 zumeist im Iran ausgebildete, gut bewaffnete Kämpfer umfassen. Sie werden über die mehr als dreihundert Schmuggeltunnel aus dem ägyptischen Sinai und seit dem Sturz des Mubarak-Regimes in Ägypten auch wieder über die zeitweise geöffnete Grenze bei Rafah mit Waffen und Geld versorgt. Die Aufrüstung der Hamas mit iranischen Raketen, die auch größere israelische Städte, wie Tel Aviv und Jerusalem erreichen können, hat sich nicht zuletzt in den massiven Raketenangriffen im November 2012 gezeigt. Zwar mußte die Hamas starke Verluste durch die israelische Gegenwehr hinnehmen, doch dürfte das Waffenarsenal der Terrorgruppen im Gaza längst wieder aufgefüllt worden sein.

Auch nach der am 4. Mai 2011 in Kairo feierlich verkündeten „Versöhnung" mit der Fatah von Mahmud Abbas wird die Terrororganisation Hamas keineswegs ihre absolute Herrschaft über den Gaza oder gar ihre islamistischen Pläne aufgeben. Sie sieht vielmehr ihre Chance, ihre Macht in das Westjordanland auszudehnen und künftig noch größere Handlungsfreiheit zu gewinnen. Der Beitritt der islamistischen Hamas zur Palästinensischen Befreiungsorganisation (PLO) im Dezember 2011 dürfte es den Führern der Terrorgruppe erleichtern, ihren Einfluß noch auszuweiten. Hamas-Chef Khaled Meshal gehört nunmehr zu einem Komitee, das Wahlen für die Führung der PLO vorbereiten soll.

Insgesamt können wir also feststellen, daß die während der vergangenen zwei Jahrzehnte zu beobachtenden Veränderungen im Nahen Osten und am Südrand des Mittelmeeres, von der Türkei über Ägypten bis nach Marokko, die Sicherheitslage des Staates Israel deutlich verschlechtert haben. Abgesehen von der den gesamten Nahen Osten durchziehenden dramatischen Stärkung islamistischer Kräfte und ihrer enorm gewachsenen militärischen Fähigkeiten ist es jedoch die Nuklear- und Raketenrüstung des Iran, die der politischen Führung Israels große Sorgen bereitet. Mit ihr erhält die Gefährdung der Existenz des jüdischen Staates eine völlig neue Qualität.

Gefährliche Nuklear- und Raketenrüstung des Iran

Die Rüstungsprogramme des Iran, vor allem die enormen Anstrengungen des Mullah-Regimes auf nuklearem Gebiet, haben während der vergangenen zwei Jahrzehnte immer wieder große Aufmerksamkeit auf sich gezogen. Zweifel und Mißtrauen beherrschen jedoch die Kommentare in den Medien und seitens zahlreicher Politiker der westlichen Länder, wenn es galt, die vor allem von verschiedenen Regierungen der USA und Israels vorgebrachten Besorgnisse über die Bemühungen des Iran in der Nuklear- und Raketenrüstung zu bewerten. Doch inzwischen sprechen die Tatbestände der iranischen Nuklear- und Rüstungsprogramme eine klare Sprache.

Der Vorwurf, daß der Iran den Erwerb nuklearer Waffen anstrebt, ist keineswegs erst von der Regierung George W. Bush erhoben worden. In der Tat hatte das Mullah-Regime in Teheran bereits 1984 beschlossen, ein ehrgeiziges und langfristig angelegtes Nuklearprogramm einschließlich der Ausbildung einer großen Zahl eigener Experten einzuleiten. Nach einem Bericht der Internationalen Atomenergiebehörde (IAEA) war dieses Programm von Revolutionsführer Ajatollah Chomeini angeordnet worden. Der damalige Präsident und heutige geistliche Führer des Iran, Ajatollah Ali Chamenei, leitete die Sitzung des Beschlußgremiums und begründete die Entscheidung damit, er betrachte die iranische Atombombe „als einzigen Weg, um die islamische Revolution zu schützen und Iran auf die Ankunft des Imam Mehdi vorzubereiten".

Das iranische Nuklearprogramm nahm unter der Ägide von Ali Akbar Rafsandshani, des damaligen Beraters von Revolutionsführer Ajatollah Chomeini, späteren Präsidenten (1989–1997) und nachmaligen Vorsitzenden des Expertenrats (2005–2011), konkrete Formen an. In dieser frühen Phase leistete insbesondere China die entscheidende Hilfe. So entstanden im Laufe der 80er Jahre unter chinesischer Anleitung ein Mikroreaktor am Kernforschungszentrum Isfahan und ein nuklearer Forschungsreaktor in der Saghand-Wüste bei der Stadt Yazd

(500 Kilometer südöstlich von Teheran), der unter der Kontrolle der Revolutionären Garden betrieben wird.

Der politische Widerstand gegen das iranische Nuklearprogramm setzte jedoch erst im März 1995 ein, als klar wurde, daß Russland gewillt war, das von der deutschen Firma Siemens nach dem Sturz des Schah 1979 aufgegebene Reaktorprojekt in Bushehr fertigzustellen und zudem mehr als fünfhundert iranische Wissenschaftler und Techniker auszubilden. Die Kritik der USA an der massiven russischen Unterstützung für das iranische Nuklearprogramm wurde in den 90er Jahren rasch schärfer, und die amerikanische Regierung drohte sogar damit, die nukleare Kooperation mit Russland aufzukündigen. Doch weder diese Drohung, noch die vom damaligen U.S.-Präsidenten Bill Clinton am 10. Mai 1995 in Moskau persönlich vorgebrachte Forderung, die umfangreiche Hilfe für Teheran zu unterlassen, konnten Russland von seinem Vorhaben abbringen. Auch das wenig später von Präsident Clinton gegen den Iran verhängte und seit dem 6. Juli 1995 geltende Wirtschaftsembargo erwies sich als ungeeignet, das Nuklearprogramm des Mullah-Regimes zu stoppen.

Nicht zuletzt die zielstrebige Fortführung der nuklearen Technologiepolitik Teherans veranlaßte Clintons Nachfolger George W. Bush, noch konsequenter die Beendigung des Nuklearprogramms zu fordern. Und auch Präsident Barack Obama hält an dieser grundsätzlichen Linie fest. Er bot jedoch – anders als sein Vorgänger – direkte diplomatische Gespräche zur Lösung des Streits an. Gleichwohl ließ sich das Mullah-Regime davon nicht beeindrucken und beharrte darauf, die ausschließlich zivile Zielsetzung seines Nuklearprogramms zu behaupten.

Das völlig anders ausgerichtete Streben Teherans wurde bereits deutlich, als im Sommer 2002 herauskam, daß im Iran schon mehrere Nuklearanlagen gebaut worden und weitere Anlagen geplant waren, die nicht zur amtlichen Argumentation der zivilen Nutzung nuklearer Technologie passen. Die bedeutendste ist eine Anlage in Natanz (260 Kilometer südlich von Teheran), in der mit Hilfe der Gaszentrifugentechnik Uran so hoch angereichert werden kann, daß es sich zum Bau von nuklearen Sprengköpfen eignet. In dieser Anlage sind derzeit ca.

14.000 Zentrifugen in Betrieb. Es handelt sich dabei um ein kompliziertes Verfahren, das auch Pakistan benutzt hat, um waffenfähiges Nuklear-Material herzustellen. Das entsprechende Know-how wurde den Iranern über das Netzwerk des Atomphysikers Abdul Qadir Khan, des „Vaters" der pakistanischen Atombombe, geliefert. Der dazu benötigte Rohstoff Uran wird seit März 2005 in einer Mine bei Saghand abgebaut. Noch bedeutsamer dürfte in diesem Zusammenhang die fünf Kilometer südlich Natanz im Bergmassiv von Karkasse gelegene unterirdische Anlage sein, die dafür ausgelegt ist, ca. 400 Kilogramm waffenfähigen Urans im Jahr zu produzieren, das für den Bau von zehn nuklearen Sprengköpfen reichen würde. Darüber hinaus hat das Mullah-Regime mit seiner geschickten und zielstrebigen Lateinamerika-Politik inzwischen erreicht, daß der Rohstoff Uran auch über Venezuela besorgt werden kann. Das entsprechende Abkommen wurde anläßlich des Besuchs des damaligen iranischen Staatspräsidenten Mahmud Ahmadinedshad bei Venezuelas damaligem Staatschef Hugo Chávez im Frühjahr 2010 unterzeichnet.

Ebenso wenig läßt sich die Errichtung einer Fabrik zur Herstellung schweren Wassers in Arak (280 Kilometer südwestlich von Teheran) mit der vom Mullah-Regime behaupteten zivilen Zielsetzung des Nuklearprogramms vereinbaren. Die Fabrik ist für eine Kapazität von zehn Tonnen schweren Wassers pro Jahr ausgelegt, das in einem Schwerwasser-Reaktor in Arak verwendet werden soll. Der Bau dieses Reaktors war im Jahre 2006 vom Sicherheitsrat der Vereinten Nationen (Resolution 1737) verboten worden. Das letzte entscheidende Bauteil dieses Reaktors ist dennoch am 9. Juni 2013 in Anwesenheit des damaligen Staatspräsidenten Mahmud Ahmadinedshad installiert worden. Die Anlage wird entsprechend der Ankündigung des Leiters des iranischen Nuklearprogramms, Fereidun Abbasi Dawani, im Jahre 2014 ihren Betrieb aufnehmen. Für die Energiegewinnung macht ein solcher Reaktor keinen Sinn, da er ziemlich unwirtschaftlich ist. Wohl aber sind derartige Anlagen für militärische Zwecke bestens geeignet, da hier Plutonium anfällt, das sich wiederum für den Bau von nuklearen Sprengköpfen nutzen läßt. Bei vollem Betrieb könnte der Reaktor in Arak jedes Jahr Material für zwei Nuklearsprengköpfe liefern. Die Satelliten-Bilder zeigen, daß diese iranische Nuklearanlage besonders gut mit Luftabwehrraketen geschützt ist. Das Mullah-Regime hat sich damit eine weitere Option erschlossen, nukleare Waffen herzustellen. Die Umstände des Bekanntwerdens der Aktivitäten auf dem Gebiet der Nukleartechnologie deuteten schon im Jahre 2002 darauf hin, daß der Iran nicht nur den nuklearen Nichtverbreitungsvertrag verletzt hatte. Sie belegten auch klar, wie beharrlich das Mullah-Regime an seinen Zielen festhielt und die Welt zu täuschen wußte. Die jahrelangen Täuschungen wären in der Tat überflüssig gewesen, wenn es der iranischen Regierung nur um eine zivile Nutzung der nuklearen Technik gegangen wäre.

Im Rahmen der gelegentlichen Inspektionen iranischer Nuklearanlagen durch Fachleute der Internationalen Atomenergiebehörde (IAEA) in Wien sind von der iranischen Regierung immer wieder falsche Angaben gemacht worden. So fanden die Inspektoren der IAEA z.B. im Juni 2003 in der oberirdischen Anlage in Natanz nicht nur Spuren von

zwei verschiedenen Typen hochangereicherten Urans, die mit den Angaben der Iraner nicht übereinstimmten. Auch die Überprüfung einer Fabrik in Kalaye, nahe Teheran, wo man die speziellen Gaszentrifugen baut und testet, wurden Spuren hochangereicherten Urans entdeckt. Die Inspektoren stellten zudem fest, daß der Iran im Jahre 1991 fast zwei Tonnen Natur-Uran aus China eingeführt hatte, ohne dies zu melden. Der Verbleib dieses Materials konnte bis heute nicht lückenlos nachgewiesen werden. Es kam bei der Überprüfung gleichwohl heraus, daß ein großer Teil des Natur-Urans zu Uranmetall verarbeitet wurde, was im Rahmen eines zivilen Programms keinen Sinn macht. Wohl aber wird Uranmetall zum Bau nuklearer Sprengköpfe gebraucht.

Die zahlreichen konkreten Hinweise auf die militärisch relevanten Komponenten des iranischen Nuklearprogramms im Laufe der vergangenen zehn Jahre bestätigen immer wieder die Entschlossenheit des Mullah-Regimes, an seinen militärischen Zielsetzungen festzuhalten. So wurde seit Februar 2004 eine weitere Anlage zur Urananreicherung auf einer von den Revolutionären Garden kontrollierten Militärbasis bei Fordow nahe der heiligen Stadt Ghom gebaut. Die Anlage war zwar den Geheimdiensten einiger westlicher Länder seit 2005 bekannt, erhielt aber erst größere öffentliche Aufmerksamkeit, als der Bau von den iranischen Behörden am 21. September 2009 schriftlich der IAEA notifiziert wurde. Die Forderung der U.S.-Regierung nach Zugang zu dieser Anlage konnte das Mullah-Regime leicht erfüllen. Nach der vorübergehenden Auslagerung des als „kritisch" zu betrachtenden Materials aus der in einem Tunnelkomplex untergebrachten Anlage war es für Teheran unproblematisch, den Inspektoren der IAEA Zutritt zu gewähren.

Die im Sommer 2011 bei Fordow, nahe der Stadt Ghom fertiggestellte Anlage ist mit mehr als 6.000 Zentrifugen in Betrieb. Sie kann nach Auskunft des Leiters des iranischen Nuklearprogramms, Fereidun Abbasi Dawani, dank der dort installierten moderneren Zentrifugentechnik eine höhere Anreicherung von Uran erzielen und die Kapazität verdreifachen. Es handelt sich dabei um die besonders leistungsfähigen pakistanischen P-2-Zentrifugen, die über den Nuklear-Experten Abdul Qadir Khan an die Revolutionären Garden im Iran geliefert wurden und deren Nachbau den iranischen Ingenieuren seit dem Jahre 2004 möglich ist. Die von Dawani Ende Juli 2011 angekündigte Urananreicherung auf ca. 20 Prozent weist einmal mehr auf die militärische Ausrichtung und eine erhebliche Beschleunigung des Programms hin. Denn das entsprechend angereicherte Uran läßt sich für die zivilen Kernkraftwerke des Iran gar nicht nutzen. Nach dem von Dawani beschriebenen Schritt dürften wenige Monate genügen, um das auf ca. 20 Prozent angereicherte Uran in waffenfähiges Material (d.h. 85 Prozent Anreicherung) umzuwandeln und nukleare Sprengköpfe zu bauen.

Darüber hinaus stellten die Inspektoren der IAEA fest, daß der Iran Versuche zur Herstellung des Isotops Polonium-210, das zur Zündung von nuklearen Waffen verwendet wird, nicht deklariert hatte. Zudem wurden in Parschin (dreißig Kilometer südöstlich von Teheran) nukleartechnische Anlagen errichtet, die den Inspektoren der IAEA nicht uneingeschränkt zugänglich sind. Und schließlich hat die iranische Regierung selbst zugegeben, daß bereits seit 2006 Natur-Uran in Uranhexafluorid verarbeitet worden ist, das in den derzeit in Betrieb befindlichen 20.000 Zentrifugen in Natanz und Fordow in angereichertes Uran umgewandelt wird. Nach den Erkenntnissen westlicher und nahöstlicher Geheimdienste sind seit Ende des Jahres 2003 die Schwerpunkte des Nuklearprogramms verlagert worden. Die finanziellen Ressourcen für das iranische Nuklearprogramm wurden seitdem mehrere Male erheblich aufgestockt.

Es ist mit Blick auf den Bau nuklearer Anlagen bemerkenswert, daß den amtlichen Inspektoren der IAEA immer häufiger der Zutritt zu solchen Einrichtungen verwehrt wurde. Daher überrascht es nicht, daß der frühere Direktor der IAEA, der gegenüber dem Mullah-Regime sehr nachgiebige Ägypter Mohammed al-Baradei, wiederholt einräumen mußte, keinen genauen Überblick über die iranischen Aktivitäten zu haben. Baradei war dafür bekannt, die immer wieder neu auftauchenden Verdachtsmomente herunterzuspielen. Der seit Ende 2009 amtierende neue Chef der IAEA, der Japaner Yukiya Amano, hat sich zwar vorgenommen, die iranischen Nuklearanlagen schärfer zu überwachen und die Ergebnisse der Überprüfungen klarer als dies unter seinem Vorgänger geschah, in den Berichten festzuhalten. Doch sieht es nicht so aus, daß das Mullah-Regime in Teheran zu der nötigen uneingeschränkten Kooperation bereit ist oder sich davon beeindrucken läßt. Dies wird zum einen durch die Tatsache unterstrichen, daß der Iran sechs Resolutionen des Sicherheitsrats der Vereinten Nationen, die eine sofortige Beendigung der Anreicherung von Uran forderten, ignoriert und die IAEA mehrfach getäuscht hat. Zum anderen zeigte die Reaktion des Iran auf die in den letzten drei Jahren veröffentlichten Berichte der IAEA, die dem Regime in Teheran vorwerfen, sein militärisch ausgerichtetes Nuklearprogramm ungeachtet aller Kritik weiterzuführen, daß sich das Mullah-Regime außerordentlich sicher fühlt. Die höchsten Repräsentanten des Iran, der Staatspräsident und mehrere andere hochrangige Vertreter des Regimes leugneten kaltschnäuzig die in den Berichten der IAEA aufgeführten Vorwürfe, obwohl die Berichte nicht einmal alle den westlichen Geheimdiensten bekannten Einzelheiten des iranischen Nuklearprogramms enthalten. Sie behaupteten kühl, die Vorwürfe beruhten auf „falschen Informationen" aus amerikanischen Quellen und machten demonstrativ klar, daß man „kein Jota" von dem als rein „zivil" bezeichneten Nuklearprogramm abrücken werde. Die mit großer Mehrheit – aber gegen

Russland und China – gebilligte Resolution des Gouverneursrats der IAEA vom 18. November 2011 wies der Iran brüsk zurück. Auf die Forderung der IAEA, alle „offenen Fragen" bis März 2012 zu beantworten, erwiderte die iranische Regierung prompt, daß alle Fragen bereits beantwortet seien.

Auch die Gespräche von Vertretern der fünf Veto-Mächte des UN-Sicher-heitsrates und Deutschlands mit den Repräsentanten des Iran am 13./14. April 2012 in Istanbul, am 23./24. Mai 2012 in Bagdad, am 18./19. Juni 2012 in Moskau und am 15./16. Oktober 2013 in Genf sowie alle folgenden Gesprächsrunden brachten keine definitive Wende. Und die in den Verhandlungen in Genf vom 20. bis 23. November 2013 erzielte Übereinkunft, das Nuklearprogramm teilweise auszusetzen und die Urananreicherung zu begrenzen, schränkt die Aktivitäten des Iran lediglich auf einigen Gebieten ein. Wesentliche für das militärische Nuklearprogramm konstitutive Elemente werden von der Übereinkunft nicht erfaßt. Sie ermöglicht es den iranischen Technikern, ihre Arbeit im Verborgenen weiterzuführen und gestattet es dem Mullah-Regime darüber hinaus, Zeit zu gewinnen. Dabei nutzen die Iraner mit dem geschickten Aufbau einer Art „Hoffnung" die Gutgläubigkeit der westlichen Diplomatie, um ihre Interessen weiter verfolgen zu können.

Wer es – wie dies in vielen Zeitungen immer wieder zu lesen ist – „als gutes Zeichen betrachtet, daß die Gespräche zumindest fortgesetzt" wurden und Russland dabei bescheinigt, daß es „keinerlei Interesse an einer nuklearen Bewaffnung des Iran habe", redet am Thema vorbei. Von Russland kam vielmehr entscheidende Hilfe für den Aufbau des iranischen Nuklearprogramms. Dabei gelang es den Iranern auch dank der engen Zusammenarbeit mit dem Efremow-Institut in St. Petersburg und der direkten Unterstützung durch russische Experten, den Bau einer Pilotanlage zur Anreicherung von Uran mit Laser-Technik zu verwirklichen. Diese Technik ist wesentlich effizienter als die Anreicherung mit Gaszentrifugen. Ihre Anlagen sind deutlich kleiner und lassen sich nur schwer identifizieren, weil sie kaum meßbare Abwärme produzieren. Der Iran verfügt damit über einen zweiten Weg, die Anreicherung von Uran vorzunehmen. Er ist jeder Kontrolle entzogen und wird es faktisch unmöglich machen, die produzierte

Menge hoch angereicherten Urans sicher abzuschätzen. Nachfragen der Wiener Atomenergiebehörde (IAEA) nach dem Laser-Programm blieben bislang unbeantwortet.

Anfang Juli 2012 ist zudem bekannt geworden, daß der Iran plant, U-Boote mit Nuklearantrieb zu entwickeln. Dies gehört zwar zu den völkerrechtlich zulässigen Anwendungen der Nukleartechnik. Doch ist daran bemerkenswert, daß die modernen U-Boote mit Kleinreaktoren angetrieben werden, die mit hoch angereichertem Uran arbeiten. Vieles deutet darauf hin, daß die Absicht des Iran gar nicht darin liegt, sich neue maritime Optionen zu beschaffen, sondern dies nur vortäuscht, um die Möglichkeit zu erhalten, auf legalem Wege erhebliche Mengen von waffenfähigem Uran herzustellen.

Überdies weist der im November 2012 von der Internationalen Atomenergiebehörde (IAEA) in Wien vorgelegte routinemäßige Bericht bereits darauf hin, daß der Iran sich die Möglichkeit eröffnet hat, aus den im Leichtwasserreaktor Bushehr vorzeitig entnommenen und zwischengelagerten Brennstäben in erheblichem Umfang waffenfähiges Plutonium zu gewinnen. Der Iran könnte mit diesem Verfahren bis zu 300 Kilogramm waffenfähiges Plutonium erhalten und so die bisherige Verhandlungsstrategie des Westens unterlaufen.

Inzwischen verfügt der Iran dank dem langjährigen Technologie- und Wissenstransfer vor allem aus Russland, China, Pakistan und Nordkorea über die technische und personelle Infrastruktur, um seine nukleare Rüstungspolitik verdeckt zu Ende zu führen. Die iranischen Techniker sind seit Ende des Jahres 2010 in der Lage, nukleare Brennstäbe selbst herzustellen. Dies entspricht der seit langem bekannten Zielsetzung des Mullah-Regimes, den vollständigen nuklearen Brennstoffkreislauf zu beherrschen und somit von auswärtigen Lieferungen unabhängig zu werden. Daß die Iraner das Ergebnis ihrer Anstrengungen in diesem speziellen Bereich der Nukleartechnik erst während der zehntägigen Seemanöver im Persischen Golf Ende Dezember 2011 öffentlich präsentierten, zeigt nur die prekäre Selbstsicherheit und Dreistigkeit, mit der sie in der internationalen Politik aufzutreten pflegen. Im übrigen wurden besonders „kritische" Teile des Nuklearprogramms in den letzten Jahren dezentralisiert und auf zahlreiche „Privatunternehmen" verteilt, die für die Inspektoren der IAEA nur schwer als Komponenten der nuklearen Rüstung zu erkennen sind. Ihre Aufklärung setzt andere Methoden voraus, auf die sich einige Geheimdienste im Nahen Osten und iranische Widerstandsgruppen spezialisiert haben.

Die Anstrengungen des Mullah-Regimes auf dem Gebiet der militärisch nutzbaren Nukleartechnik zielen nicht auf ein bloßes Status-Symbol. Sie sind vielmehr darauf gerichtet, die strategische Situation im Nahen Osten aus den Angeln zu heben und ein weiteres Instrument zur Aggression gegen Israel und seine Schutzmacht in die Hand zu bekommen. Nukleare Waffen in den Händen des Iran stellen aber nicht nur für Israel eine existentielle Bedrohung dar, sondern für die gesamte westliche Welt. Die Beseitigung des Staates Israel ist aus der Sicht der Mullahs nur ein Etappenziel auf dem Weg zur Vormachtstellung des schiitischen Iran im Nahen Osten und in dem Ringen um die Verbreitung des Islam in der Welt. Vor allem die seit 1995 erhaltene massive Unterstützung des iranischen Nuklearprogramms aus Russland hat zu dieser gefährlichen Entwicklung beigetragen. Der politischen Führung Russlands war die militärische und strategische Zielsetzung der iranischen Nuklearpolitik von Anfang an bekannt. Der frühere Präsident Boris Jelzin, aber auch hochrangige Vertreter der russischen Regierung, wie z.B. Atomminister Adamow und Jelzins Berater Alexej Jablokow, haben dies in den 90er Jahren wiederholt öffentlich bestätigt. Und in jüngster Zeit ließ das Putin-Regime die Arbeit russischer Staatsbürger, wie z.B. des früheren sowjetischen Nuklearwissenschaftlers Wjatscheslaw Danilenko, gewähren. Danilenko hat offenbar entscheidend an der Errichtung der speziellen Druckkammer für Explosionstests auf der Militärbasis Parschin mitgewirkt, wie sie bei der Entwicklung von Nuklearwaffen benötigt wird. Dabei ist es die strategische Kalkulation Moskaus, daß der Aufstieg Irans zur Nuklearmacht den Handlungsspielraum der westlichen Länder, vor allem aber der Weltmacht USA, deutlich verringern und dem russischen Streben nach mehr Einfluß in der Welt dienen würde. In diesem Kontext war der mit allen Mitteln betriebene russische Widerstand gegen die Stationierung von Komponenten eines Raketenabwehrsystems der USA in Polen und Tschechien, welche die iranischen

Kapazitäten neutralisieren sollten, nur konsequent. Mit der Verhinderung der amerikanischen Pläne zum Aufbau des Raketenabwehrsystems gelang es der russischen Regierung, dem Mullah-Regime in Teheran den Rücken freizuhalten und die Instrumentierbarkeit des künftig nuklear bestückten Raketen-Arsenals der Iraner in seiner ganzen Bandbreite auch gegen Europa zu erlauben. Es konnte angesichts dieser Grundhaltung nicht überraschen, daß die russische Regierung auch das von U.S.-Präsident Obama in ein NATO-Projekt umgewandelte Raketenabwehrsystem strikt ablehnt.

Dank der oft verhaltenen und Zeit gewährenden Reaktionen der führenden westlichen Länder haben die Iraner ihre Arbeiten an dem Nuklearprogramm und die Absicherung ihrer Nuklearanlagen zunehmend auf verdeckte Methoden umstellen können. Sie bemühen sich derzeit vorrangig darum, die militärisch relevanten Einrichtungen auszubauen und weiträumig über das Land zu verteilen. Für den Schutz gegen Angriffe, beispielsweise durch die Unterbringung wichtiger Komponenten in tief unter der Erde angelegten Tunnelkomplexen, haben die Iraner sogar nordkoreanische Fachleute engagiert. So wird seit Anfang 2005 bei Abijek (ca. 120 Kilometer westlich von Teheran) eine ähnliche Anlage zur Anreicherung von Uran gebaut wie in Natanz. Die Anlage ist zweihundert Meter weit in einen Berg getrieben worden und liegt etwa einhundert Meter unter der Erdoberfläche. Auch der umfangreiche Tunnelkomplex in den Bergen bei der Stadt Damavand (nördlich von Teheran), wo das iranische Verteidigungsministerium sein zum Nuklearprogramm gehörendes „Kothar-Projekt" betreibt, zählt zu diesen Anlagen. Der Erwerb taktischer Boden-Luft-Raketen von Russland, die sich besonders für den Abschuß niedrig fliegender Flugzeuge und Lenkwaffen eignen, wird den Schutz der Nuklearanlagen des Iran gegen Angriffe noch ergänzen. Die Regierung in Teheran zeigt damit aber auch, daß sie genau weiß, was sie tut und was sie erwartet, wenn es zu einer militärischen Aktion etwa seitens der israelischen Luftstreitkräfte kommt.

Die Zielstrebigkeit des Mullah-Regimes bei der Realisierung seines Nuklearprogramms wird noch dadurch unterstrichen, daß der Iran seine Raketenstreitmacht zügig ausbaut. Diese spezifischen Waffensysteme machen nur Sinn, wenn man sie mit nuklearen Sprengköpfen ausrüstet. Den entscheidenden und strategisch bedeutsamen Schritt hat der Iran mit der Entwicklung der ballistischen Rakete Shahab-3 getan, die eine Reichweite von 1.500 Kilometern besitzt und einen Sprengkopf von 700 Kilogramm tragen kann. Sie gehört seit Juli 2004 zum Arsenal der iranischen Streitkräfte. Seit Sommer 2011 arbeiten die Iraner mit Unterstützung nordkoreanischer Fachleute daran, diese Waffensysteme nuklear zu konfigurieren. Die Raketen können somit innerhalb kurzer Zeit mit nuklearen Sprengköpfen versehen werden. Mit der Shahab-3 verfügt der Iran nicht nur über die Fähigkeit, Israel militärisch zu bedrohen und das wahr zu machen, was Irans früherer Staatspräsident Ahmadinedshad und andere hochrangige Führer des Landes angekündigt haben. Mit diesem Waffensystem kann der Iran auch die in der Golf-Region operierenden amerikanischen Streitkräfte erreichen.

Inzwischen ist die Technik zur Vergrößerung der Reichweite der Trägermittel verfügbar. Mehrere erfolgreiche Tests mit der Sejil-2, deren Reichweite 1.900 Kilometer beträgt, haben bereits stattgefunden. Diese Feststoff-Rakete ist mit einem verbesserten Navigationssystem ausgestattet, verfügt zudem über den Vorteil, mobil zu sein und ist daher leichter zu verbergen. Im übrigen sind die Arbeiten an einer Langstrecken-Rakete mit einer Reichweite von 6.000 bis 8.000 Kilometern im Gange. Wie weit der Iran auf diesem Gebiet fortgeschritten ist, hat das Mullah-Regime mit dem erfolgreichen Start eines eigenen Satelliten in eine Erdumlaufbahn am 3. Februar 2009 und ein weiteres Mal am 3. Februar 2012 – passend zur Münchner Sicherheitskonferenz, auf der hochrangige Politiker aus aller Welt über die Problematik der iranischen Nuklear- und Raketenrüstung diskutierten – demonstriert. Zwar hat das iranische Programm zur Entwicklung einer Langstrecken-Rakete mit der gewaltigen Explosion am 12. November 2011 auf der von den Revolutionsgarden betriebenen Basis in Bigdaneh einen Rückschlag erlitten. Damals waren neben 16 iranischen Wissenschaftlern und Technikern auch der Leiter des iranischen Raketenprogramms, General Hassan Moghadam, ums Leben gekommen. Doch wurden die Arbeiten an diesem Programm fortgesetzt. Der Iran profitiert dabei auch von den Fortschritten, die Nordkorea im Bereich der Raketentechnik in jüngster Zeit erzielt hat. Der erfolgreiche Start der

Langstreckenrakete Unha-3 am 12. Dezember 2012 mit einer Reichweite von etwa 8.000 Kilometern und die Positionierung eines Satelliten im Weltall belegen, daß Nordkorea diese Technik beherrscht und anzuwenden bereit ist.

Mit Blick auf die Entwicklung eines nuklearen Sprengkopfes für die ballistischen Raketen hat im April 2007 eine spezielle Einrichtung in Khojir, einer Raketenbasis südöstlich von Teheran, den Betrieb aufgenommen. Ihre Aufgabe ist es, die Arbeit an dem nuklearen Sprengkopf für die Shahab-3 und die Sejil-2 zu beschleunigen. Die Einrichtung wird von dem schon heute in den iranischen Medien als „Vater der iranischen Atombombe" titulierten Nuklearphysiker Mohsen Fakhrizadeh Mahabadi geleitet. Sein Team, das im Rahmen einer umfassenden und weitverzweigten militärischen Forschungsorganisation arbeitet, deren Existenz von der IAEA bestätigt wurde, hat inzwischen mit Hilfe einiger Fachleute aus Nordkorea die wichtige Technik zur Zündung nuklearer Sprengköpfe entwickelt und erfolgreich getestet. Eine Befragung des Professors und Mitglieds der Revolutionswächter, der dem iranischen Verteidigungsminister direkt unterstellt ist, durch Experten der IAEA wurde strikt abgelehnt. Es ist in diesem Zusammenhang bemerkenswert, daß Nordkorea im April und im Mai 2010 zwei Nukleartests für den Iran durchgeführt hat. Dabei waren auch iranische Nuklearwissenschaftler anwesend. Die erfolgreiche Durchführung dieser Tests belegt, daß der Iran im Hinblick auf sein nukleares Rüstungsprogramm weiter ist, als von den Regierungen westlicher Länder öffentlich zugegeben wird. Zudem haben Nordkorea und der Iran im September 2012 einen weiteren umfassenden technischen Kooperationsvertrag geschlossen. Bei der feierlichen Unterzeichnung in Teheran war neben hochrangigen nordkoreanischen Offizieren und dem damaligen iranischen Präsidenten Ahmadinedshad auch der Leiter des iranischen Nuklearprogramms, Fereidun Abbasi Dawani, zugegen.

Die zielstrebigen Aktivitäten zur Entwicklung von Nuklearwaffen und der weitere Ausbau des Raketenarsenals gehören zu den Tatbeständen der internationalen Politik. Selbst während der Amtszeit des von westlichen Medien und Politikern als „gemäßigt" bezeichneten Präsidenten Mohammed Chatami (1997–2005) wurde das Nuklear-

und Raketenprogramm vorangetrieben. Und auch andere als „gemäßigt" angesehene hochrangige Führungspersönlichkeiten des Iran haben an dem Willen zum Erwerb nuklearer Waffen keinen Zweifel gelassen. Sie vermieden lediglich die aggressive Rhetorik des bis August 2013 amtierenden Präsidenten Ahmadinedshad, weil sie glauben, daß dies den Interessen Irans schaden könnte. Die Tatsache, daß zur Wahl eines neuen Staatspräsidenten am 14. Juni 2013 nur Kandidaten zugelassen wurden, die sich in den generellen Kurs des geistlichen Oberhaupts Ajatollah Ali Chamenei einpassen, weist darauf hin, mit welcher Beharrlichkeit und mit welchem Geschick die derzeitige Führung des Iran ihre Ziele verfolgt. An der außenpolitischen „Linientreue" des am 14. Juni 2013 gewählten und seit dem 4. August 2013 amtierenden neuen Staatspräsidenten Hassan Rohani gibt es keinen Zweifel. Rohani teilt die Auffassung des geistlichen Oberhaupts des Iran in der Frage des Strebens nach Nuklearwaffen. Er geht jedoch auf subtilere Weise und diplomatischer vor als sein Vorgänger Mahmud Ahmadinedshad. Mit seiner konziliant erscheinenden Tonart bedient Präsident Rohani das Wunschdenken vieler westlicher Politiker und Journalisten. Gleichzeitig achtet er strikt darauf, daß die nuklearen Ambitionen seines Landes weiter verfolgt werden können. Insofern ist Rohanis Aussage in mehreren amerikanischen Fernsehsendern und Zeitungen während seiner ersten Monate im Amt, „sein Land habe niemals Interesse an Massenvernichtungswaffen gehabt und wolle keine Atomwaffen", genauso dreist wie die entsprechenden Verlautbarungen seiners Vorgängers Mahmud Ahmadinedshad. Der Iran verfügt nachweislich über ein großes Arsenal an chemischen Waffen (ca. 2.000 Tonnen), und die Tatbestände des Nuklear- und Raketenprogramms lassen sich nicht leugnen.

Auch das Ergebnis der iranischen Parlamentswahlen vom 2. März 2012 hatte schon darauf hingedeutet, daß sich an dem außenpolitischen Kurs des Mullah-Regimes und an dem Streben nach Nuklearwaffen nichts ändern würde. Der Sieg der dem geistlichen Oberhaupt Ajatollah Chamenei ergebenen und besonders am strengen Islam orientierten klerikalen Kräfte verstärkte sogar noch jene extrem konservative Gruppierung im Iran, die an den Erfolg der von Ajatollah Chomeini vorgegebenen Mission glauben. Wie überlegen sich die

Mullahs in Teheran fühlen, wird auch daran deutlich, daß der frühere Sprecher (2003–2005) der iranischen Delegation bei den Verhandlungen über das Nuklearprogramm, Hossein Mousavian, in einem Beitrag für die amerikanische Zeitung „Boston Globe" am 31. März 2012 die Existenz des militärischen Nuklearprogramms zugegeben hat. Er bestätigt darin nicht nur, in welcher konsequenten Weise das Mullah-Regime die Welt belogen hat, sondern fordert auch, daß sich der Westen mit der Realität der iranischen Kapazitäten abfinden soll.

Auch nach den Präsidentenwahlen vom Juni 2013 hat der Iran seinen Weg zur Hochanreicherung von Uran und zum Bau moderner Zentrifugen fortgesetzt. Die konziliant erscheinenden Aussagen vor der 68. UN-Vollversammlung im September 2013 und die diplomatischen Vorgehensweisen Rohanis sind darauf zugeschnitten, den politischen Druck der westlichen Länder auf den Iran zu mildern und Zeit zu gewinnen. Demselben Ziel dienten die im Oktober und November 2013 in Genf geführten Verhandlungen des Mullah-Regimes mit den Vertretern der fünf Veto-Mächte im Sicherheitsrat und Deutschlands über das iranische Nuklearprogramm. Die von den Außenministern der Teilnehmerstaaten in Genf erreichte „Übergangsregelung" wird mitnichten dazu führen, daß der Iran sein militärisches Nuklearprogramm vollständig einstellen muß. Das Entgegenkommen in der Frage der Urananreicherung und die Bereitschaft, Kontrollen zuzulassen, lassen vielmehr zahlreiche Möglichkeiten offen, das Programm weiter zu verfolgen. Angesichts der inzwischen erreichten Vielfalt in der Nukleartechnik können es sich die Iraner leisten, auf einzelne Komponenten zu verzichten. Mit dem geschickten Einsatz ihrer Diplomatie gehen die Mullahs auf die Sehnsüchte der westlichen Gesellschaften und der westlichen Medien ein. Man nutzt dabei die im Westen vorhandene zwanghafte Tendenz, alles abzuwehren, was die Notwendigkeit zu militärischem Handeln begründen könnte.

Die beharrlichen Rüstungs-Anstrengungen dürften dem Iran dank der Unfähigkeit der internationalen Staatengemeinschaft, rechtzeitig wirksame Maßnahmen gegen das Mullah-Regime zu ergreifen, bereits in überschaubarer Zeit den Status einer Nuklearmacht verleihen, die fest entschlossen ist, ihr neues militärisches Instrumentarium zur Durchsetzung der politischen Ziele auch anzuwenden. Hochrangige iranische Politiker und religiöse Führer haben dies in den vergangenen sechs Jahren immer wieder deutlich gemacht. Dabei steht die Beseitigung Israels im Fokus dieser Politik.

Unheilige Allianzen

Für den gefährlichen Wandel der politischen und strategischen Situation im Nahen Osten und Israels Chance, seine staatliche Existenz zu bewahren, ist es auch bedeutsam, daß es nicht gelang, das Mullah-Regime im Iran zu isolieren. So sind es im Sicherheitsrat der Vereinten Nationen nicht nur Russland und China, die peinlich darauf achten, daß die gelegentlich beschlossenen Sanktionen gegen den Iran nicht zu streng ausfallen. Der Iran hat es auch seinerseits durch eine vielseitige Bündnispolitik erreicht, eine Front von Staaten in der Welt zu schaffen, die den Forderungen der westlichen Demokratien im Hinblick auf die Nichtverbreitung nuklearer Waffen skeptisch gegenüberstehen.

Abgesehen von der langjährigen Zusammenarbeit des Iran mit Russland insbesondere auf dem Gebiet der Nuklear- und Raketentechnik ist es vor allem die enge Kooperation mit Nordkorea, die es der iranischen Regierung erlaubt hat, ihre Anstrengungen zum Erwerb nuklearer Waffen und zur Verbesserung des Raketenarsenals voranzutreiben und gegen westlichen Widerstand durchzuhalten. Diese Kooperation ist auch nach dem Tod des nordkoreanischen Diktators Kim Jong-il und der Übernahme der Führung durch dessen Sohn Kim Jong-un fortgesetzt worden. Die beiden Regime unterstützen sich nicht nur konsequent im diplomatischen Streit mit dem Westen. Es findet auch seit mehr als einem Jahrzehnt ein intensiver Austausch auf technologischem Gebiet statt. Dabei fällt vor allem ins Gewicht, daß zahlreiche nordkoreanische Fachleute für Nuklear- und Raketentechnik sowie für den Tunnelbau im Iran arbeiten. Sie sind fast durchweg auf jenen abgeschlossenen Militärbasen untergebracht, die unter der Kontrolle der Revolutionären Garden stehen.

Für das Mullah-Regime in Teheran war es ein großer Erfolg, schon frühzeitig auch Syrien als Partner für seine Politik zu gewinnen und die Beziehungen zu diesem Land immer enger zu gestalten. Die religiösen Unterschiede zwischen Syrien einerseits und dem Iran andererseits waren nie ein Hindernis für die enge Kooperation. Der persönlich keineswegs dem strengen Islam verpflichtete, den Alawiten angehörende und seit dem Frühjahr 2011 durch die Rebellen im eigenen Land bekämpfte Staatschef Syriens, Bashar al-Assad, hat bis heute keine Bedenken gehabt, mit dem schiitischen Regime in Teheran zusammenzuarbeiten und jene islamistischen Terrorgruppen zu stärken, die den Staat Israel beseitigen wollen.

Wie eng die Allianz Syriens mit dem Iran schon frühzeitig war, zeigt bereits das im November 2005 zwischen beiden Ländern geschlossene Abkommen über die strategische Zusammenarbeit. Es legt die Art der gegenseitigen Hilfe bei Sanktionen und militärischen Konfrontationen mit dem Westen fest. Syrien verpflichtet sich darin unter anderem, den Revolutionären Garden des Iran Stützpunkte und Waffenlager zur Verfügung zu stellen. Schon ein Jahr vorher hatten beide Staaten einen Beistandspakt für den Fall geschlossen, daß einer der Partner angegriffen werde. Im September 2006 vertiefte man die Kooperation sogar auf dem außerordentlich sensiblen Gebiet der Geheimdienstarbeit wesentlich: Mit dem Neubau von zwei zusätzlichen Stationen für die „Signal Intelligence" (SIGINT) auf syrischem Territorium ist die Nachrichten-Basis beider Regierungen deutlich erweitert worden. Die so gewonnenen Informationen landen direkt bei den Geheimdienstchefs in Teheran und Damaskus. Überdies wurde die strategische Partnerschaft durch eine Reihe von Abkommen wirtschaftlicher Art ergänzt. Die Allianz Syriens mit dem Iran ist keine „Notgemeinschaft", wie manche Politiker und Diplomaten im Westen meinen. Sie war vielmehr von Anfang an langfristig angelegt und auf ein klares politisches Ziel ausgerichtet. Aus der Perspektive Bashar al-Assads sollten nach einem entscheidenden Sieg über Israel die Verhältnisse im Nahen Osten nicht nur grundlegend neu geordnet, sondern z.B. auch die von Israel im Juni 1967 eroberten und 1981 annektierten Golan-Höhen Syrien zufallen. So war es nur folgerichtig, daß Präsident Bashar al-Assad Mahnungen und Drohungen westlicher Länder niemals beachtet hat. Wenn die syrische Regierung dennoch zeitweise Kontakte zu westlichen Führungen und gelegentlich sogar zu israelischen Politikern pflegte, spielten vor allem taktische Erwägungen eine Rolle. Nicht zuletzt ergab sich dadurch manchmal die

Möglichkeit, in diesen Ländern kontroverse Diskussionen auszulösen und eine anti-syrische Politik mindestens zu erschweren.

Der für Israel relativ ungünstige Verlauf des Libanon-Krieges im Juli/August 2006 und des Gaza-Krieges im Januar 2009 bestärkte den syrischen Staatschef damals darin, „daß man Israel besiegen kann". Der Machtwechsel im Libanon zugunsten der Hizbullah im Jahre 2011 und die Perspektive des enormen Machtzuwachses des Iran haben diesen Glauben einmal mehr unterstrichen. Mit Blick auf die Allianz Syriens mit dem Iran wird Präsident Bashar al-Assad gewiß nicht nur die relativ starke Vorstellung der Hizbullah und der Hamas in den jüngsten militärischen Auseinandersetzungen mit Israel sowie den baldigen Aufstieg des Iran zur Nuklearmacht im Auge gehabt haben. Bedeutsam war auch die von Anfang an sichtbare Schwäche der westlichen Diplomatie im Nuklearstreit mit Teheran sowie die Zerstrittenheit der westlichen Staatenwelt im Nahostkonflikt insgesamt. Beides hat den syrischen Staatschef immer wieder in seiner Erwartung bestärkt, seine konsequente Politik könne am Ende doch zum Ziele führen. Zudem dürfte es dem syrischen Staatschef kaum entgangen sein, daß der Westen den Israelis bei ihrem Kampf gegen die Hamas und die Hizbullah regelmäßig in den Arm gefallen ist und auch bei den Bemühungen um eine Waffenruhe zwischen den Terrorgruppen und Israel weder willens noch fähig war, eine Politik zu betreiben, die den syrischen Interessen geschadet hätte. Auch die USA waren nicht in der Lage, bei ihren Bündnispartnern ein stärker an vitalen israelischen Interessen orientiertes Vorgehen durchzusetzen. Diese Tatsache dürfte der syrische Präsident besonders genau registriert haben. Er sieht diesen Umstand – wie übrigens die politische Führung im Iran auch – als Ausdruck des Niedergangs der westlichen Vorherrschaft vor allem im Nahen Osten. Dank des Widerstands mehrerer europäischer Staaten sah sich die Europäische Union nicht einmal in der Lage, eine einheitliche Linie in ihrer Politik gegenüber den Terrororganisationen Hizbullah und Hamas zu vertreten.

Ebenso wenig wird die von den westlichen Ländern geforderte Entwaffnung der Hizbullah stattfinden, denn es gibt keinen geeigneten Mechanismus dafür. Die Vereinten Nationen sind der Durchsetzung ihrer Forderung bislang ausgewichen, und es sieht nicht so aus, als ob sich dies ändern würde. Statt dessen gelangen unablässig neue Waffen aus dem Iran, darunter Raketen mit größerer Reichweite und Nutzlast, über Syrien an die Hizbullah. Sie könnten es der islamistischen Terrororganisation künftig erlauben, Israel aus noch größerer Distanz anzugreifen. Insofern ist es nur konsequent, wenn Israel – wie im Januar und erneut Anfang Mai 2013 geschehen – die Lieferung moderner weitreichender Raketen an die Hizbullah durch gezielte Luftangriffe auf die iranischen Transporte und Waffenlager in Syrien zu verhindern sucht.

Über Syrien werden im übrigen auch andere islamistische Terrorgruppen, die gegen Israel operieren und auf syrischem Territorium ihre Trainingslager und Stützpunkte haben, mit Waffen versorgt. Die Sicherheitspatrouillen europäischer Kriegsschiffe vor der libanesischen Küste wiederum kümmern Syrien und die Hizbullah wenig. Zum einen sind die Terrorgruppen nicht auf die Seewege angewiesen. Zum anderen dürfen die europäischen Seestreitkräfte ihre Mission ausdrücklich nicht innerhalb der libanesischen Sieben-Meilen-Zone erfüllen. Diese Beschränkungen, die außerordentlich günstigen geographischen Gegebenheiten vor der Küste des Libanon und die Geschicklichkeit der israelfeindlichen Libanesen verdammt den militärischen Einsatz der Europäer zur Wirkungslosigkeit.

Mit einiger Genugtuung dürfte der syrische Präsident Bashar al-Assad auch die Tatsache registriert haben, daß die beständigen Aggressionen der Hizbullah und der Hamas gegen Israel – obwohl klare Verstöße gegen das Völkerrecht – kaum noch in der westlichen Politik und den Medien erwähnt werden und die Kritik statt dessen auf Israels militärische Reaktionen fokussiert wird. Man konnte daher nicht erwarten, daß diese Haltung der westlichen Länder ein Abrücken Syriens von seiner feindseligen und aggressiven Politik fördern würde. In Syrien erwartete man vielmehr, daß der westliche Zuspruch zu Israel mit Blick auf die künftige israelische Gegenwehr eher noch weiter sinken könnte.

Darüber hinaus wird die strategische Allianz Syriens mit dem Iran durch das nach größerem Einfluß im Nahen Osten strebende Russland abgesichert. Das Überleben des Assad-Regimes liegt im russischen

Interesse. Die Regierung in Moskau will nicht nur einen weiteren „Regimewechsel" nach dem Muster des Vorgehens der NATO in Libyen verhindern. Hier geht es vielmehr auch um die langfristige Nutzung syrischer Häfen für die russische Schwarzmeer-Flotte. Abgesehen von Latakia wird vor allem der im südlichen Abschnitt der syrischen Mittelmeerküste gelegene Hafen von Tartus von russischen und inzwischen auch von iranischen Kriegsschiffen genutzt. Seit Juli 2009 wird der bis dahin vernachlässigte und verfallene Hafen Tartus von russischen Spezialisten ausgebaut. Es ist von russischer Seite gemäß einem am 12. September 2010 mit Syrien geschlossenen Abkommen geplant, den Stützpunkt soweit zu modernisieren, daß russische Kriegsschiffe dort permanent stationiert werden können. Ähnliche Maßnahmen sind auch für den weiter nördlich gelegenen Hafen Latakia vorgesehen. Die Tatsache, daß die mit der syrischen Regierung vereinbarten Ausbauprogramme für die beiden Häfen derzeit bis zum Jahre 2020 reichen, macht eindrucksvoll klar, wie langfristig man in Moskau denkt und wie manifest die strategischen Interessen Russlands sind.

Wie konsequent sowohl Russland, als auch das Assad-Regime in diesem Kontext handeln, zeigt der Umstand, daß mit der Lieferung und Stationierung von modernen Systemen der Luftabwehr aus Russland auch dem Schutz der militärischen Einrichtungen große Bedeutung beigemessen wird. Zudem gibt es klare Hinweise darauf, daß die Basis Tartus inzwischen für die russische elektronische Aufklärung im östlichen Mittelmeer genutzt wird. Israel und seine Schutzmacht USA werden dies künftig zu bedenken haben. Die nachrichtendienstliche, militärische und politische Zusammenarbeit, die Öffnung syrischer Häfen für die russische Kriegsflotte und umfangreiche Rüstungsaufträge binden Syrien eng an Russland. Allein in den letzten fünf Jahren beliefen sich die russischen Investitionen in Syrien auf fast 20 Milliarden Dollar. Der weitaus größte Teil davon floss in die Bereiche Rüstung, Infrastruktur und Energieversorgung. Im Zuge seiner zielstrebigen Machtpolitik im Nahen Osten hat Russland in den letzten Jahren nicht nur die syrischen Streitkräfte kontinuierlich mit Waffen, vor allem Kampfflugzeuge, Hubschrauber und Flugabwehr-Raketen, beliefert und damit die Wehrhaftigkeit des Assad-Regimes wesentlich verbessert. Die russische Regierung schaute auch geflissentlich darüber hinweg, daß große Mengen von Waffen, unter anderem Nachtsichtgeräte, Raketen und Panzerabwehrwaffen, vom Flughafen Damaskus direkt an die islamistische Hizbullah geschickt wurden. Diese Nachsicht fiel um so leichter, da weder die Hizbullah, noch die Hamas auf der russischen Liste der Terrororganisationen stehen.

Auch China dürfte zu Syrien und dem Iran weiterhin freundschaftliche Beziehungen unterhalten. China kauft und investiert in umfangreichem Maße vor allem im Iran, aber auch in Syrien. Schon von daher wird jeder Versuch westlicher Länder, diese beiden Staaten zu isolieren und die Allianz aufzubrechen, fehlschlagen. Bis heute erfahren Syrien und der Iran auch aus zahlreichen Ländern Südostasiens, Afrikas und Lateinamerikas immer noch Zuspruch.

Bereits dank der grundlegenden syrischen Haltung in dem Konflikt mit Israel durch Präsident Bashar al-Assad sollte man nicht darauf bauen, von Syrien eine Abkehr von der Allianz mit dem Mullah-Regime im Iran oder ein Ende der Unterstützung der Terrororganisationen zu erwarten. Die Konflikte im Nahen Osten werden längst in einem geographisch und politisch deutlich erweiterten Rahmen ausgetragen. Dabei haben sich nicht nur die direkt beteiligten Konfliktparteien und die Formen der Auseinandersetzung verändert. Anders als noch vor wenigen Jahren steht heute auch mehr als die Regelung des israelisch-palästinensischen Streits über die Errichtung eines eigenständigen palästinensischen Staates auf der Tagesordnung. Ungeachtet des seit dem Frühjahr 2011 geführten brutalen Bürgerkrieges um die Herrschaft in Syrien ist es die Frage der strategischen Dominanz im Nahen Osten und die Existenz des Staates Israel an sich, die im Zentrum des Konflikts stehen.

Zwar war in den westlichen Demokratien im Zuge der von Tunesien ausgehenden Aufstände gegen die autoritären Führungen anderer arabischer Länder die Hoffnung aufgekommen, daß ein ähnlicher Umbruch in Syrien erfolgen und das Land am Ende wieder aus der Allianz mit dem Iran herausbrechen könne. Doch diese Hoffnung erfüllte sich nicht. Schon im Vorfeld der im Lande aufkeimenden Proteste nach dem Muster Tunesiens und Ägyptens hatte das Regime in Damaskus klargemacht, daß es auf den Straßen Syriens keinerlei Aufstände dulden werde. Dementsprechend gingen die syrischen Sicherheitskräfte schon bei dem ersten Erscheinen von Regimekritikern Anfang Februar 2011 und im März 2011 rigoros gegen diese Menschen vor. Selbst vor dem massiven Einsatz gepanzerter Truppen scheute der syrische Machthaber im weiteren Verlauf der Auseinandersetzungen nicht zurück. Und dem Versuch vor allem zahlreicher junger Regimegegner und Deserteure aus der Armee, nach dem Muster der Rebellen in Tunesien und Ägypten mit Hilfe moderner Kommunikationsmittel den Aufstand durchzuhalten und die Regierung zu stürzen, begegnete der syrische Machthaber in ähnlicher Weise wie das Mullah-Regime im Iran mit immer methodischeren und brutaleren Mitteln. Selbst die Steuerung der Rebellen aus dem Ausland und die Lieferung von Waffen aus arabischen Ländern – vor allem aus Qatar und Saudi-Arabien – konnten das Assad-Regime nicht beseitigen. Um seine Herrschaft über Syrien aufrechtzuerhalten, ist Staatspräsident Bashar al-Assad offenbar jedes Mittel recht. Sogar der Einsatz chemischer Kampfstoffe wird dem Assad-Regime seit einiger Zeit vorgeworfen. Im Zuge der seit dem Frühjahr 2011 geführten militärischen Auseinandersetzungen, die längst den Charakter eines Bürgerkrieges angenommen haben, kamen in Syrien nach UN-Angaben bisher weit mehr als 100.000 Menschen ums Leben.

Es fällt in diesem Zusammenhang auf, wie wenig konsequent die USA und die Europäer bei der Behandlung der unterschiedlichen arabischen Diktaturen vorgehen. Während die USA und einige NATO-Staaten gegenüber dem Gaddafi-Regime in Libyen immerhin Luftstreitkräfte einsetzten und Waffen lieferten, um die Rebellen zu unterstützen, beschränkt sich ihr Handeln gegenüber dem Assad-Regime in Syrien bislang lediglich auf Appelle, Rücktrittsforderungen, den Abzug von Botschaftern und einige Sanktionen, wie z.B. die Sperrung von Bankkonten, Einreiseverbote für syrische Politiker, Importverbote für Erdöl sowie die marginale Unterstützung der Rebellen. Diese Vorgehensweisen haben jedoch keinen nachhaltigen Eindruck hinterlassen, da Syrien nicht in nennenswertem Maße von westlichen Ländern abhängig ist. Selbst die seit August 2013 als Reaktion auf den Einsatz von chemischen Waffen seitens der syrischen Militärs durch die U.S.-

Regierung ausgesprochene Drohung mit einem Militärschlag konnte das Assad-Regime nicht schwächen. Zudem wird die Regierung in Damaskus von Russland, China und dem Iran wirkungsvoll gedeckt. Mit dem Fall Libyen vergleichbare Resolutionen im Sicherheitsrat der Vereinten Nationen sind hier nicht zu erreichen. Die Mitte Dezember 2011 und erneut im Januar 2012 im Sicherheitsrat der Vereinten Nationen eingebrachten Resolutionsentwürfe, die eine „unverhältnismäßige Anwendung von Gewalt durch die syrische Regierung" verurteilen, konnten an der allgemeinen Lage nichts ändern. Ein von europäischen und arabischen Ländern gemeinsam formulierter Textentwurf, der Präsident Assad zur Beendigung der Gewalt aufrief und seinen Rücktritt verlangte, wurde am 5. Februar 2012 in äußerst rigoroser Weise von Russland und China mit einem Veto verhindert. Beide Staaten argumentieren, daß es nicht Aufgabe der Vereinten Nationen sei, über Regierungen zu entscheiden.

Insbesondere die russische Regierung sucht aus strategischem Kalkül den Zusammenbruch des syrischen Regimes zu verhindern. Alle Bemühungen Russlands dienen dem Ziel, die Herrschaft von Bashar al-Assad abzusichern. Selbst die Zustimmung Moskaus zu der Entscheidung des Sicherheitsrates der Vereinten Nationen vom 21. März 2012, die den früheren Generalsekretär der Weltorganisation Kofi Annan in die vielfältigen Vermittlungsbemühungen zwischen dem Assad-Regime und den Rebellen einschaltete, machte deutlich, daß Russland den syrischen Präsidenten an der Macht halten will. Mit bemerkenswert geschickter Diplomatie beharrte Moskau darauf, daß auch die Rebellen in Syrien ihre Militäraktionen beenden und zu einem Dialog mit dem Assad-Regime bereit sein müssen. So konnte der syrische Präsident dem „Sechs-Punkte-Plan" des Vermittlers Annan seine „Unterstützung" zusagen und dennoch mit seinem brutalen Vorgehen fortfahren. De facto gewährte der Friedensplan Kofi Annans dem syrischen Präsidenten Zeit, um die Rebellen weiter militärisch zu bekämpfen. Die Waffenruhe wurde von keiner Seite eingehalten. Ebenso wenig ließ sich das Assad-Regime in Damaskus durch die zeitweilige Entsendung von UN-Beobachtern nach Syrien in seiner Handlungsweise beirren. Die im August 2012 beendete Beobachter-Mission der Vereinten Nationen war von Anfang an eine Farce. Auch die mehrfach vorgetragene Forderung des Vermittlers Kofi Annan, sowie der Veto-Mächte des Sicherheitsrates der Vereinten Nationen nach einer Übergangsregierung in Syrien unter Beteiligung von Vertretern beider Seiten konnte nicht erfüllt werden, weil die Rebellen jede Zusammenarbeit mit dem verhaßten Assad-Regime strikt ablehnen.

Trotz des immer brutaleren Vorgehens der syrischen Truppen gegen die Rebellen und die Zivilbevölkerung in verschiedenen Städten des Landes muß das syrische Regime dank der Unterstützung durch Russland und China im Sicherheitsrat der Vereinten Nationen nicht mit einer völkerrechtlich abgesicherten militärischen Intervention der westlichen Staaten rechnen. Das sehr eng an den eigenen Machtinteressen orientierte und extrem utilitaristische Verhalten der beiden Veto-Mächte und das Scheitern der Friedensbemühungen führten Kofi Annan schließlich dazu, seinen Auftrag am 31. August 2012 niederzulegen. Sein Nachfolger, der Algerier Lakhtar Brahimi, blieb mit seinen Bemühungen ebenso erfolglos.

Auch die Arabische Liga, ein lockerer Zusammenschluß von 21 arabischen Ländern und der Palästinensischen Autonomiebehörde, hatte mit ihren Bemühungen zur Beendigung des Bürgerkrieges in Syrien keinen Erfolg. Selbst die von der Arabischen Liga verhängten wirtschaftlichen Sanktionen gegen das Assad-Regime führten in Damaskus nicht zum Einlenken. Zudem handelte die Arabische Liga mit Blick auf Syrien keineswegs einheitlich. Denn zum einen hielten sich der Libanon und der Irak nicht an die Beschlüsse der Arabischen Liga. Die von Nuri al-Maliki geführte irakische Regierung unterstützt das Assad-Regime wo sie nur kann. Der bedrängte Nachbar wird nicht nur großzügig mit Geld, sondern auch mit Erdöl versorgt. Zum anderen läuft der Handelsverkehr auf Umwegen über Abu Dhabi und den Iran weiter, sodaß die wirtschaftlichen Sanktionen nicht ihre volle Wirksamkeit entfalten können. Angesichts dieser Tatsache überraschte es nicht, daß Syriens Staatspräsident Bashar al-Assad weiterhin mit großer Brutalität gegen die Rebellen vorgehen konnte, fest an der Seite des Iran steht und keinen Anlaß sieht, die im November 2005 vertraglich vereinbarte und im September 2006 erweiterte strategische Partnerschaft und seitdem noch vertiefte Kooperation mit Teheran in Frage zu stellen.

Die syrische Regierung wies nicht nur weitergehende Forderungen der Arabischen Liga brüsk zurück. Die von einigen arabischen Regimen unterstützten Rebellen, darunter viele desertierte Soldaten, die sich seit Mitte des Jahres 2011 in einer „Freien Armee Syriens" organisiert haben, lieferten Bashar al-Assad einen willkommenen Vorwand, nur noch brutaler gegen die Widerständler vorzugehen. Selbst der von einigen arabischen Nachbarländern und der Türkei ins Gespräch gebrachte Gedanke, eine Flugverbotszone über syrischem Territorium zu errichten, konnte die syrische Regierung nicht schrecken. Man verläßt sich offenbar vor allem auf den politischen Beistand Russlands, im übrigen auf die starke Luftabwehr und die vielfältigen Möglichkeiten, weitere Sanktionen zu umgehen. Russland zeigt in diesem Zusammenhang eine bemerkenswerte Beharrlichkeit. Die von U.S.-Außenminister John Kerry und Russlands Außenminister Sergej Lawrow am 8. Mai 2013 in Moskau ins Spiel gebrachte Anregung einer internationalen Syrien-Konferenz wird von der russischen Regierung nicht nur als Instrument angesehen, um das Assad-Regime zu stützen. Es wurde von russischer Seite ebenso klargemacht, daß moderne Flugabwehr-Raketen vom Typ S-300 an Syrien geliefert werden. Sie gelten als sehr effektiv und würden den Israelis die Lufthoheit in diesem Gebiet streitig machen. Auch dem israelischen Regierungschef Benjamin Netanjahu gelang es bei seinem Besuch in Moskau am 14. Mai 2013 nicht, Russlands Präsident Wladimir Putin von diesem Vorhaben abzubringen. Vielmehr rüstete Moskau das Assad-Regime sogar mit modernen Anti-Schiff-Lenkwaffen vom Typ SS-N-26 (Jachont) aus, die von den Syrern eingesetzt werden können, um eine Blockade der Versorgung über See zu verhindern. Und die Ende Mai 2013 angekündigte Lieferung von weiteren zehn Kampfflugzeugen vom Typ MiG-29 wird die Schlagkraft der syrischen Luftwaffe, die bereits über mindestens 45 Exemplare dieses Kampfflugzeugs verfügt, verbessern.

Über diese Maßnahmen hinaus untermauerte die russische Regierung ihre Bereitschaft zur Stützung des Assad-Regimes noch dadurch, daß sie die Flottenpräsenz im östlichen Mittelmeer deutlich erhöhte. Auf diese Weise demonstrieren die Russen vor allem gegenüber den westlichen Ländern, daß sie nicht gewillt sind, ihren Bündnispartner

Syrien in dieser wichtigen Region zu verlieren. Präsident Wladimir Putin hat diese harte Haltung erneut beim G-8-Gipfel in Irland am 17. Juni 2013 und während des G-20-Gipfels am 6. September 2013 in St. Petersburg unterstrichen.

Den Israelis muß es mit Blick auf die russisch-syrische Allianz in der Tat große Sorge bereiten, wie unprofessionell sich die amerikanische Regierung in ihrer Syrien-Politik verhält. U.S.-Präsident Obama hatte sich nicht nur mit seiner Ankündigung einer „roten Linie" für den Fall des Einsatzes chemischer Waffen durch das syrische Militär in eine schwierige Lage gebracht. Er wurde auch nach seiner Androhung eines Militärschlags von Russlands Führung elegant ausmanövriert und mußte auf den russischen Vorschlag eingehen, die Chemiewaffen Syriens zunächst unter die Kontrolle der Vereinten Nationen zu stellen und später zu vernichten. Die entsprechende, am 27. September 2013 im Sicherheitsrat der Vereinten Nationen einstimmig verabschiedete Resolution belegt einmal mehr, daß das Gesetz des Handelns in den Händen Russlands liegt. Weder wird das Assad-Regime als Schuldiger an dem Chemiewaffen-Einsatz genannt, noch wird der syrische Präsident dafür zur Rechenschaft gezogen. Und als Drohung für unbotmäßiges Verhalten des Assad-Regimes kommen automatische Militärschläge nicht in Betracht. Es werden lediglich Maßnahmen nach Kapitel VII der Charta der Vereinten Nationen vorgesehen, gegen die Russland sein Veto einlegen kann. Die angesichts des fortgesetzten Bürgerkrieges sehr schwierige Feststellung der Bestände an chemischen Waffen und die Debatte über die Kompliziertheit ihrer Entsorgung befreite Syrien de facto zum einen von der Drohung eines amerikanischen Militärschlags und gewährte dem Assad-Regime wertvolle Zeit, um sich zu stabilisieren und die Bekämpfung der Rebellen erfolgreich fortzuführen. Der syrische Präsident hatte nunmehr reichlich Gelegenheit, beträchtliche Teile des Arsenals an chemischen Waffen beiseite zu schaffen und die Welt zu täuschen. Zum anderen lenkte die intensive Debatte über den von U.S.-Außenminister John Kerry und Russlands Außenminister Sergej Lawrow im September 2013 ausgehandelten und weitgehend russischen Vorstellungen folgenden Vier-Punkte-Plan zur Lösung des

Chemiewaffen-Konflikts mit Syrien die Aufmerksamkeit von der aggressiven Politik des Mullah-Regimes ab.

Mit seinem Entschluß zum brutalen Durchgreifen bei der seit dem Frühjahr 2011 geführten politischen und militärischen Auseinandersetzung mit seinen Gegnern hat sich Bashar al-Assad auf Gedeih und Verderb an den Iran gekettet. Sein Vorgehen orientiert sich nicht nur an den iranischen Methoden und Handlungsweisen, um die Macht im Lande zu behalten. So werden neben regulären Truppen besondere paramilitärische Verbände, wie z.b. die Schabiha-Miliz, die nach dem Muster der iranischen Bassidsch-Milizen organisiert sind, gegen die Rebellen in Syrien eingesetzt. Seit Mai 2011 gibt es vermehrt Hinweise darauf, daß sogar iranische paramilitärische Kräfte an der Bekämpfung der Rebellen in Syrien beteiligt sind. Zahlreiche durch die Rebellen erbeutete Videos belegen, daß iranische Offiziere syrische Armee-Einheiten beraten und sogar befehligen. Mitte des Jahres 2013 befanden sich bereits etwa 40.000 Kämpfer dieser Truppen auf syrischem Territorium im Einsatz. Sie werden ebenso wie ihr umfangreiches Waffenarsenal vom Iran aus über den irakischen Luftraum nach Syrien eingeflogen. Zudem schloss der Iran mit Syrien Anfang August 2013 einen weiteren Vertrag, mit dem sich die Islamische Republik dazu verpflichtet, Erdöl im Wert von mehr als drei Milliarden Euro zu liefern. Dies unterstreicht, für wie bedeutsam das Mullah-Regime in Teheran die Herrschaft Assads über Syrien hält. Darüber hinaus kämpfen Mitglieder der irakischen Mahdi-Miliz und starke Verbände der libanesischen Hizbullah an der Seite der Truppen des syrischen Präsidenten. Mit welcher Entschlossenheit die Kämpfer der Hizbullah dabei eingesetzt werden, hat ihr Chef Hassan Nasrallah nicht zuletzt in einer öffentlichen Rede am 26. Mai 2013 deutlich gemacht. Bei der syrischen Luftwaffe wurden viele sunnitische Piloten durch iranische und ukrainische Piloten ersetzt. Und das Mullah-Regime in Teheran dürfte weiterhin alles unternehmen, um seinem strategischen Partner in Damaskus beizustehen. Der Iran kann es sich gar nicht leisten, Syrien zu verlieren, wenn es seine Pläne verwirklichen will, die Rolle der Vormacht in der Golfregion zu erobern und die Existenz des Staates Israel in Frage zu stellen. Insofern erscheint es durchaus folgerichtig, daß der neue iranische Staatspräsident Rohani am 18. September

2013 in einer Rede vor den Revolutionswächtern seine Treue zu Assads Syrien bekräftigte.

Die einzige Möglichkeit, diese fatale und für Israel außerordentlich gefährliche Allianz aufzubrechen, dürfte seitens der westlichen Länder und der mit dem Westen zusammenarbeitenden arabischen Staaten darin bestehen, die syrischen Rebellen gegen das Assad-Regime in massiver Weise mit geeigneten Waffen zu versorgen und ihnen glaubhaft sinnvolle Perspektiven für die Zeit nach einem Erfolg zuzusagen. Dies wird jedoch schon angesichts der heterogenen Struktur der Widerstandsgruppen schwierig sein. Denn man müßte in diesem Fall die derzeit nur mit leichten Waffen ausgerüsteten Rebellen mit schweren Waffen versorgen, ohne jemals die Kontrolle darüber zu haben, an wen diese Waffen schließlich gelangen. Relevante Gruppierungen, die den westlichen Demokratien nahestehen, gibt es hier nicht. Darüber hinaus würde eine derartige Maßnahme nicht garantieren, daß der Sturz des Assad-Regimes gelingt. Und selbst wenn die Rebellen schließlich doch Erfolg hätten, dürfte die starke Stellung der Muslimbrüder und anderer islamistischer Kräfte unter ihnen, u.a. mehrere Gruppen des Terror-Netzwerks Al Qaeda, kaum zu einem Regime in Syrien führen, das dem Iran in jeder Hinsicht feindlich gesinnt wäre. Die Bedrohung Israels wäre damit keineswegs geringer. So verfügen allein die dem Terror-Netzwerk Al Qaeda in Syrien zuzurechnenden Gruppen der Al-Nusra-Front über mindestens 15.000 recht gut bewaffnete und sehr erfahrene Kämpfer. Sie trachten danach, Syrien als Operationsbasis gegen Israel auszubauen und bemühen sich zielstrebig darum, auch einen Teil des großen Arsenals an syrischen Chemiewaffen unter ihre Kontrolle zu bekommen. Für die Sicherheit Israels wäre dies fatal. Die mit der Al Qaeda verbündeten djihadistischen Kämpfer in Syrien lassen sich nicht abschrecken. Dazu kommen noch die derzeit etwa 40.000 Kämpfer anderer islamistischer Rebellen-Organisationen. Sie alle würden zweifellos versuchen, diese Waffen gegen Israel und seine Bündnispartner einzusetzen. Im übrigen sind sich die schiitischen Iraner und die sunnitischen Islamisten - von Afghanistan über Qatar bis Ägypten – in dem Ziel einig, den jüdischen Staat Israel zu beseitigen.

Auch die konsequente Unterstützung der palästinensischen Terrorgruppen – vor allem der Hamas und der Hizbullah, die umfangreichen Waffentransfers, der diplomatische Beistand für den Iran sowie die angestrebte, aber einstweilen durch den erfolgreichen israelischen Luftangriff am 6. September 2007 verhinderte Fertigstellung einer Nuklearanlage nordkoreanischen Typs bei Tibni belegen eindeutig, wie fest Syrien vor allem in die iranische Politik eingebunden worden ist. Die bis in das Jahr 1997 zurückreichende und vom Iran initiierte Zusammenarbeit Syriens mit Nordkorea hatte sich so weit entwickelt, daß Israel sich genötigt sah, den vom Iran finanzierten, mit nordkoreanischer Hilfe gebauten und militärischen Zwecken dienenden Nuklearreaktor in Al Kibar, nahe Tibni in der syrischen Wüste, zu zerstören. In diesem Reaktor sollte Plutonium für die iranische Waffenproduktion hergestellt werden. Das Mullah-Regime wollte sich damit die Möglichkeit eröffnen, wie Nordkorea bei dem Aufbau seiner militärischen Nuklearoption „zweigleisig" zu fahren – ein Waffenprojekt auf der Basis von Plutonium, das andere auf der Basis von Uran zu entwickeln. Auch für die Aufarbeitung des entsprechenden Materials aus dem Reaktor in Syrien hatte man im Iran vorgesorgt. Die einzelnen Bauelemente der hierzu notwendigen Anlage waren im Iran bereits vorhanden.

Die im August 2007 von einer israelischen Spezialeinheit in der Umgebung von Al Kibar entnommenen Bodenproben hatten belegt, daß sich in dem geheimen Reaktor Uran befand. Dieser Tatbestand wurde von Inspektoren der Internationalen Atomenergiebehörde (IAEA) in Wien im November 2008 bestätigt. Den ausführlichen Bericht über das geheime Nuklearprogramm Syriens hat die Internationale Atomenergiebehörde am 24. Mai 2011 den Mitgliedstaaten vorgelegt. Die Debatte im Sicherheitsrat der Vereinten Nationen über diesen Bericht und die darin dokumentierte eindeutige Verletzung des Nichtverbreitungsvertrages durch Syrien verlief gleichwohl im Sande. Darüber hinaus entdeckten Ermittler der IAEA einen weiteren Industrie-Komplex in Syrien, der zur Anreicherung von Uran zu waffenfähigem Material gedient haben könnte. Die Fabrik in der nordostsyrischen Stadt al-Hasakah ähnelt den Anlagen, die der pakistanische Nuklear-Experte Abdul Qadir Khan entwickelt hat. Die Regierung in Damaskus weigerte sich jedoch, den Experten der IAEA eine Besichtigung der Anlage zu erlauben.

Die strikte Einbindung Syriens in die zielstrebige Politik des Iran zeigt sich auch in der Errichtung einer speziellen Rüstungs-Fabrik im Djebel Taqsis, einem Berg nahe der Stadt Hama. Es soll dort mit nordkoreanischer und iranischer Hilfe Maraging-Stahl hergestellt werden, eine besondere Stahl-Legierung, die u.a. für den Bau von Zentrifugen zur Anreicherung von Uran und zur Verbesserung der Reichweiten und der Zielgenauigkeit von Raketen verwendet wird. Mit der erneuten Verbesserung der ohnehin schon modernisierten syrischen Scud-Raketen (Reichweite 700 Kilometer, Nutzlast 850 Kilogramm) würde fast das gesamte israelische Territorium in der Reichweite syrischer Waffensysteme liegen. Das Programm dient jedoch nicht nur der Modernisierung des syrischen Waffenarsenals. Es sollen die mit der neuen Technologie ausgestatteten M-600-Raketen auch an die Terrororganisation Hizbullah geliefert werden. Schon die alten M-600-Raketen mit einer Reichweite von 250 Kilometern, die seit 2006 im Bestand der Hizbullah sind, müssen als gravierende Bedrohung Israels angesehen werden. Iraner und Syrer planen offenbar seit Jahren, mit erheblich verbesserten und zuverlässigeren Raketen die Gefährdung Israels auszuweiten. Wie unbekümmert die „Alliierten" Syrien, Iran und Nordkorea in diesem Fall handeln, belegt die Tatsache, daß man hierbei gegen die Resolutionen 1718 und 1874 der Vereinten Nationen verstößt, die Nordkorea jeglichen Export von Waffen und Waffentechnologien verbietet.

Einen weiteren Erfolg konnte das Mullah-Regime in Teheran mit dem außenpolitischen Paradigmenwechsel der Türkei im Jahre 2010 verbuchen. Das vom türkischen Regierungschef Recep Tayyip Erdogan vorgenommene „Renversement des Alliances" veränderte die politische Situation im Nahen Osten einmal mehr zuungunsten der westlichen Demokratien. Auf besonders spektakuläre Weise zeigte sich diese Veränderung türkischer Politik im Zuge der israelischen Militäraktion Ende Mai 2010 gegen den von türkischen Islamisten und mit ausdrücklicher Billigung der immer stärker zum Islamismus neigenden Regierung Erdogan organisierten Schiffskonvoi zur Brechung der See-Blockade Gazas. Die offene operative Zusammenarbeit der türkischen Regierung mit der Terrororganisation Hamas seit dem Frühjahr 2010 und die Anfang September 2011 angekündigte Drohung, die Durchbrechung der See-Blockade Gazas mit dem Einsatz der Kriegsmarine zu erzwingen, unterstreicht die demonstrativ antiisraelische Politik der Türkei, die sich schon im Jahre 2009 angebahnt hatte und immer sichtbarer geworden war. Aus einer von Wikileaks veröffentlichten E-mail der amerikanischen Sicherheitsfirma Stratfor vom 20. Februar 2010 über ein Gespräch zwischen Recep Tayyip Erdogan und Henry Kissinger wissen wir, daß Erdogans Bruch mit Israel lange geplant war. Die im Februar 2010 gegenüber Henry Kissinger abgegebenen Erklärungen Erdogans bestätigen nicht nur die Hintergründe des Handelns der türkischen Regierung in der drei Monate später stattfindenden Gaza-Konfrontation. Sie unterstreichen auch den grundsätzlichen Paradigmenwandel der türkischen Außenpolitik und die Entschlossenheit Erdogans, in der islamischen Welt eine führende Rolle zu übernehmen.

Es gibt zudem seit Mitte des Jahres 2010 klare Hinweise darauf, daß die türkische Regierung dem Iran bei der Umgehung der von westlichen Ländern verhängten Finanzsanktionen zur Seite steht. Selbst für den Transport von Waffen an die Terrororganisation Hamas im Gaza stellt die Türkei seit Anfang 2011 ihre Häfen zur Verfügung. Die sorgfältige Untersuchung einiger von der israelischen Marine im Mittelmeer aufgebrachter Frachter, die moderne Waffen aus dem Iran an Bord hatten, ließ dies erkennen. Wie weit die partielle Kooperation der Türkei mit dem Iran geht, belegen – ungeachtet der feindlichen Haltung der Türkei gegen das syrische Regime – auch die gemeinsamen Offensiven der türkischen und iranischen Streitkräfte gegen kurdische Rebellen im Grenzgebiet der beiden Länder zum Irak.

Mit Blick auf die Ernsthaftigkeit der türkischen Umorientierung wurde auch im Rahmen der am 17. März 2011 vom Sicherheitsrat der Vereinten Nationen gebilligten internationalen Militärintervention gegen den libyschen Despoten Muammar al-Gaddafi deutlich, mit welcher Konsequenz die Regierung Erdogan ihren pro-islamischen Kurs verfolgte. Der Regierungschef ließ seinen Freund Muammar al-Gaddafi – von dem er mit einem Menschenrechtspreis geehrt worden war – nicht sofort im Stich, sondern widersetzte sich einige Zeit den

Bemühungen der NATO-Staaten, eine gemeinsame Linie für den Militäreinsatz gegen das libysche Regime zu formulieren. Erst im Nachhinein, als die Rebellen gegen die Truppen Gaddafis dank des NATO-Militäreinsatzes die Oberhand gewonnen und sich in Tripolis eingerichtet hatten, zollte Erdogan der libyschen Übergangsregierung seinen Respekt und versucht nunmehr, die Gemeinsamkeit der islamisch geprägten Gesellschaften zu betonen.

Die „unheilige Allianz" des Mullah-Regimes mit anderen Staaten und islamistischen Terrororganisationen in aller Welt geht längst über die Zusammenarbeit mit Russland, China und die strategische Partnerschaft mit Syrien und Nordkorea hinaus. In jüngster Zeit hat sich die von amerikanischer Seite schon früh geäußerte Vermutung bestätigt, daß der Iran trotz ideologischer Differenzen die Taliban und die Al Qaeda in Afghanistan nachhaltig mit der Lieferung moderner Waffen unterstützt. Dies wurde endgültig klar, als NATO-Truppen am 5. Februar 2011 in Afghanistan einen Transport mit 48 hochmodernen iranischen Raketen stoppten, die für die Stärkung der Kampffähigkeit der Taliban bestimmt waren. Die Raketen hatten eine doppelt so hohe Feuerkraft wie jene Waffen, die bisher an die Taliban geliefert worden waren. Dabei stellte sich auch heraus, daß die Kontakte zwischen dem Mullah-Regime in Teheran und der Taliban-Führung sowie mit der Al Qaeda auf sehr hoher Ebene gepflegt werden. Die Organisation der umfangreichen Waffenlieferungen an die Taliban liegt in den Händen hochrangiger Mitglieder der Al-Quds-Einheit der iranischen Revolutionsgarden.

Die Al-Quds-Brigaden der Revolutionären Garden des Iran engagieren sich – getreu den Maximen von Ajatollah Chomeini – in zunehmendem Maße weltweit, um über die politischen Allianzen des Mullah-Regimes hinaus die strategische Präsenz des Iran sicherzustellen. Wie bedeutsam die Aufgabe dieser Organisation ist, zeigt die Tatsache, daß ihr derzeitiger Anführer, Khassam Soleimani, dem Obersten Revolutionsführer Ali Chamenei direkt unterstellt ist. Der Schwerpunkt ihrer Aktivitäten scheint seit einigen Jahren in Afrika und in den arabischen Ländern zu liegen. Es gelang den Al-Quds-Brigaden dabei, vor allem in den Golfstaaten, in Nigeria, im Sudan, in Ägypten und im Jemen Fuß zu fassen und ein weit verzweigtes Netzwerk für Waffentransfers und Terroranschläge aufzubauen, das derzeit vorrangig dazu dient, die arabischen Golfstaaten zu destabilisieren und den Nachschub über den Sinai in den Gaza-Streifen zu garantieren.

Wie weit die Aktivitäten der Al-Quds-Brigaden reichen, hat die Aufdeckung eines Mordkomplotts gegen den saudi-arabischen Botschafter in Washington gezeigt. Nach den Angaben der U.S.-Regierung hatte der in den USA lebende Iraner Mansour Arbabsiar nach seiner Verhaftung am 29. September 2011 gestanden, im Auftrag des den Al-Quds-Brigaden angehörenden Gholam Schakuri einen Mordanschlag gegen den saudi-arabischen Botschafter in Washington zu organisieren. Dabei hatte Mansour Arbabsiar nach der sorgfältigen Erkundung der Lebensgewohnheiten des Botschafters versucht, mexikanische Auftragskiller aus dem Drogenmilieu für die Mordpläne anzuheuern und bereits eine Anzahlung von 100.000 Dollar geleistet. Er war jedoch den Agenten des amerikanischen FBI aufgefallen, so daß die Kontakte, die Telefonate mit seinem Auftraggeber Oberst Schakuri in Teheran und die Geldüberweisungen eindeutig belegt werden konnten. Die Tatsache, daß nach der öffentlichen Präsentation dieses Falles durch den amerikanischen Justizminister am 11. Oktober 2011 wenige Tage später auch U.S.-Präsident Barack Obama die Vorwürfe gegenüber dem Mullah-Regime vor der Weltöffentlichkeit wiederholte, weist darauf hin, daß die Beschreibung der Aktivitäten der Al-Quds-Brigaden nicht aus der Luft gegriffen sein können.

Im Rahmen eines geheimen Abkommens arbeitet das iranische Regime auch mit einigen Gruppen des Terrornetzwerks Al Qaeda zusammen. Schlüsselfigur ist dabei der Syrer Ezzeddin Abdel Aziz Khalil, der die Verbindungen mit einzelnen Repräsentanten der Al Qaeda aufrechterhält und auch finanzielle Mittel weiterleitet. Es gibt Hinweise darauf, daß Teheran einen Aktionsplan speziell ausgebildeter Kämpfer der Al Qaeda technisch und organisatorisch unterstützt, der direkt auf U.S.-Präsident Obama zielt. Angesichts der von Barack Obama befohlenen gezielten Tötung mehrerer Führungspersonen der Al Qaeda wäre ein spektakulärer Anschlag gegen den amerikanischen Präsidenten keineswegs überraschend.

Mit Blick auf die weltweiten Verbindungen und Aktivitäten des Mullah-Regimes hat die Allianz des Iran mit dem früheren venezolanischen Präsidenten Hugo Chávez ebenfalls gefährliche Wirkungen hervorgerufen. Der am 5. März 2013 verstorbene sozialistische Diktator Chávez hat nicht nur jahrelang den Holocaust-Leugner Ahmadinedshad hofiert und dem Iran die Tore nach Lateinamerika geöffnet. Im Laufe seiner mehr als ein Dutzend Treffen mit dem früheren iranischen Präsidenten in Venezuela und in Teheran festigte Chávez eine „gemeinsame Front gegen den Imperialismus der USA und anderer westlicher Länder". Besonderes Augenmerk wandte Chávez dabei der Politik Israels zu. Dessen Vorgehen im Gaza-Krieg Anfang 2009 verurteilte er als „Völkermord". Der iranischen Politik gegenüber Israel und im Atomstreit mit den westlichen Ländern lieh Hugo Chávez seine uneingeschränkte Unterstützung. Er sorgte auch dafür, daß der Einfluß des Iran in den mit Venezuela verbündeten Staaten Bolivien, Ecuador und Nicaragua in starkem Maße zunehmen konnte. Selbst Brasilien ist von diesem Einfluß nicht frei geblieben. Trotz des massiven Widerstands der Opposition und der seriösen Presse im Lande hatte sich der frühere brasilianische Präsident Lula da Silva der politischen Linie von Chávez angeschlossen. Beim Besuch Ahmadinedshads Ende November 2009 in Brasilien wurden nicht nur 23 Abkommen unterzeichnet, die den Handelsaustausch mit dem Iran erheblich steigern konnten. Präsident Lula da Silva bereitete dem Holocaust-Leugner aus Teheran auch einen herzlichen Empfang und verteidigte das Nuklear- und Raketenprogramm des Iran gegen Kritik aus den westlichen Ländern. Diese Unterstützung nahm noch konkretere Formen an, als gemeinsam mit dem türkischen Regierungschef Erdogan der Versuch unternommen wurde, den internationalen Druck auf das Mullah-Regime in Teheran zur Beendigung seines Nuklearprogramms zu reduzieren. Mit einem Abkommen, das Lula da Silva, Erdogan und Ahmadinedshad am 17. Mai 2010 schlossen, versuchten Brasilien und die Türkei die Bemühungen der USA und anderer westlicher Demokratien zu unterlaufen, das Mullah-Regime im Atomstreit durch Sanktionen zum Einlenken zu bewegen. Es war in diesem Kontext ebenso konsequent wie beunruhigend, daß Brasilien und die Türkei den damals geplanten Sanktionen des Sicherheitsrats der Vereinten Nationen gegen Teheran nicht zugestimmt haben.

Zwar hat Brasiliens neue Präsidentin Dilma Rousseff inzwischen eine vorsichtigere Haltung gegenüber dem Iran eingenommen und versucht, die Beziehungen zu den Mullahs weniger eng zu gestalten. Ungeachtet mancher Widerstände und Rückschläge ist es dem Mullah-Regime mit Hilfe des früheren venezolanischen Präsidenten aber gelungen, eine antiwestliche Allianz in Lateinamerika zu schmieden und aufrecht zu erhalten. Die strategische Kooperation Venezuelas mit dem Iran geht inzwischen über die politische Unterstützung für dessen Streben nach dem Besitz nuklearer Waffen weit hinaus. Am 19. Oktober 2010 wurde zwischen beiden Staaten ein Abkommen geschlossen, das die Einrichtung einer gemeinsamen Raketenbasis in Venezuela und die Entwicklung von Boden-Boden-Raketen vorsieht. Inzwischen sind die Baumaßnahmen auf dieser Basis, die sich auf der Peninsula de Paraguaná, etwa 120 Kiometer von der kolumbianischen Grenze entfernt befindet, schon weit fortgeschritten.

Die Idee für diese Militäreinrichtung war vom Mullah-Regime in Teheran ausgegangen, um die Abschreckungsmacht gegen den Westen zu vergrößern. Dem Iran wird durch dieses Abkommen nicht nur erlaubt, Soldaten der Revolutionsgarden und Offiziere der Raketentruppen auf der Basis in Venezuela zu stationieren. Es sieht auch vor, iranische Shahab-3-Raketen (Reichweite 1.500 Kilometer) und verschiedene Typen von Scud-Raketen (Reichweite 300 bis 700 Kilometer), sowie mobile Abschußvorrichtungen auf diese Basis zu verlegen. Das Abkommen enthält auch die ausdrückliche Erlaubnis für den Iran, seine Raketen von dieser Basis aus einzusetzen. Die Iraner versuchen damit, eine strategische Bedrohung für die USA aufzubauen, ähnlich wie es die Sowjetunion Anfang der 60er Jahre in Kuba praktiziert hatte. Das Mullah-Regime geht dabei geschickter vor als die Sowjets vor 50 Jahren. Die Transporte der für die USA gefährlichen Waffensysteme sind schwerer zu identifizieren. Und es wird umfangreicher Geheimdienstaktionen vor Ort bedürfen, um eine Bekämpfung dieser Waffensysteme sicherzustellen.

Im Gegenzug verpflichtet sich der Iran, Venezuela zu dem nötigen Know-how in der Nuklear- und Raketentechnik zu verhelfen und das entsprechende Personal auszubilden. Dies geschieht seit Anfang des Jahres 2011. Venezolanische Offiziere befinden sich seitdem zur Ausbildung an der Sharif-Universität in Teheran, und die Errichtung der Militärbasis in Venezuela schreitet zügig voran.

Das Abkommen vom Oktober 2010 konkretisiert einen bereits im November 2008 zwischen beiden Ländern geschlossenen Geheim-Vertrag über die wissenschaftliche und technische Zusammenarbeit, der u.a. auch die Hilfe Venezuelas bei der Umgehung von Sanktionen und die Ausbeutung der großen Uran-Vorkommen des Landes umfaßt. Zahlreiche iranische Techniker und Wissenschaftler halten sich bereits seit dem Jahre 2009 in Venezuela auf. Sie befinden sich vor allem im Süden des Landes, um die dortigen Uran-Vorkommen zu erschließen und abzubauen. Das betreffende Gebiet wird von der venezolanischen Nationalgarde streng bewacht und allen „nicht in besonderer Weise autorisierten Personen" der Zutritt verwehrt.

Der frühere venezolanische Präsident Hugo Chávez hat dem Mullah-Regime zudem erlaubt, Firmen (u.a. Banken) in seinem Lande zu betreiben, die dazu dienen, die Sanktionen zu unterlaufen. Vor diesem Hintergrund erhalten auch die umfangreichen Waffenkäufe Venezuelas in Russland besonderes Gewicht. So stoppte der damalige russische Staatspräsident Dmitrij Medwedjew im September 2010 zwar den direkt mit Teheran im Jahre 2007 vereinbarten Verkauf von S-300-Luftabwehrraketen wegen der von den Vereinten Nationen verhängten Sanktionen. Doch kurz darauf konnte Präsident Chavéz bei seinem Besuch in Moskau diese Waffensysteme erwerben. Es gibt klare Hinweise darauf, daß sich die Luftabwehrraketen nunmehr im Iran befinden.

Die spezielle Allianz des Mullah-Regimes mit den von Venezuelas einstigem Führer Hugo Chávez beeinflußten lateinamerikanischen Ländern hat der damalige iranische Präsident Ahmadinedshad während seiner Südamerika-Reisen immer wieder bekräftigt. Angesichts dieser gefährlichen Entwicklung ist es bemerkenswert, daß U.S.-Präsident Barack Obama zu einer problembewußten Haltung mit Blick auf Lateinamerika zurückgefunden hat. Doch während die USA seit 2010 einen Neubeginn ihrer Beziehungen zu den lateinamerikanischen Ländern eingeleitet haben und den massiven Einmischungen Venezuelas in die Angelegenheiten anderer Staaten entgegenzuwirken suchen, bieten die Europäer ein Bild der Zerstrittenheit. Dies belegt einmal mehr den Realitätsverlust, der in manchen Ländern der Europäischen Union herrscht.

Für die Zerstrittenheit der Europäer ist es auch bezeichnend, daß die Regierungen einiger EU-Länder weder die Gefährlichkeit der von Venezuela initiierten Allianz zahlreicher lateinamerikanischer Staaten mit dem Mullah-Regime im Iran, noch die bewußte Umorientierung der Türkei in das Lager der islamistischen Kräfte vollständig erfaßt haben. Es überrascht in diesem Zusammenhang nicht, daß die neue Dynamik der Entwicklungen in Lateinamerika und das aggressive Engagement der türkischen Regierung gegen Israel von vielen Vertretern der europäischen Politik kaum beachtet wird. Auch ein bedeutender Teil der europäischen Medien versagt sich bislang einer kritischen Berichterstattung über die Vorgänge in Lateinamerika und die „unheilige Allianz", die der ehemalige venezolanische Präsident Hugo Chávez mit dem Holocaust-Leugner Ahmadinedshad geschlossen hat. Zudem sieht es nicht so aus, daß das antiisraelische Engagement der türkischen Regierung zu einem Umdenken bei den Befürwortern der Aufnahme der Türkei in die Europäische Union führt.

Die Allianz mit Venezuela und seinen sozialistischen Verbündeten in Lateinamerika hilft dem despotischen Mullah-Regime im Iran, seine Nuklearpolitik durchzuhalten, die Sanktionen westlicher Staaten zu unterlaufen und eine Isolierung des Landes als aussichtslos erscheinen zu lassen. Dies dürfte auch nach dem Tod von Hugo Chavéz so bleiben. Der am 14. April 2013 gewählte Nachfolger von Chavéz, sein bisheriger Stellvertreter Nicolás Maduro, hat bereits klargemacht, nicht nur „den Sozialismus des 21. Jahrhunderts" zu vertiefen, sondern auch an den Grundlinien der Außenpolitik Venezuelas festhalten zu wollen. Wie realitätsfern eine Isolierung des Iran ist, hat im übrigen die vom iranischen Regime am 17./18. April 2010 in Teheran ausgerichtete Gegenveranstaltung zum Washingtoner Atomgipfel (12./13. April 2010) gezeigt. Nach Teheran kamen hochrangige Vertreter aus über sechzig Staaten, deutlich mehr als wenige Tage zuvor in Washington. Und die vom Mullah-Regime vom 26. bis 31. August 2012 in Teheran abgehaltene Konferenz der Blockfreien Staaten unterstrich erneut, daß von einer drohenden Isolierung des Iran keine Rede sein kann. Vielmehr erschienen in Teheran hochrangige Vertreter von 120 Staaten, darunter viele Staatschefs, sowie der Generalsekretär der Vereinten Nationen Ban Ki-moon. Trotz der deutlichen Kritik des Generalsekretärs an der Nuklearpolitik und an der aggressiven Haltung Teherans gegenüber Israel nutzte die iranische Führung diese Gelegenheit, um diplomatischen Rückhalt, Anerkennung seiner Interessen und Solidarität einzufordern. Wie selbstverständlich hat der Iran auch den rotierenden präsidialen Vorsitz der Blockfreien Staaten von Ägypten übernommen. Zwar forderte der damalige ägyptische Präsident Mohammed Mursi in seiner Gastrede die Ablösung des mit dem Iran eng verbündeten Assad-Regimes, doch wurde der Gesprächsfaden zwischen Teheran und Kairo von keiner Seite zerrissen. Der ägyptische Präsident strebte auch keine gemeinsame Linie mit dem Westen im syrischen Bürgerkrieg an. Ihm ging es vielmehr um die Unterstützung der (sunnitischen) Muslimbrüder in Syrien, die künftig eine größere Rolle in diesem Land spielen sollen. Iraner und Ägypter dürften mit Blick auf ihren Dissens in der Syrien-Frage einen „modus vivendi" finden, der beiden Seiten gerecht werden könnte. Eine Schwächung des Mullah-Regimes ist mit der spezifischen Haltung Ägyptens im syrischen Bürgerkrieg nicht zu erwarten. Dies zeigte sich erneut während des dreitägigen Besuchs des iranischen Staatspräsidenten beim Gipfeltreffen der Organisation Islamischer Staaten am 5. Februar 2013 in Kairo. Und wie sehr es der damaligen politischen Führung Ägyptens daran lag, die vorsichtige Annäherung an die politische Führung des Iran fortzusetzen, belegt die Tatsache, daß am 30. März 2013 zum ersten Mal seit dem ägyptisch-israelischen Friedensvertrag ein Passagierflugzeug aus Kairo in Teheran landete.

Schwäche der westlichen Demokratien

Vor dem Hintergrund der vielschichtigen Gefährdung der Existenz des jüdischen Staates Israel und insbesondere der erdrückenden Beweislast im Hinblick auf die Realitäten der iranischen Nuklear- und Raketenrüstung erscheint es in der Tat bemerkenswert, mit welcher Energie zahlreiche Politiker und Journalisten in den westlichen Demokratien, vor allem in Europa, argumentieren und die damit verbundene Problematik öffentlich darstellen. Dies ist nicht zuletzt in den Reaktionen auf die Berichte der Internationalen Atomenergiebehörde (IAEA) in Wien vom 8. November 2011 und vom 18. November 2012 deutlich geworden. Hochrangige Politiker europäischer Länder bezeichneten die detaillierten Hinweise in diesen Berichten zwar als alarmierend und forderten schärfere Sanktionen seitens der Vereinten Nationen. Dabei war von Anfang an klar, daß solche Forderungen am Widerstand Russlands und Chinas im Sicherheitsrat der Vereinten Nationen scheitern werden. Obwohl es keinen einzigen tragfähigen Hinweis dafür gibt, daß das Mullah-Regime zum vollständigen Abbruch seines Nuklearwaffenprogramms bereit wäre, vermitteln viele Politiker und die Medien weiterhin das sachlich falsche Bild, als sei man „auf dem richtigen Weg" und als könne die nukleare Bewaffnung des Iran noch verhindert werden. Die bisher vom Sicherheitsrat der Vereinten Nationen verhängten Sanktionen gegen den Iran haben keinen Politikwandel bewirkt. Sie wurden vielmehr von Teheran offen mißachtet und mit Hilfe vieler Staaten in der Welt erfolgreich umgangen. Auch die zahlreichen Gespräche der fünf Veto-Mächte des Sicherheitsrats und Deutschlands mit dem Iran dienten aus der Perspektive des Mullah-Regimes allein dem Zweck, Zeit zu gewinnen und die Chance zu wahren, die Welt schließlich vor vollendete Tatsachen stellen zu können.

Wie hart und konsequent die Mullahs in Teheran vorgehen, zeigte sich einmal mehr, als die britische Regierung in Reaktion auf den Bericht der Wiener Atomenergiebehörde vom 8. November 2011 ihre Wirtschaftssanktionen gegen das iranische Regime deutlich verschärfte und allen iranischen Banken, einschließlich der Zentralbank, finanzielle Transaktionen in Großbritannien verbot. Die Mullahs ließen daraufhin ihre Bassidsch-Milizen aufmarschieren und die britische Botschaft in Teheran stürmen. Sie nahmen in Kauf, daß Großbritannien seine Diplomaten abzog und die Schließung der iranischen Botschaft in London erzwang, sowie alle iranischen Diplomaten auswies. Doch auch hier konnte man sehen, wie gespalten der Westen auf die von tiefer Verachtung gekennzeichnete Aktion der Iraner und die demonstrative Mißachtung internationalen Rechts reagierte. Vor allem den Deutschen hätte es gut angestanden, ein Zeichen zu setzen und härtere Maßnahmen zu ergreifen, zumal bei den staatlich sanktionierten Gewaltaktionen der Bassidsch-Milizen auch die deutsche Schule in Teheran erheblich beschädigt wurde.

Das langjährige und für sie erfolgreiche diplomatische Ringen hat die Regierung in Teheran in der Erwartung bestärkt, daß die meisten Europäer nicht konsequent für die Existenz des jüdischen Staates Israel einstehen. Zwar hört man gelegentlich starke Worte und Warnungen aus dem Munde einiger europäischer Politiker. Doch deuten alle Anzeichen darauf hin, daß man dem Mullah-Regime weiter Zeit gibt, sein Nuklear- und Raketenprogramm zu dem angestrebten Erfolg zu führen. Die Iraner profitieren zudem davon, daß viele westliche Politiker immer noch die realitätsferne Meinung vertreten, als gehe es bei den Gesprächen lediglich um eine diplomatische Auseinandersetzung über den Nichtverbreitungsvertrag für nukleare Waffen.

Die meisten europäischen Staaten haben keine kohärente Haltung in ihrer Politik gegenüber dem Mullah-Regime entwickelt. Man unterhält Städtepartnerschaften mit jenen Kräften, die der iranischen Führung in Teheran besonders nahe stehen und treibt umfangreiche Geschäfte selbst mit Dual-Use-Gütern, die dem Iran bei seinen militärischen Ambitionen nützen. Auch Deutschland ordnet sich in diesen äußerst problematischen Trend ein. So haben etwa die Städte Freiburg im Breisgau und Weimar lange Zeit Partnerschaften mit den iranischen Städten Isfahan bzw. Schiras unterhalten. Dabei ist besonders bemerkenswert, daß Isfahan von Morteza Saghaian-Nedshad, einem Studienfreund des früheren Staatspräsidenten Mahmud Ahmadinedshad, regiert wird und de facto eines der Zentren der nuklearen Rüstung des

Landes ist. In Isfahan errichteten die Iraner bereits 1984 das „Isfahan Nuclear Technology Center", das bedeutendste Atomforschungszentrum des Landes, das zusammen mit der Universität Isfahan mehr als dreitausend Nuklearexperten beschäftigt. In dieser für das militärische Nuklearprogramm des Mullah-Regimes so wichtigen Stadt wird das Uranhexafluorid hergestellt, das danach in der nahe gelegenen Urananreicherungs-Anlage Natanz weiter verarbeitet wird. Hier wird in einer weiteren Anlage Plutonium produziert, das dem Bau von Nuklearsprengköpfen dient.

Die von der Europäischen Union verhängten Wirtschaftssanktionen gegen den Iran konnten bislang den Handel mit diesem Land nicht entscheidend vermindern oder gar stoppen. Auch deutsche Firmen haben zum Teil sogar unter Verletzung von UN-Vorschriften iranische Unternehmen mit technologischer Hilfe bei der Uran-Anreicherung und beim Raketenbau versorgt. Modernste Ausrüstungen aus Deutschland befähigen das Mullah-Regime, Internet- und Mobiltelefon-Netze im Iran zu blockieren und die Bevölkerung zu unterdrücken. Dabei ist besonders bedenklich, daß nahezu achtzig Prozent des iranischen Außenhandels von den iranischen Revolutionären Garden kontrolliert werden, jener Organisation also, die das despotische Regime mit brutaler Gewalt gegen alle Widerstände in der Bevölkerung stützt und das nukleare Rüstungsprogramm entscheidend vorantreibt. Deutsche Firmen lieferten in den Jahren 2009 bis 2012 Güter mit einem Auftragsvolumen von jährlich mehr als drei Milliarden Euro in den Iran. Erst im Jahre 2013 änderte sich das Bild dank der ergriffenen Sanktionen. Gleichwohl kommen immer noch Waren aus den Bereichen Maschinenbau, Fahrzeuge, Chemieprodukte, spezielle Messinstrumente, Pumpen, Rohre und Kommunikations-Technologie aus Deutschland in den Iran. Und wo es schwierig wird, offenen Handel zu betreiben, unterlaufen deutsche Unternehmen gelegentlich das Außenhandelsgesetz der Bundesrepublik Deutschland, indem sie auf Umwegen über Schweden, Russland, China, die Vereinigten Arabischen Emirate, Brasilien und andere Staaten wichtige Technologie, wie z.B. Turbo-Kompressoren, Computer und spezielle Kommunikationsmittel, an den Iran liefern, die für das Nuklear- und Raketenprogramm des Mullah-Regimes und für die Verbesserung des militärischen Instrumentariums des Landes benutzt werden können. Darüber hinaus diente Deutschland bis weit in das Jahr 2011 hinein als Drehscheibe für den Geldtransfer anderer Staaten an den Iran. So wurden die Milliarden-Zahlungen Indiens für die Öl-Lieferungen aus dem Iran über die Bundesbank in Frankfurt und die Europäisch-Iranische Handelsbank (EIHB) in Hamburg abgewickelt und auf diesem Wege die von den Vereinten Nationen verhängten Wirtschaftssanktionen umgangen. Erst nach langem Widerstreben der Bundesregierung in Berlin und der entschlossenen Intervention der USA, Großbritanniens und Frankreichs sind die Transaktionen über die Bundesbank im Mai 2011 eingestellt worden.

Über die fatalen Konsequenzen der Gewöhnung an den Gedanken, daß der Iran recht bald in der Lage sein wird, Israel mit nuklearen Waffen anzugreifen, darüber hinaus die in der Nahost-Region operierenden Streitkräfte westlicher Länder zu bedrohen und dank der Reichweite der Raketen auch immer größere Teile Europas ins Visier zu nehmen, scheinen sich viele europäische Politiker und Vertreter der Medien nicht im klaren zu sein. Während die meisten Politiker diese Konsequenzen zu verdrängen suchen, kann man bei einigen Journalisten die absurde Tendenz beobachten, die Verantwortung für diese gefährliche Entwicklung den Amerikanern und den Israelis zuzuweisen und sicherheitspolitisch unannehmbare Forderungen an Israel zu stellen.

Mit einem Nachgeben des Iran in der Nuklearpolitik – einer Umkehr in letzter Minute – ist nicht zu rechnen. Selbst schärfere Sanktionen werden das Mullah-Regime nicht zu einer Umkehr bewegen können. Es gibt inzwischen zahlreiche Staaten in der Welt, die sofort in die Bresche springen, wenn westliche Länder ihre Geschäftsbeziehungen mit dem Iran deutlich vermindern oder gar einstellen. Auch die am 14. Juni 2013 erfolgte Wahl des als „moderat" geltenden Geistlichen Hassan Rohani zum Nachfolger von Mahmud Ahmadinedshad im Amt des Staatspräsidenten wird keine günstigere Entwicklung mit sich bringen. Denn die Entscheidungen in der Nuklearpolitik trifft Ajatollah Ali Chamenei. Er bestimmt auch die übrigen entscheidenden Leitlinien: das militärische Vorgehen gegen Israel, den Hegemonialanspruch am Persischen Golf, die weltweiten Aktivitäten der Al-

Quds-Brigaden, den Einsatz von Hamas und Hizbullah. Der religiöse Führer des Iran hat die paramilitärische Organisation der Revolutionären Garden hinter sich. Sie stellen regelmäßig einen Großteil der Minister in der Regierung. 230 der 290 Abgeordneten des iranischen Parlaments gelten als konservative Hardliner. Mehr als 100 der 290 Mitglieder des Parlaments und fast alle Provinzgouverneure kommen aus den Reihen der Revolutionären Garden. Mehrere führende Politiker des Iran gingen aus dieser von Ajatollah Chomeini am 5. Mai 1979 aufgestellten Organisation hervor, die von der amerikanischen Regierung am 25. Oktober 2007 als „terroristische Vereinigung" eingestuft wurde. Die Revolutionären Garden haben ihre Macht in den letzten Jahren massiv ausgebaut und beherrschen die wesentlichen Teile der Wirtschaft des Landes. Vor diesem Hintergrund dürften das von Hoffnungen geprägte Verhalten mancher europäischer Regierungen im Hinblick auf den Wechsel im Amt des iranischen Staatspräsidenten sowie die immer noch von vielfach realitätsfernen Darstellungen gekennzeichnete veröffentlichte Meinung weiterhin zum Nutzen jenes Staates wirken, dessen Führung es sich zum öffentlich erklärten Ziel gesetzt hat, den jüdischen Staat Israel zu beseitigen.

Hassan Rohani beteuert zwar, daß er die Beziehungen zu den westlichen Demokratien verbessern will. Er vermeidet auch die aggressive Rhetorik seines Vorgängers. Doch machte Rohani bereits in seinen ersten öffentlichen Stellungnahmen zur Außenpolitik klar, daß er dem religiösen Führer des Landes, Ajatollah Ali Chamenei, loyal gegenübersteht. Der konziliantere Ton des neuen Präsidenten wird es dem Regime sogar erleichtern, in dem diplomatischen Ringen mit dem Westen um die Nuklearpolitik weitere Erfolge zu erzielen. Für die israelische Regierung wird es damit schwieriger werden, ihre Positionen in der westlichen Staatenwelt durchzusetzen und eine konsistente Sicherheitspolitik zu betreiben.

Die Schwäche der westlichen Demokratien wird vom Mullah-Regime in Teheran auf vielfältige Weise wahrgenommen. So sehen die politischen und geistlichen Führer des Iran seit vielen Jahren, daß weder die von der Terrororganisation Al Qaeda in Afghanistan gesteuerten Anschläge islamischer Fundamentalisten am 11. September 2001 in New York und Washington, noch die von in Europa lebenden radikalen Muslimen verübten Terrorakte am 11. März 2004 in Madrid und am 7. Juli 2005 in London, noch die Aktionen der Hamas und der Hizbullah gegenüber Israel in den westlichen Ländern dazu geführt haben, dieses die internationale Politik der Gegenwart prägende Phänomen voll zu erfassen und zu einer gemeinsamen Haltung zu gelangen. Die Weigerung vieler Vertreter der Politik und der Medien, die Kämpfer der Hamas, der Hizbullah oder der Taliban „Terroristen" zu nennen, sowie die Neigung zahlreicher Politiker und Kommentatoren, dem Begriff „Krieg" im Hinblick auf das Geschehen in Afghanistan auszuweichen, obwohl er doch stattfindet, zeigen der politischen Führung im Iran immer wieder, welche Realitätsdefizite und Schwächen in den westlichen Ländern vorherrschen. Auf derselben Linie liegt die Gewohnheit der westlichen Medien, die im Zuge der Wahlen in Tunesien, Ägypten, Libyen und Marokko sehr einflußreichen extremen politischen Parteien als „gemäßigte Islamisten" zu bezeichnen und der Versuch, diese „Sprachregelung" durchzusetzen. In Teheran durchschaut man die Eigendynamik und die Wahrnehmungsprobleme der westlichen Mediengesellschaft. Man weiß dort, daß sich bedeutsame Teile der westlichen Medien nicht unbedingt als Hort der Wahrheitsliebe verstehen, sondern vorrangig als Vertreter von Ideologien und Interessengruppen handeln.

Auch die Unterstützung, die der türkische Ministerpräsident Recep Tayyip Erdogan in Europa immer noch für das Verlangen erhält, sein Land in die Europäische Union aufzunehmen, dürfte in Teheran kaum als Beleg für Professionalität und Stärke der Europäer gelten. Die offene operative Zusammenarbeit der türkischen Regierung mit der islamistischen Terrororganisation Hamas im Zuge des Ende Mai 2010 unternommenen Versuchs, mit einem Schiffskonvoi die israelische See-Blockade gegen Gaza zu brechen, hat deutlich gemacht, das die Türkei heute zu den Gegnern des mit vielen Staaten Europas eng verbundenen Staates Israel zählt. Ein Land in die Europäische Union aufnehmen zu wollen, das mit dem despotischen Mullah-Regime in Teheran auf vielen Gebieten kooperiert hat, darüber hinaus mit islamistischen Terrororganisationen (z.B. der Hamas) direkt zusammenarbeitet sowie militärische Aggressionen gegen Israel und den EU-Staat Zypern androht, erscheint geradezu grotesk und extrem gefährlich. Dabei untermauerte der Staatsbesuch des türkischen Staatspräsidenten Abdullah Gül in Teheran am 17. Februar 2011 einmal mehr, wie konsequent die Türkei ihre Nahostpolitik verfolgt. Staatspräsident Gül war mit einer Delegation der islamistischen „Hilfsorganisation" IHH angereist, die Ende Mai 2010 die Gaza-Aktion organisiert hatte und in Teheran durch ihren Sprecher Nurredin Sirin mitteilen ließ, man werde „einen Nahen Osten ohne Israel und Amerika errichten". Die erneute Teilnahme türkischer Schiffe an dem ursprünglich für 2011 geplanten Versuch zur Durchbrechung der See-Blockade Gazas konnte nur durch den massiven Druck der amerikanischen Regierung verhindert werden.

Die strategische Neuorientierung der Türkei war Anfang September 2011 mit der Entscheidung der türkischen Regierung unterstrichen worden, den israelischen Botschafter des Landes zu verweisen. Als Begründung für diese Maßnahme nutzte Außenminister Ahmet Davutoglu den am 1. September 2011 bekannt gewordenen Bericht der Vereinten Nationen über die israelische Militäraktion gegen die Gaza-Flottille im Mai 2010, der die Rechtmäßigkeit und Angemessenheit der Blockade Gazas bestätigt, jedoch die Härte des israelischen Vorgehens gegen die Flottille kritisiert und der Regierung in Israel „angemessenes Bedauern" empfiehlt. Dies hatte Israels Regierungschef Benjamin Netanjahu bereits getan und sogar seine Bereitschaft erklärt, den Familien der Toten eine Entschädigung zukommen zu lassen. Eine offizielle Entschuldigung Netanjahus kam jedoch erst im März 2013 nach langem Bemühen der U.S.-Regierung zustande. Die grundlegende Haltung der türkischen Regierung, also die direkte Unterstützung der Terrororganisation Hamas sowie die engen strategischen Allianzen mit den neuen islamistischen Regimen im Nahen Osten, änderte sich nach der Entschuldigung des israelischen Ministerpräsidenten nicht.

Mit der Eskalation dieses spezifischen Konflikts und der konkreten Androhung des militärischen Eingreifens zum Schutz des nächsten Schiffskonvois nach Gaza entlarvte sich das NATO-Mitglied Türkei zum wiederholten Male als ein Staat, der auf der Grundlage einer neuen nationalen, der NATO widersprechenden politischen und militärischen Doktrin für die Islamisten Partei ergreift und sich gegen die freiheitlichen Demokratien des Westens stellt. Die Tatsache, daß die von der Regierung Erdogan eingenommene antiwestliche Haltung, ihr aggressives Vorgehen gegenüber Israel und die militärische Bedrohung des EU-Staates Zypern von der deutschen Bundesregierung, wie auch von anderen europäischen Regierungen weder kritisiert, noch mit angemessenen Konsequenzen bedacht wurde, ist in Teheran aufmerksam registriert worden. Auch der Umstand, daß die EU-Kommission Anfang Oktober 2011 in ihrem jährlichen „Fortschrittsbericht" über die von dem Beitritts-Kandidaten Türkei verlangten Veränderungen eher milde Nachbesserungen im Bereich der Pressefreiheit und der Menschenrechte fordert, die fortschreitende Islamisierung des Landes und die tiefgreifenden außenpolitischen Gegensätze aber gar nicht thematisiert, hat die Mullahs in Teheran in ihrer Auffassung bestärkt, wie realitätsfern das politische Denken und Handeln der Europäer gegenwärtig ist.

Als besonders prägendes Beispiel für die Schwäche der westlichen Länder wird in Teheran der Mißerfolg der westlichen Streitkräfte beim Kampf gegen die Taliban in Afghanistan gesehen. Wenngleich die Taliban dank der am 7. Oktober 2001 begonnenen massiven Militärintervention der USA und einiger Verbündeter Ende des Jahres 2001 aus der Regierungsmacht in Kabul verdrängt worden waren, gelang es in der Folgezeit trotz großer militärischer und ziviler Anstrengungen nicht, dem Land eine Friedensperspektive zu geben. Eine realistische Analyse der Lage fand nach dem Ende des Schreckensregimes der Taliban vor einem Jahrzehnt nicht statt. Bis heute beherrschen vielmehr ideologische Vorstellungen das Verhalten der westlichen Demokratien. Es gelang nicht einmal, von vornherein eine innerhalb der in Afghanistan engagierten westlichen Staatengemeinschaft abgestimmte Strategie zu entwickeln. Während die einen glaubten, man könne die unverändert zur Fortsetzung des Kampfes entschlossenen Islamisten mit Streitkräften beeindrucken, die lediglich als militärische Entwicklungshelfer tätig sein sollten, konzentrierten sich die anderen auf massive militärische Aktionen, die zwar den Taliban und der Al Qaeda große Verluste zufügten, aber dank der asymmetrischen Kampfführung der Islamisten auch viele Opfer unter der Zivilbevölkerung mit sich brachten. Die seit Jahrhunderten gewachsenen Interessen der einzelnen Stämme, das komplizierte Beziehungsgeflecht der Afghanen, die charakteristische streng islamische Ausrichtung der afghanischen Gesellschaft und die spezifische Grundlage der radikalen islamistischen Ideologie der Taliban und ihrer Bundesgenossen bei der Al Qaeda wurden nicht korrekt eingeschätzt.

Immerhin wird in Afghanistan seit mehr als zehn Jahren Krieg geführt – deutlich länger als der Zweite Weltkrieg oder der Vietnam-Krieg gedauert haben – und dennoch konnte der Westen sich nicht durchsetzen. Vielmehr läßt sich gerade in den letzten beiden Jahren eine gravierende Verschlechterung der Lage konstatieren. Dem Mullah-Regime im Iran ist nicht entgangen, daß die Regierungen der westlichen Länder die Geduld zu verlieren scheinen. Sie sind angesichts der hohen und noch steigenden Verluste der in Afghanistan eingesetzten Truppen frustriert und sehen sich darüber hinaus mit dem sinkenden Rückhalt der Bevölkerungen konfrontiert. An dem Krieg in Afghanistan kann man zudem ablesen, welche Hilfe den islamistischen Terrorgruppen durch die eklatanten Fehleinschätzungen seitens der westlichen Regierungen und deren Folgen zuteil wird. Die von zahlreichen Politikern und Repräsentanten der Medien in den westlichen Demokratien seit vielen Jahren und mit subtilen Mitteln erzeugte Abneigung der Bevölkerung gegen den zweckmäßigen Einsatz der Streitkräfte in Afghanistan machte es den Regierungen de facto unmöglich, für eine Bekämpfung der Islamisten eine realistische Strategie und die notwendige Zustimmung der nationalen Parlamente zu finden.

In der Tat konnten die Kämpfer der Taliban und der Al Qaeda mit ihren vielfältigen Operationen zunehmend Erfolge verbuchen. Sie zeigen immer wieder, daß sie zu jeder Zeit an jedem Ort massiv zuschlagen können. Und sie wählten bei ihrem Vorgehen vor allem seit dem Frühjahr 2011 demonstrativ Orte aus, die von afghanischen und westlichen Truppen besonders stark gesichert wurden. Selbst im Regierungs- und Diplomatenviertel der Hauptstadt Kabul sind die westlichen und afghanischen Truppen sowie die Polizeikräfte nicht in der Lage, die Sicherheit zu garantieren. Mit ihren erfolgreichen Attentaten gegen führende Leute des von Hamid Karsai geleiteten Regimes, wie Hamid Karsais Bruder Ahmed Wali Mitte Juli 2011 und Burhanuddin

Rabbani, den Chef des Hohen Friedensrates in Afghanistan, am 20. September 2011, sowie Arsala Rahmani, ein ebenfalls ranghohes Mitglied des Friedensrates, am 13. Mai 2012, demonstrierten die Taliban eindrucksvoll, daß sie keinen Frieden mit dem Regime anstreben, sondern die Geschicke des Landes allein bestimmen wollen. Die Taliban zeigten sich nach der Koran-Verbrennung durch amerikanische Soldaten im Februar 2012 auf dem Stützpunkt Bagram erneut in der Lage, im gesamten Land mehrwöchige Unruhen auszulösen. Dabei unterstreicht die Tatsache, daß eingeschleuste Taliban-Kämpfer zwei amerikanische Militärberater im Innenministerium in Kabul töten konnten, einmal mehr, wie es um die Sicherheit in Afghanistan steht. Der nachfolgende Abzug westlicher Militärs aus den Ministerien in Kabul war daher nur konsequent. Im Laufe der von den Taliban ausgerufenen landesweiten gewalttätigen Protestaktionen sahen sich auch die deutschen Streitkräfte veranlaßt, ihre Soldaten aus dem Stützpunkt Talokan vorzeitig zurückzuziehen. Am 15. April 2012 demonstrierten die Taliban mit einer Serie von gut koordinierten Aktionen in einigen Provinzstädten und im Diplomatenviertel von Kabul, daß sie zu jeder Zeit in der Lage sind, auch in stark gesicherten Bereichen Angriffe durchzuführen.

Auch nach der Tötung des Al Qaeda-Chefs Osama bin Laden durch die U.S.-Navy Seals am 2. Mai 2011 bleibt Afghanistan ein Land ohne jede verläßliche Regierungsmacht, in dem islamistische Terroristen weiterhin Unterschlupf und Ausbildung finden. Angesichts der unbestreitbaren Schwierigkeiten der westlichen Länder im Hinblick auf die Stabilisierung Afghanistans, der täglich sichtbaren Unzuverlässigkeit der afghanischen Soldaten und Polizisten, sowie der inneren Schwäche des afghanischen Regimes entfalten die islamistischen Kämpfer eine neue Dynamik. Eine erneute Machtübernahme seitens der Taliban rückt immer näher. Sie haben die afghanische Armee und Polizei systematisch unterwandert. Selbst im afghanischen Geheimdienst NDS haben die Taliban Fuß gefaßt. So bereitete es den Taliban offenbar keine Mühe, den streng geheimen Sicherheitsplan für die Tagung der „Großen Ratsversammlung" (Loja Dschirga) in ihre Hand zu bekommen. Die Loja Dschirga, die am 16. November 2011 über Friedensstrategien beraten wollte, wurde von den Taliban nicht nur boykottiert. Sie verspotteten die Versammlung als „Sklaven-Dschirga" und griffen die Teilnehmer als „Volksverräter" an.

Die professionell organisierte Zusammenarbeit der Taliban mit anderen Terrorgruppen der Region, z.B. mit dem vom pakistanischen Nord-Wasiristan aus operierenden und mit Pakistans Militär-Geheimdienst ISI eng verbundenen Haqqani-Netzwerk, funktioniert reibungslos. Zudem ist seit langem bekannt, daß die Anführer der Taliban ihre Operationsbasis in der pakistanischen Stadt Quetta haben. Vor diesem Hintergrund zu erwarten, daß die afghanischen Sicherheitskräfte in Bälde in der Lage sein werden, die Stabilität des Karsai-Regimes zu garantieren, erscheint unrealistisch. Die feierliche Übergabe des Kommandos und der Verantwortung für die Sicherheit des Landes an die afghanische Armee am 18. Juni 2013 kann darüber nicht hinwegtäuschen. Noch am Tag der Feierlichkeiten sprengte sich ein Selbstmordkommando der Taliban in der Hauptstadt Kabul in die Luft. Angesichts der Tatsache, daß die Regierungen der westlichen Demokratien immer noch das sachlich falsche Bild verbreiten, in Afghanistan erfolgreich zu sein, darf man sich nicht wundern, wenn diese Verhaltensweise in der islamischen Welt, insbesondere in Teheran, als Schwäche angesehen wird.

Von dieser Schwäche und der charakteristischen Realitätsferne westlicher Politik konnten sich führende Vertreter des iranischen Mullah-Regimes schon bei der Afghanistan-Konferenz am 5. Dezember 2011 in Bonn aus nächster Nähe überzeugen. Hochrangige Repräsentanten aus 85 Staaten und 15 internationalen Organisationen gaben sich dabei ein gegenseitiges Versprechen, das sie vor dem Hintergrund der tatsächlichen Lage in ihren jeweiligen Ländern gar nicht einhalten können. Pakistan hatte nach dem Angriff von NATO-Kampfhubschraubern auf einen pakistanischen Militärposten in der Nacht zum 26. November 2011, bei dem 24 Soldaten starben, die Afghanistan-Konferenz boykottiert. Dabei weisen die spezifischen Abläufe des fatalen Geschehens und die Erkenntnisse westlicher Nachrichtendienste darauf hin, daß der pakistanische Militär-Geheimdienst ISI diesen Zwischenfall durch Fehlinformationen herbeigeführt hat. Dieses Verhalten unterstreicht, daß es für die loyale Mitwirkung Pakistans und den von westlicher Seite angestrebten Prozeß der „Versöhnung" zwischen dem Karsai-Regime und den Taliban keine hinreichende Grundlage gibt. Im übrigen verfügt keine westliche Regierung mehr über die Kraft, ein längeres und kostenträchtiges Engagement zur Stabilisierung des Karsai-Regimes vor der eigenen Bevölkerung zu rechtfertigen und im Parlament durchzusetzen.

Der innerwestliche Streit um eine wirksame Strategie gegenüber den islamistischen Kämpfern und der mangelnde Wille der westlichen Regierungen zu weiterem Engagement in Afghanistan eröffnet dem Westen keine erfolgreiche Perspektive. Mit Hilfe der „Counterinsurgency"-Strategie der Amerikaner die afghanische Bevölkerung von den Taliban-Kämpfern physisch und psychologisch zu trennen und das Blatt noch zu wenden, wird schon angesichts der spezifischen Kampfesweise und Entschlossenheit der Taliban nicht gelingen. Darüber hinaus sind die an der militärischen Intervention beteiligten Staaten nicht in der Lage, die für eine derartige Strategie notwendigen Truppenverstärkungen aufzubieten. So hat es die politische Führung im Iran nicht überrascht, daß viele Menschen in Afghanistan, die zunächst dem westlichen Eingreifen zugeneigt waren, wieder in die Arme der Taliban getrieben wurden. Dies fiel großen Teilen der Bevölkerung um so leichter, als die westlichen Länder eine Regierung in Afghanistan dulden, die in besonders krasser Weise die Korruption zur Basis der Wirtschaft gemacht hat.

Es läßt sich nicht mehr bestreiten, daß das Scheitern der westlichen Staaten in Afghanistan angesichts der transzendentalen Motivation und der ideologischen Stärke islamistischer Kämpfer, der erfolgreichen asymmetrischen Kriegführung der Taliban, sowie der unrealistischen Strategie, der mangelnden Stärke der westlichen Truppen und des fehlenden Rückhalts in den westlichen Gesellschaften unausweichlich ist. Daß man vor diesem Hintergrund auch deutsche Soldaten in den Krieg geschickt und deren Tod oder Verwundung in Kauf genommen hat, wird sicherlich noch zu diskutieren sein. Die schon vorgenommenen Rückzüge einzelner Staaten aus dem militärischen Engagement in Afghanistan und die öffentliche Ankündigung entsprechender Schritte weiterer Länder geben den Taliban zusätzlichen Auftrieb. Selbst in den USA drängen immer mehr Bürger auf einen möglichst baldigen Abzug. Nach dem Tod Osama bin Ladens hat sich die

Debatte über den Abzug noch beschleunigt. Die immer wieder zu beklagenden Verluste – insgesamt schon mehr als eintausend Amerikaner, der deutlich sichtbare Mißerfolg der Mission und die extrem hohen Kosten stärken die gesellschaftlichen Kräfte in den USA, die für einen raschen Rückzug aus Afghanistan plädieren. Daher konnte es nicht überraschen, daß Präsident Obama bereits im Juni 2011 seinen Abzugsplan verkündete. Dementsprechend sind 10.000 U.S.-Soldaten im Jahre 2011 und weitere 23.000 Soldaten im Jahre 2012 aus Afghanistan abgezogen worden. Die Begründung des amerikanischen Präsidenten, „die Kriegsziele seien weitgehend erreicht worden", erscheint angesichts der tatsächlichen Entwicklung allerdings grotesk und dürfte die Mullahs in Teheran darin bestärken, mit ihrer aggressiven Politik vor allem im Nahen Osten fortzufahren. Dieser Abzugsplan stellt nicht nur eine bedeutsame Wende in der Afghanistan-Politik der amerikanischen Regierung dar. Er spielt auch den Taliban direkt in die Hände. Die Anfang Februar 2012 öffentlich bekannt gemachte, wenngleich wieder fallen gelassene Überlegung der amerikanischen Regierung, ihre Kampftruppen entgegen den ursprünglichen Plänen bereits 2013 aus Afghanistan zurückzuziehen, spiegelt diesen Trend deutlich wider. Auch Frankreich und Spanien kündigten ähnliche Absichten an. Der französische Staatspräsident Francois Hollande hat Frankreichs Kampftruppen ungeachtet aller Kritik noch im Jahre 2012 aus Afghanistan zurückgeholt. Weitere westliche Länder – auch Deutschland – werden nicht umhin können, sich weitgehend dem Vorgehen ihrer Partner anzuschließen. Die Regierungen der westlichen Länder zeigen mit ihrem Verhalten, daß sie nicht mehr an einen Sieg über die Taliban glauben. Hier wird die von den Staatskanzleien und den meisten Medien geübte Verschleierungstaktik letztlich nicht verdecken können, daß man gravierende Fehler gemacht und sich übernommen hat. Die Ankündigungen der europäischen Staatschefs für den Abzug ihrer Truppen werden folgerichtig immer konkreter. Die für diese Politik regelmäßig gegebene Begründung, man habe in der Befriedung des Landes „Fortschritte gemacht" und wolle die Verantwortung für die Sicherheit und Stabilität des Landes Schritt für Schritt in afghanische Hände legen, klingt wie Hohn und ist mit Blick auf die tatsächliche Lage ein indirektes Eingeständnis der westlichen Schwäche. Daran kann auch die bei der Afghanistan-Konferenz in Tokio am 8. Juli 2012 versprochene Hilfe der internationalen Gemeinschaft für die Zeit nach 2014 nichts ändern. Die seit dem Frühjahr 2011 mit hochrangigen Vertretern der Taliban geführten Verhandlungen über eine Beilegung des Konflikts und eine „Versöhnung" unterstreichen dies noch. Diese „Verhandlungen" werden von den Taliban ähnlich geschickt genutzt wie die Gespräche der fünf Veto-Mächte des Sicherheitsrats der Vereinten Nationen und Deutschlands von den Diplomaten des Mullah-Regimes in Teheran. Die für den Westen außerordentlich negativen machtpolitischen Veränderungen werden sie nicht verdecken können. Die Islamisten haben es im übrigen längst nicht mehr nötig, offene und direkte militärische Konfrontationen mit eigenen Truppen gegen Streitkräfte der NATO-Staaten zu suchen. Es genügt, mit gelegentlichen Terrorakten und spektakulären Einzelaktionen, wie z.B. dem Abschuß eines CH-47 Chinook-Hubschraubers der U.S. Streitkräfte mit 31 Soldaten am 7. August 2011 in der Provinz Wardak oder mit überraschenden Angriffen weniger Kämpfer mitten in der afghanischen Hauptstadt Kabul die landesweite Präsenz und Handlungsfähigkeit zu demonstrieren. Das Selbstmordattentat während des Besuchs des amerikanischen Verteidigungsministers Chuck Hagel am 8. März 2013 in Kabul mit neun Toten im Zentrum der Hauptstadt und der Angriff auf den Flughafen von Kabul am 10. Juni 2013 bestätigen dies eindrucksvoll.

Wenn angesichts dieser Tatbestände hochrangige Vertreter der USA, u.a. Präsident Barack Obama selbst, wiederholt öffentlich ihre Überzeugung verkündeten, daß der Friedensprozeß in Afghanistan und die Einhegung der Taliban erfolgreich verlaufen, wird dies bei den Mullahs im Iran kaum als ein Beleg für Realismus und Stärke der Weltmacht wahrgenommen. Die Aufforderung führender U.S.-Politiker und ihrer Kollegen in Europa an die Taliban, „ihre Waffen niederzulegen, der Gewalt abzuschwören und sich von der Al Qaeda loszusagen", erscheint den Mullahs im Iran, aber auch den Regierungen der Nachbarstaaten eher als naiv und hilflos.

Die Ankündigung eines konkreten Abzugsdatums für die amerikanischen Truppen durch U.S.-Präsident Barack Obama und die entsprechenden Reaktionen seitens der Regierungen anderer westlicher Länder haben den Mächten in der Region, insbesondere Pakistan, das eindeutige Signal gegeben, daß der Westen mit der Aufgabe überfordert ist, für eine stabile Sicherheitsstruktur in diesem Teil der Welt zu sorgen. De facto entziehen sich die westlichen Länder mit dem schrittweisen Abzug ihrer Streitkräfte dem Auftrag der Vereinten Nationen, „die Staatsorgane Afghanistans bei der Aufrechterhaltung der Sicherheit in Afghanistan so zu unterstützen, daß sowohl die afghanischen Staatsorgane als auch das Personal der Vereinten Nationen und anderes internationales Zivilpersonal, insbesondere solches, das dem Wiederaufbau und humanitären Aufgaben nachgeht, in einem sicheren Umfeld arbeiten können."

Wie das Mullah-Regime in Teheran setzen die Taliban und die Al Qaeda unter ihrem derzeitigen Führer Aiman al-Sawahiri zu Recht auf die innere Schwäche des Westens und die Unfähigkeit des afghanischen Regimes, ihren Gegnern noch längere Zeit zu widerstehen. Die Taliban werden immer stärker das Verhalten der Gesellschaft Afghanistans bestimmen. In einigen Regionen sind die Taliban die einzigen, an die sich die Menschen um Hilfe wenden können. Angesichts dieser Entwicklung passen sich die Afghanen in vielen Teilen des Landes den Bedingungen der Taliban an – wohl erkennend, wer aus dem Ringen als Sieger hervorgehen und künftig die Herrschaft in Afghanistan ausüben wird. Auf diplomatischer Ebene spiegelt sich diese Entwicklung in der Einrichtung von offiziellen Vertretungen der Taliban in einigen nahöstlichen Ländern, z.B. im Golf-Emirat Qatar, wider. Und schon seit Mitte des Jahres 2012 ist zu beobachten, daß die Zahl der Afghanen, die das Land verlassen, stetig zunimmt.

Die führenden Repräsentanten des Mullah-Regimes in Teheran erwarten zudem, daß für die westlichen Länder noch weitere Fehlschläge hinzukommen werden. So deuten alle Anzeichen darauf hin, daß es den westlichen Demokratien nicht gelingen wird, die islamistischen Terrororganisationen nachhaltig zu schwächen. Trotz aller bisherigen Maßnahmen westlicher Regierungen verfügt zum Beispiel die Al Qaeda auch nach der Tötung ihres Chefs Osama bin Laden über ein funktionierendes Netzwerk, das sich um den ganzen Globus spannt und für seine Handlungsmöglichkeit keine zentrale Steuerung braucht. Vor diesem Hintergrund ist die Aussage der amerikanischen Geheimdienste vom 27. April 2012, die Al Qaeda sei nach der Tötung einiger führender Mitglieder nicht mehr handlungsfähig, eine politisch bedingte Bewertung. Sie diente zum einen der Begründung des Abzugs aus Afghanistan, zum anderen der „positiven" Darlegung der Politik Präsident Obamas im Wahlkampf. Dies wurde einmal mehr offenbar, als Präsident Obama während eines Blitzbesuchs in Kabul am 2. Mai 2012, dem Jahrestag der Tötung Osama bin Ladens, in einer kurzen Ansprache verkündete, man habe „Al Qaedas Elite vernichtet" und „den Elan der Taliban zerbrochen". In Wirklichkeit hat sich die Aktionsweise der Al Qaeda gewandelt. Ihre bedeutendsten Gruppen arbeiten mit den Al-Quds-Brigaden des Iran eng zusammen. Und der Kampfgeist der Islamisten wurde in keiner Weise geschmälert. Daran ändert auch die Tötung des Vize-Chefs der Al Qaeda, des Strategen Abu Jahja al-Libi am 4. Juni 2012 nichts. Hinzu kommt, daß die politische Entwicklung in Pakistan dank der Erfolge der islamistischen Kämpfer in Afghanistan und der pro-islamistischen Haltung eines großen Teils des pakistanischen Militär-Geheimdienstes in naher Zukunft eine ähnliche, dem Westen schadende Richtung nehmen wird. Dieser gefährlichen Entwicklung in Pakistan stehen die USA bislang ratlos gegenüber. Die politisch-psychologischen Folgen des Scheiterns der langjährigen westlichen Anstrengungen, die politische Stabilität Afghanistans zu sichern und den Taliban eine erneute Machtübernahme zu verwehren, sind dabei noch gar nicht berücksichtigt.

In Teheran und von den Führungen der islamistischen Terrorgruppen wird mit Genugtuung zur Kenntnis genommen, wie die eigene Macht auch dadurch wächst, daß man in den westlichen Ländern öffentliche Stellungnahmen zur moralischen, rechtlichen und politischen Legitimität des Zwecks des jeweiligen Regierungshandelns erzwingen kann. Man sieht, daß man in zunehmendem Maße von dem spezifischen Verhalten vieler Politiker, Intellektueller und Vertreter der Medien, sowie mancher Nichtregierungsorganisationen profitiert. Denn deren immer wieder zur Schau getragene Tendenz, die „Schuld" für die offenkundigen Konflikte mit der islamischen Welt vor allem im Westen, insbesondere aber bei den USA und Israel zu suchen, kommt den Islamisten machtpolitisch zugute – unabhängig davon, ob man dies will oder nicht. Die Effizienz dieses fast täglich zu beobachtenden Phänomens spiegelt sich auch darin wider, die innenpolitischen Konsequenzen des Handelns von Terroristen zu bagatellisieren. Hierzu gehört inzwischen auch, daß man sich in den westlichen Ländern an gravierende Folgen des Terrorismus auf Dauer gewöhnt hat – an die Prozeduren zum Beispiel, die jeder Flugreisende über sich ergehen lassen muß, bis zur martialisch erscheinenden Absicherung von Konferenzorten der politischen Führungsgremien. Darüber hinaus stellt man regelmäßig fest, daß die Ergebnisse der innenpolitischen Debatten dem Regime in Teheran und den islamistischen Terrorgruppen eher selten Schaden zufügen. Es wird vielmehr immer wieder sichtbar, daß sich die Bekämpfung von Terrorgruppen, die ganze Länder zu destabilisieren suchen oder gar wichtige Territorien besetzt halten, nach eng definierten Interessen, mit sehr eingeschränkten Mitteln und nur begrenzt verfügbaren Kräften der betroffenen westlichen Staaten und Bündnisse richtet. Das uneinheitliche und zögerliche Vorgehen der westlichen Länder im Ringen mit den islamistischen Terrorgruppen in Mali und anderen Staaten Afrikas seit Januar 2013 bestätigt die Einschätzung der Mullahs in Teheran darin, daß der Westen derzeit wohl nicht in der Lage ist, die zunehmenden Herausforderungen seitens der islamistischen Kämpfer angemessen zu beantworten.

An den Auseinandersetzungen in Afghanistan und im Nahen Osten können die Mullahs in Teheran und ihre Verbündeten nahezu täglich ablesen, welche Hilfe beispielsweise die Terrorgruppen durch das spezifische Verhalten westlicher Politiker, der Vertreter mancher Nichtregierungsorganisationen und der Medien zuteil wird. So profitieren die Islamisten der Al Qaeda und der Taliban von dem wachsenden politischen Widerstand, der in den Vereinigten Staaten von Amerika und in Europa – besonders auch in Deutschland – gegen das militärische Engagement zur Stabilisierung des afghanischen Regimes zu beobachten ist. Und mit ihrer charakteristischen Vorgehensweise, die durchweg auf die Einbeziehung der zivilen Bevölkerung in die militärischen Kampfhandlungen zielt, gelingt es den Taliban und der Al Qaeda immer wieder, die westlichen Truppen in Afghanistan in Rechtfertigungsnot zu bringen und dank der dann folgenden Medien-Kampagnen gegen den Militäreinsatz in den jeweiligen Ländern zur Zurückhaltung zu zwingen. Die Nachwirkungen der „Kundus-Affäre" der deutschen Truppen und die damit verknüpften, von Parteipolitik gekennzeichneten Debatten machen dies besonders deutlich.

Vor diesem Hintergrund überrascht es nicht, wenn die politische Führung des Iran den Eindruck gewinnt, daß die westlichen Demokratien angesichts der spezifischen Rahmenbedingungen und Strategien der Kriegführung ihre militärischen Interventionen nicht mehr zum Erfolg führen können. Die westlichen Nationen müssen sich dabei den Vorwurf gefallen lassen, daß eine in zunehmendem Maße antimilitärische Haltung den Gewalt-Potentialen gerade jener Regime das Feld räumt, die – wie z.b. der Iran und Syrien – in keiner Weise zögern, ihre militärische Macht zur Durchsetzung ihrer politischen Ziele anzuwenden. Das Lavieren der U.S.-Regierung im Hinblick auf die Indizien für den Einsatz chemischer Kampfstoffe durch das Assad-Regime in Syrien im Frühjahr und Sommer 2013 hat in Teheran erneut den Eindruck verstärkt, wie wenig handlungsbereit die führenden westlichen Mächte derzeit sind. Aus der Sicht der politischen Führung im Iran stehen die USA im syrischen Bürgerkrieg bislang auf der Verliererseite. Die mangelnde Schlüssigkeit der Politik des amerikanischen Präsidenten im Falle Syriens stellt die Zuverlässigkeit seiner Aussagen auch auf anderen Gebieten in Frage. Für das Mullah-Regime in Teheran erscheint damit die Drohung von Präsident Barack Obama, notfalls militärische Mittel einzusetzen, um die Herstellung nuklearer Waffen durch den Iran zu verhindern, kaum noch glaubhaft.

Aus der Perspektive des Mullah-Regimes in Teheran wird die Schwäche der westlichen Demokratien erst recht im israelisch-palästinensischen Konflikt klar. Hier zeigt das Verhalten westlicher Politiker, einiger Nichtregierungsorganisationen und vieler Journalisten ähnliche Wirkungen wie in Afghanistan. Es wird nämlich kaum eine Gelegenheit ausgelassen, das Vorgehen der Israelis im Kampf gegen die Hamas, die Hizbullah und andere Terrororganisationen zu kritisieren. Nahezu reflexhaft ist man in den westlichen Ländern mit dem Vorwurf bei der Hand, die israelischen Maßnahmen der Gegenwehr seien „unverhältnismäßig" und „völkerrechtlich völlig inakzeptabel". Die Kritiker ignorieren dabei, daß es in dieser Hinsicht kein allgemein anerkanntes Verständnis gibt und jede derartige Forderung nur gegen den Staat Israel wirkt, da sich die Terrorgruppen in ihren religiös begründeten Kampfhandlungen ohnehin nicht an die Auflagen des Völkerrechts halten. Die Terrorgruppen haben sogar ein Interesse daran, die Zahl der zivilen Opfer auf ihrer eigenen Seite so hoch wie möglich zu treiben, um Bundesgenossen in aller Welt zu finden. Dabei sollte jedem Außenstehenden klar sein, daß die Siedlungen der Palästinenser im Libanon wie im Gaza-Streifen eine zweite Existenz als militärische Stützpunkte führen. Die Hamas und die Hizbullah lagern ihre Waffen bewußt in zivilen Wohnhäusern, in Schulen, Moscheen und Krankenhäusern. Sie setzen ihre Waffen – unter den Augen der Vereinten Nationen – von dort aus ein, benutzen Frauen und Kinder als Schutzschilde. Keine Strategie der militärischen Gegenwehr wurde jemals in der Geschichte mit einer derart vorsätzlichen Vermischung von bewaffneten Kämpfern und der zivilen Bevölkerung konfrontiert. Um so schlimmer muß es auf die Israelis wirken, daß die Europäische Union palästinensische Nichtregierungsorganisationen, die einen politischen Propagandafeldzug gegen Israel führen, mit Steuergeldern unterstützt.

Im Zuge der israelischen Reaktionen auf die brutalen Angriffe seitens der islamistischen Terrorgruppen ist die grundsätzliche Asymmetrie des Konflikts immer wieder deutlich geworden. Es erweist sich dabei für Israel als zunehmend schwierig, der auf die Macht der weltweit verbreiteten Bilder setzenden und die eigene zivile Bevölkerung bewußt opfernden Kriegführung der Terrorgruppen Paroli zu bieten. Denn kaum nach dem Beginn militärischer Maßnahmen sehen sich die israelischen Streitkräfte in fast stereotyper Weise mit Forderungen westlicher Politiker und Medien, sowie von Repräsentanten mancher Nichtregierungsorganisationen nach sofortiger Beendigung des Waffeneinsatzes konfrontiert. Vor allem in Europa haben es sich viele Politiker und Journalisten inzwischen angewöhnt, solche Forderungen zu erheben. Sie erkennen nicht, daß dieses Verhalten von den Kontrahenten der demokratischen Staatenwelt als Schwäche gesehen wird. Besonders folgenreich und für Israel gefährlich ist dabei der Tatbestand, daß die Asymmetrie nicht nur einzelne Aspekte des Konflikts betrifft, sondern die gesamte Konfrontation durchzieht. Diese Tendenz drückt sich mit zunehmender Schärfe in der für die Machtbasis des islamischen Fundamentalismus nützlichen Gewohnheit aus, den israelisch-palästinensischen Konflikt in spezifischer, gegen Israel gerichteter Weise zu beschreiben, zu kommunizieren und – im Zeitalter der modernen Medien (Fernsehen, Internet) – ohne Zeitverzug zu zeigen. Die Folgen dieses charakteristischen Verhaltens westlicher Politiker und Medien wiegen schwer: Sie bringen Israel immer stärker in Bedrängnis und ermutigen Israels Gegner, ihre Politik der Konfrontation fortzusetzen und ihrem erklärten Ziel, der Beseitigung des Staates Israel, näherzukommen.

Während niemand den islamistischen Terrororganisationen in den Arm fällt, wenn sie ihre Angriffe gegen die israelische Zivilbevölkerung durchführen, stehen Israels Streitkräfte bei jeder Form der Gegenwehr sofort im Visier der Kritiker. Vor dem Hintergrund der üblichen, Schwäche signalisierenden Hinnahme der Einseitigkeit gegenüber Israel erscheint die gelegentlich vorgetragene Forderung nach Entwaffnung der Hizbullah und der Hamas, sowie nach einem Gewaltverzicht der Terrorgruppen überhaupt als typische Leerformel, hinter der keine Politik steht, die den tatsächlichen Verhältnissen im Nahen Osten Rechnung tragen würde. Vielmehr können wir – wie auch die führenden Repräsentanten des Iran – fast täglich beobachten, daß nur auf eine Seite, nämlich Israel, Druck ausgeübt wird, während die einer totalitären Ideologie verpflichteten und weiterhin auf Gewalt setzenden islamistischen Terrorgruppen und die hinter ihnen stehenden despotischen Regime mit Hilfe der antiisraelischen Kräfte in der Welt die Beseitigung des jüdischen Staates Israel durchzusetzen trachten. In der Weltgeschichte ist dies ein einmaliger Vorgang.

Die unglaubliche Selbstgerechtigkeit und unreflektierte Einseitigkeit gegenüber einem demokratischen Staat, der dem islamistischen Terrorismus und dem machtbewußten Vorgehen des bald über Nuklearwaffen verfügenden Mullah-Regimes im Iran zu widerstehen sucht, hat bereits zu weit ausgreifenden Konsequenzen geführt. Denn die von zahlreichen Fernsehbildern unterstützte Kommentierung des Konfliktgeschehens, die Israels berechtigte Ansprüche und Abwehrmaßnahmen regelmäßig verurteilt, verzerrt nicht nur die öffentliche Wahrnehmung Israels in den westlichen Demokratien. Schon die üblicher Weise angewandte Methode, islamistische Terrorgruppen und ihre Förderer im Nahen Osten – vor allem Iran und Syrien – mit dem um seine Existenz kämpfenden demokratischen Staat Israel auf die gleiche Ebene zu stellen, erscheint absurd. Doch abgesehen von der Fragwürdigkeit einer solchen Gleichsetzung ist die hilflose Hinnahme der Aggressionen gegen Israel für das Mullah-Regime in Teheran und die islamistischen Terrororganisationen eine zusätzliche und höchst willkommene Quelle der Macht. Die aus den europäischen Ländern vorgebrachten Forderungen nach Beachtung des Völkerrechts und der Menschenrechte schützt allein die despotischen Regime und die Terrorgruppen, da niemand deren Verhalten wirkungsvoll einklagt. So sind die in dieser Hinsicht besonders engagierten Politiker, Journalisten und Vertreter zahlreicher Nichtregierungsorganisationen de facto parteiliche Mitspieler in der asymmetrischen Auseinandersetzung zugunsten jener Kräfte, die den jüdischen Staat Israel im Nahen Osten beseitigen wollen.

Besonders deutlich hat sich dieses Verhalten im Zuge der israelischen Militäraktion Ende Mai 2010 gegen den von der Türkei aus und mit Billigung der immer stärker zum Islamismus neigenden türkischen Regierung nach Gaza aufgebrochenen Schiffskonvoi gezeigt. Der von radikalen türkischen Islamisten zur Unterstützung der den Gaza-Streifen beherrschenden Terrorgruppe Hamas organisierte Verband hatte nicht nur bewaffnete Kämpfer, sondern auch zahlreiche sogenannte „Friedensaktivisten" aus westlichen Ländern an Bord, die das völkerrechtswidrige und allein der Terrorgruppe Hamas dienende Unternehmen guthießen. Auch der berechtigte Vorwurf an die israelische Seite, daß der Versuch des Schiffskonvois, die See-Blockade des Gaza-Streifens zu durchbrechen, auf klügere Weise hätte verhindert werden können, ändert nichts an dem Tatbestand, daß die angeblich für die „Menschenrechte" und den „Frieden" engagierten Aktivisten aus westlichen Ländern und ihre Verteidiger in Politik und Medien islamistische Terrororganisationen konkret unterstützt haben.

Die Tatsache, daß die nach der Aufbringung des Schiffskonvois erfolgte Lockerung der Gaza-Blockade unter dem öffentlichen Druck der angeblich mit Israel befreundeten europäischen Staaten zustande kam, ist vom Mullah-Regime in Teheran und den islamistischen Terrorgruppen mit großer Genugtuung betrachtet worden. Die darin zum Ausdruck kommende Schwäche der Europäer wird folgerichtig als

Ermutigung für die Absicht der Iraner, der Hizbullah und der Hamas wirken, Israel mit weiteren Aktionen dieser Art in die Enge zu treiben. Sie sehen, daß die Europäer die herausgehobene Beziehung zu Israel als eine Last empfinden und die Bereitschaft zunimmt, dem Druck der antiisraelischen Kräfte nachzugeben. Die Mullahs in Teheran, ihre Verbündeten in Damaskus, sowie die Führer der islamistischen Terrorgruppen gehen davon aus, daß die gegenwärtige Schwäche der Europäer und ihre Distanzierung von Israel keine vorübergehende Erscheinung ist. Der Iran und Syrien haben trotz ihres brutalen Vorgehens gegen die eigenen Bevölkerungen mit vielen Tausenden von Toten keine direkten Aktionen von „Menschenrechtlern" und „Friedensaktivisten" aus Europa zu befürchten.

Die führenden Repräsentanten des Mullah-Regimes in Teheran können nicht nur an dem mangelnden Realitätssinn und den zunehmenden Schwierigkeiten der Europäer, die Finanz- und Wirtschaftskrise zu meistern, deutlich ablesen, daß man in absehbarer Zukunft kaum mit einer größeren politischen Handlungsfähigkeit der Europäischen Union rechnen muß. Auch das offensichtliche Unvermögen der Europäer, das gewaltige Schuldenproblem in den Griff zu bekommen und den Währungsverbund der Euro-Zone aufrechtzuerhalten, sowie die mangelnde Lösungskompetenz der Europäer in anderen bedeutsamen Fragen zeigt den Mullahs in Teheran immer wieder, daß die europäischen Regierungen weder willens noch fähig sind, Politik auf der Grundlage der Realitäten in der Welt zu betreiben. Zudem ist den Iranern nicht entgangen, wie stark das moralische Grundgerüst erodierte, das die Politik der europäischen Demokratien einst trug. Dabei fällt besonders ins Gewicht, daß sich in jüngster Zeit ein militanter Antiisraelismus und Antisemitismus entfaltet hat, der es selbst den in Europa lebenden Juden schwer macht, sich noch hinreichend sicher zu fühlen. Angesichts der Verbrechen, die durch das Nazi-Regime in Deutschland begangen wurden und der „Vorgeschichte" dieses Geschehens sollte man eigentlich erwarten, daß sich die Europäer der schrecklichen Folgen erneuter Militanz gegen die jüdischen Bürger bewußt und den energischen Widerstand gegen diese Tendenz zur Staatsräson machen würden. Doch die beinahe täglichen Drangsalierungen und gewaltsamen Attacken von radikal eingestellten Migranten aus islamischen Staaten gegen jüdische Bürger werden eher gleichgültig zur Kenntnis genommen.

Insbesondere in den skandinavischen Ländern, in den Niederlanden, in England, in Frankreich und Deutschland haben solche Angriffe gegen jüdische Bürger in jüngster Zeit deutlich zugenommen. Wie stark dieser Haß ausgeprägt ist, haben die Mordserie eines aus Algerien stammenden Muslims an jüdischen Bürgern und französischen Soldaten Mitte März 2012 in Frankreich und die schweren Überfälle auf jüdische Bürger im August 2012 in Deutschland gezeigt. Solche Gewalttaten werden wesentlich von muslimischen Jugendlichen ausgeführt, die ihren Haß aus ihren Herkunftsländern mitbringen. Verstärkt wird dieser Haß noch durch die arabische, türkische und iranische Propaganda über zahlreiche Satellitensender und durch islamistische Prediger vor Ort. Zwar stellen die radikalen Muslime in Europa zur Zeit noch eine kleine Minderheit dar. Doch können sie ihre Wirksamkeit immer stärker entfalten, weil man nicht entschlossen gegen diese Entwicklung vorgeht.

Auch viele Menschen in Europa, die sich als Moralisten verstehen, pflegen ihr verzerrtes Bild vom jüdischen Staat Israel und werden nicht müde, ihre Auffassung in der Gesellschaft zu verankern und die Haltung der Regierungen entsprechend zu prägen. Sie beteiligen sich engagiert an antiisraelischen Aktionen und Kampagnen, die immer unverblümter geführt werden und auch in vielen internationalen Gremien ihre Wirkung zeigen. Träger dieses Engagements sind oft vordergründig gebildet erscheinende Menschen, die auf dem Felde der Politik aber niemals als besonders wissensreich und urteilssicher bekannt geworden sind. Sie fühlen sich dennoch ständig dazu berufen, ihre „soziale Verantwortung" und angeblich hohe Moral vorzuführen, indem sie die aus ihrer Sicht „politisch inkorrekt" handelnden Staaten in der Welt – die USA und vor allem Israel – an den Pranger stellen. Ihr vorgebliches Engagement für die Menschenrechte und das Völkerrecht verschließt ihnen nicht nur den Blick für die Realitäten im Nahen Osten. Es erleichtert ihnen auch den Zugang zu den Medien und damit ihren Einfluß in der Gesellschaft geltend zu machen.

In Teheran, in Damaskus und in Ankara, aber auch bei den Führern der Terrorgruppen sieht man die Wirkung der gegen Israel gerichteten politischen Grundströmung in den westlichen Demokratien mit großer Befriedigung. Dort werden die Naivität, die politische Ratlosigkeit und vor allem die beständige einseitige Kritik an Israel, der Vorwurf der häufigen Verletzung des Völkerrechts und die gebetsmühlenartige Forderung nach Verhandlungen auch mit denjenigen, die Israels staatliche Existenz im Nahen Osten konsequent bestreiten, als Schwäche und als „Appeasement" wahrgenommen. Man glaubt daher vor allem in Teheran fest daran, seinen Kurs durchhalten zu können. Nicht zuletzt hat das Verhalten der Europäer im Hinblick auf den politischen Umbruch in der arabischen Welt seit Anfang des Jahres 2011 die Iraner darin bestärkt, auf die Schwäche Europas zu setzen. Viele Europäer sind so fasziniert von dem zunächst erfolgreichen Engagement meist jugendlicher Rebellen gegen die autoritären Regime, daß sie gar nicht mehr wahrhaben wollen, wie im Zuge dieser Aufstände die streng islamischen Kräfte an Einfluß gewinnen und die Chance erhalten, der künftigen Politik der arabischen Länder ihren Stempel aufzudrücken. So betrachten der Iran und seine Verbündeten den Sturz der westlich orientierten Regime in der arabischen Welt als großen Gewinn. Mit Genugtuung beobachten die Mullahs in Teheran, wie zahlreiche Publizisten und Politiker in Europa eine Außenpolitik moralisch verdammen, die ihre Bereitschaft signalisiert, das jeweilige nationale Eigeninteresse gelegentlich robuster wahrzunehmen und entsprechende Prioritäten zu setzen. Das Beispiel der heftigen innenpolitischen Debatte in der Bundesrepublik Deutschland um den Verkauf von zweihundert Kampfpanzern des Typs Leopard-2 an Saudi-Arabien hat den Mullahs in Teheran einmal mehr die innere Schwäche der westlichen Demokratien offengelegt. Die iranische Führung konnte daran erneut ablesen, daß starke politische Kräfte in bedeutenden westlichen Demokratien dank ihrer romantisch verklärten Sichtweise der Rebellionen in den arabischen Ländern die Praktizierung einer zielgerichteten und interessengeleiteten Sicherheitspolitik behindern. Es ist in diesem Zusammenhang bezeichnend, daß kaum jemand in den westlichen Ländern die Beendigung der brutalen Herrschaft der islamistischen Terrororganisation Hamas im Gaza fordert. Das auf solchen Denkweisen beruhende unprofessionelle Handeln der europäischen Regierungen mit Blick auf die Veränderungen in der arabischen Welt erscheint in der Tat nicht geeignet, das Mullah-Regime in Teheran zu beeindrucken. Die Fehleinschätzung der politischen Entwicklung in der Türkei und der Kooperation dieses Landes mit islamistischen Kräften im Nahen Osten durch zahlreiche westliche Politiker unterstreicht die Perzeption der Mullahs in Teheran, daß sie die meisten Repräsentanten der Regierungen in der Europäischen Union nicht fürchten müssen.

Die ratlose Reaktion der Europäer auf die am 4. Mai 2011 nach Vermittlung durch das ägyptische Übergangsregime medienwirksam dargestellte „Versöhnung" zwischen der Terrororganisation Hamas und der von Palästinenser-Präsident Mahmud Abbas geführten Fatah hat die iranische Führung ebenso in ihrer Auffassung bestärkt, daß die EU-Staaten große Schwierigkeiten haben, die tatsächliche Situation im Nahen Osten realistisch einzuschätzen. Entgegen der Erwartung der Europäer haben sich die Palästinenser den im Zuge von Verhandlungen notwendigen Kompromissen für eine Friedensregelung mit Israel bislang verweigert. Sehr viel stärker setzte die Palästinenser-Führung auf die einseitige Ausrufung eines eigenen Staates und die Anerkennung dieses Staates durch die Vollversammlung der Vereinten Nationen. Die Präsentation des entsprechenden Antrags durch Palästinenser-Führer Mahmud Abbas an den Generalsekretär der Vereinten Nationen Ban Ki-moon am 23. September 2011 und die Rede des Palästinenser-Chefs am 24. September 2011 vor der Generalversammlung waren daher nur konsequent. Diese Tendenz zeigte sich auch in dem Bemühen von Mahmud Abbas, über den Beitritt zu einigen Unterorganisationen der Vereinten Nationen, wie z.B. der UNESCO, die Aufnahme in die Weltorganisation und die Anerkennung als eigener Staat voranzutreiben. Die Vorgehensweise der Palästinenser, staatliche Anerkennung vor einer Friedenslösung zu erreichen, verstößt jedoch sowohl gegen den Geist, als auch gegen den expliziten Wortlaut der Osloer Verträge. Während die U.S.-Regierung dem Vorgehen von Mahmud Abbas eine klare Absage erteilte und sofort nach der Aufnahme der Palästinenser in die Unesco die Zahlungen einstellte, gab die Gespaltenheit der Europäer und die Unfähigkeit zahlreicher europäischer Regierungen, die politischen Konsequenzen eines solchen Schrittes überhaupt zu erkennen, den islamistischen Kräften im Nahen Osten weiteren Auftrieb. Nicht einmal die drei im Sicherheitsrat der Vereinten Nationen vertretenen europäischen Staaten konnten sich dabei auf eine gemeinsame Linie einigen. Während Frankreich der Aufnahme der Palästinenser in die UNESCO zustimmte und Großbritannien sich der Stimme enthielt, votierte Deutschland zusammen mit den USA gegen diesen Antrag. Es ist in diesem Zusammenhang bemerkenswert, daß sowohl die Hamas, als auch das Mullah-Regime in Teheran dem Vorstoß von Mahmud Abbas vor den Vereinten Nationen zunächst eher skeptisch gegenüberstanden. Sie nahmen die taktischen Vorteile hin, machten jedoch kategorisch klar, daß sie weiterhin auf Gewalt setzen wollen, um das Ziel eines Palästinenser-Staates zu erreichen.

Die am 29. November 2012 mit überwältigender Mehrheit von 139 zu 9 Stimmen bei 41 Enthaltungen beschlossene Zuerkennung des Beobachterstatus für die Palästinenser durch die Vollversammlung der Vereinten Nationen erscheint zwar vordergründig als Erfolg von Mahmud Abbas, da er nunmehr anderen UN-Organisationen beitreten und internationale Gerichte anrufen kann. Mit seinem Vorgehen hat Mahmud Abbas aber erneut die Osloer Verträge von 1993 gebrochen und gleichzeitig deutlich gemacht, daß er Verhandlungen mit Israel über die Errichtung eines Palästinenser-Staates nur geringe Erfolgschancen zubilligt.

Im Zusammenhang mit der Abstimmung in den Vereinten Nationen am 29. November 2012 fiel einmal mehr die Zerstrittenheit und Schwäche der Europäer auf: 14 der damals 27 EU-Staaten stimmten dem Antrag von Mahmud Abbas zu, nur Tschechien lehnte den Antrag – gemeinsam mit den USA – ab, und 12 enthielten sich, darunter auch Deutschland.

Während Israels Regierung die Vorgehensweise von Mahmud Abbas zurückwies und mit der Genehmigung zum Bau weiterer Siedlungen demonstrierte, daß die Zuerkennung des Beobachterstatus für die Palästinenser durch die Vereinten Nationen de facto keine Vorteile bringt und die Errichtung eines Palästinenser-Staates sogar verzögert, saßen die Europäer erneut zwischen allen Stühlen. Dabei haben die Mullahs im Iran aufmerksam registriert, daß sich fast alle EU-Staaten mit ihrem Abstimmungsverhalten bei den Vereinten Nationen am 29. November 2012 an der unverhohlenen Vertragsverletzung durch den Palästinenser-Präsidenten beteiligt haben, aber gleichzeitig nicht zögerten, Israel wegen seiner Siedlungspolitik heftig zu kritisieren und die USA bei einer weiteren Abstimmung im Sicherheitsrat der Vereinten Nationen am 20. Dezember 2012 allein ließen. Die Europäer können sich offenbar nicht in die Lage der israelischen Regierung hineindenken und wollen nicht wahrhaben, daß mit der Politik von Mahmud Abbas kaum eine Chance besteht, den Friedensprozeß erfolgreich fortzuführen.

Zu Recht ist die israelische Regierung von dem Votum Deutschlands enttäuscht. Der Bundeskanzlerin hätte es gut angestanden, sich dem Verhalten von U.S.-Präsident Barack Obama anzuschließen, anstatt den antiisraelischen Strömungen in Europa ihre Reverenz zu erweisen. In dem vielschichtigen Konflikt im Nahen Osten geht es um mehr als einige diplomatische Finessen. Die wiederholte Aussage, daß „Israels Sicherheit zur deutschen Staatsräson gehört", kann dies nicht ersetzen.

Daß sich die von den Europäern als „gemäßigt" angesehene, von Mahmud Abbas geleitete Fatah mit der Terrororganisation Hamas auf eine engere Zusammenarbeit geeinigt hat, unterstreicht die geringe Erfolgschance des Friedensprozesses noch. Aus der Perspektive der Hamas ist diese Zusammenarbeit ein weiterer Schritt auf der Etappe zur Beseitigung des jüdischen Staates Israel und zur vollständigen Herrschaft über Palästina. Es erscheint dabei nur folgerichtig, daß der Hamas-Regierungschef in Gaza, Ismail Hanija, den am 2. Mai 2011 in Pakistan getöteten Al Qaeda-Chef Osama bin Laden als „Heiligen Krieger in unserem Djihad" bezeichnete. Die ins Auge gefaßte Kooperation zwischen Hamas und Fatah wurde durch das am 6. Februar 2012 in Doha (Qatar) unterzeichnete Abkommen zur Bildung einer Übergangsregierung unter Leitung von Mahmud Abbas sogar noch weiter verfestigt. Der Chef der Palästinensischen Autonomiebehörde soll nun mit seiner Übergangsregierung die längst überfälligen Parlaments- und Präsidentenwahlen organisieren. Mahmud Abbas wird im

Verlauf der Zusammenarbeit mit der Hamas auch hinnehmen müssen, daß er an Einfluß verliert und die radikalen Positionen der Islamisten immer stärker zum Zuge kommen. Die Einwilligung von Hamas-Führer Khaled Meshal zu dem Vorgehen von Mahmud Abbas bei den Vereinten Nationen – unter der Maßgabe, daß „die grundsätzlichen Interessen der Palästinenser und vor allem das Recht auf den bewaffneten Kampf gewahrt bleiben", macht bereits deutlich, wie weit sich die Machtverhältnisse unter den Palästinenser-Gruppen verschoben haben. Die politische Führung des Iran blickt durchaus mit großer Zufriedenheit auf diese Entwicklung.

Die Iraner werden ihre Einschätzung der machtpolitischen Verhältnisse im Nahen Osten auch nach der von den USA in mühsamen Vorgesprächen am 30. Juli 2013 erreichten Einleitung einer neuen Runde der palästinensisch-israelischen Verhandlungen nicht ändern müssen. Die Grundpositionen der beiden Seiten liegen so weit auseinander, daß es wohl kaum gelingen dürfte, substantielle Fortschritte zu erzielen. Die im Gaza-Streifen herrschende Hamas lehnt die Verhandlungen generell ab und bestreitet das Recht von Mahmud Abbas, für alle Palästinenser zu sprechen. Und wenn Abbas alle seine Forderungen durchsetzen könnte, würde das Ergebnis der Verhandlungen in dem anschließenden Referendum in Israel keine Mehrheit erhalten. Um so mehr muß es Israel irritieren, daß die Europäische Union am 16. Juli 2013 neue Förderrichtlinien beschlossen hat, die zum Ausschluß jener israelischen Bürger, Institutionen und Firmen von Verträgen führen, die ihren Sitz im Gaza-Streifen, im Westjordanland, in Ost-Jerusalem oder auf den Golan-Höhen haben. Zu Recht lehnt die israelische Regierung die neuen europäischen Förderrichtlinien ab. Dieser abwegige Versuch, Israel endgültige Grenzen durch wirtschaftlichen Druck aufzuzwingen und einseitig die Rechtsposition der Palästinenser in der neuen Verhandlungsrunde zu vertreten, wird nicht nur negative Folgen für das europäisch-israelische Verhältnis nach sich ziehen. Das Verhalten der Europäer zeigt der politischen Führung im Iran auch zum wiederholten Male, wie unprofessionell die westlichen Demokratien mit Blick auf Fragen vorgehen, die auf den Fortgang der internationalen Politik großen Einfluß ausüben.

Selbst die Weltmacht USA erscheint dem Mullah-Regime in Teheran offenbar als zu schwach, um eine Veränderung der globalen machtpolitischen Verhältnisse überhaupt ins Auge zu fassen. Die Führer des Iran sehen vielmehr, daß die Amerikaner weder eine schlüssige Strategie für ihr weltpolitisches Engagement haben, noch mit dem bisherigen Einsatz ihres militärischen Instrumentariums in der Lage waren, ihre politischen Ziele zu erreichen. Sowohl der Versuch, in Afghanistan ein dem Westen verbundenes Regime langfristig durchzusetzen, als auch den Irak im Sinne der westlichen Interessen zu verändern, erwiesen sich als Fehlschlag. Es gelang den Amerikanern ebenso wenig, Nordkorea vom Erwerb nuklearer Waffen und weitreichender Raketen abzuhalten. Welche Strategie die U.S.-Präsidenten – von Bill Clinton und George W. Bush bis Barack Obama – auch immer wählten, führte doch keine der Vorgehensweisen zum Erfolg. Sie waren nicht einmal imstande, aufstrebende Mächte in geostrategisch wichtigen Regionen der Welt in Schach zu halten.

Im Hinblick auf den Iran konnte man im Dezember 2007 die lapidare Aussage der amerikanischen Geheimdienste in ihrem „National Intelligence Estimate", daß „die nukleare Bedrohung aus dem Iran nicht akut" sei, mit einem gewissen Schmunzeln registrieren. Schließlich wußten alle Fachleute, daß die Funktion dieses Berichts vom Dezember 2007 zum einen darin bestand, die von einigen Strategen in den USA propagierte Forderung nach einem sofortigen Präventivschlag gegen den Iran zu konterkarieren. Der damalige U.S.-Präsident George W. Bush konnte dieses Problem damit ebenso an seinen Nachfolger Barack Obama „weiterreichen" wie das Problem des unprofessionell durchgeführten Irak-Engagements mit allen seinen bis heute sichtbaren und nachwirkenden unangenehmen Folgen – von den extrem hohen Verlusten an Menschenleben und den enormen finanziellen Belastungen bis zu dem Aufschwung des islamistischen Terrorismus. Zum anderen haben die USA gegen Ende der Bush-Ära ihre eklatante Schwäche auf dem wichtigen Felde der geheimen Nachrichtenbeschaffung offengelegt und dem Mullah-Regime zusätzlich Zeit verschafft. Auch während der bisherigen Regierungszeit von Präsident Obama beschreiben die U.S.-Geheimdienste die Nuklearpolitik des Iran sehr zurückhaltend. So überraschte es angesichts der im Frühjahr

2012 erneut aufgekommenen Diskussion über die Forderung nach einem Präventivschlag gegen den Iran nicht, daß sich dasselbe „Spiel" wie im Dezember 2007 wiederholte und die U.S.-Geheimdienste am 26. Februar 2012 via „New York Times" verlauten ließen, „es gebe keine eindeutigen Hinweise auf den Bau von Atombomben durch den Iran". Die Administration in Washington sträubt sich bis heute dagegen, mit Blick auf das Vorgehen gegen den Iran in Zugzwang zu geraten. Präsident Obama hatte zwar erklärt, daß er sich keineswegs mit Nuklearwaffen in den Händen des Mullah-Regimes in Teheran abfinden werde, doch die Mullahs halten dies für leere Drohungen. Die bisherigen Versuche der Amerikaner, den Aufbau der nuklearen Streitmacht im Iran zu verhindern, fehlt die Substanz. Visionäre Rhetorik über die weltweite Abschaffung von nuklearen Waffen und der vielfach erklärte Wille, der Diplomatie Vorrang einzuräumen, konnten die politischen Führer des Iran nicht beeindrucken. Die USA und Europa befinden sich gegenüber dem Regime in Teheran in einer klassischen „Demandeur"-Position und haben kein Mittel, um ihrem Anliegen die nötige Durchschlagskraft zu verleihen. Ebenso wenig konnte es verwundern, daß der Versuch Washingtons, das Assad-Regime in Syrien zur Abkehr von der strategischen Partnerschaft mit dem Iran zu veranlassen, rasch fehlschlug. Die Schwäche der amerikanischen Diplomatie zeigte sich auch darin, daß sie Ende Mai 2010 das Abschlußdokument der UN-Überprüfungskonferenz zum Nichtverbreitungsvertrag mittrug, in dem allein Israel aufgefordert wird, dem Vertrag beizutreten und den Weg zu einer nuklearwaffenfreien Zone im Nahen Osten freizumachen. Das iranische Nuklearprogramm wird dagegen in dem Text nicht erwähnt.

Die begrenzten Fähigkeiten der USA, überhaupt ein klares Nachrichtenbild über die gesamte Nahost-Region zu gewinnen, haben sich auch im Zuge der Rebellionen in der arabischen Welt gezeigt. Die Geheimdienste und die Diplomaten waren weder in der Lage, die Krisen rechtzeitig vorherzusehen, noch deren Auswirkungen angemessen zu bewerten. So bot die amerikanische Regierung vor aller Welt das Schauspiel eines Schlingerkurses gegenüber den Regimen vom Persischen Golf bis nach Libyen. Gelegentlich mußten sogar andere Staaten aushelfen, um gefährliche Entwicklungen in der Region zu verhindern. Während hochrangige Vertreter der U.S.-Regierung von der politischen Führung in Bahrain Zurückhaltung beim Einsatz der Sicherheitskräfte gegen Demonstranten und schließlich sogar Reformen und einen Dialog mit der schiitischen Opposition forderten, übernahm das Regime Saudi-Arabiens die Federführung und machte mit dem entschlossenen Einsatz seiner Streitkräfte klar, wie der existentiellen Bedrohung des Königreichs Bahrain durch die vom Iran gelenkten und unterstützten Schiiten zu begegnen sei. Die Herrscher in Riad sehen die Haltung westlicher Politiker als realitätsfern an, wenn diese meinen, die Rebellion in Bahrain allein als Kampf um mehr Demokratie beschreiben zu sollen.

Die USA griffen zudem eher halbherzig mit ihren Luftstreitkräften in den libyschen Bürgerkrieg ein, um die vom Sicherheitsrat der Vereinten Nationen verhängte Flugverbotszone durchzusetzen. Es gelang angesichts des Zögerns der U.S.-Regierung nicht einmal, innerhalb der NATO eine einheitliche Position zu erreichen und klar zu machen, was man denn eigentlich wollte. Abgesehen von der fatalen und noch lange nachwirkenden deutschen Fehlentscheidung, der historischen, auch von arabischen Staaten beantragten Resolution des Sicherheitsrats der Vereinten Nationen zur Einrichtung einer Flugverbotszone in Libyen die Zustimmung zu versagen, zeigten sich im westlichen Bündnis weitere klare Bruchlinien, die ein einheitliches Handeln auch künftig nicht als sicher erscheinen lassen.

In der Bundesrepublik Deutschland hatte man wohl übersehen, daß sich die erwünschte Veränderung Libyens nicht allein durch Appelle und gute Worte einstellen würde. Das fehlende deutsche Engagement bei dem Versuch der USA und der NATO, das despotische Gaddafi-Regime zu beseitigen, offenbarte nicht nur fehlende Solidarität mit den Bündnispartnern, sondern zeigte auch eine mangelnde Fähigkeit des politischen Führungspersonals, Probleme der internationalen Politik richtig einzuschätzen und angemessen an deren Lösung mitzuwirken. In der damaligen Haltung der deutschen Bundesregierung spiegelt sich zudem eine krasse Fehleinschätzung der strategischen Interessen der Amerikaner, Briten und Franzosen wider. Daß sich Rußland und China bei der Entscheidung über die Resolution 1973 des Sicherheitsrats der Vereinten Nationen zu Libyen nur der Stimme enthielten, was in diesem Fall die stillschweigende Billigung der westlichen Position bedeutete, hätte niemals zum Ausscheren Deutschlands führen dürfen. Hier gab es zweckmäßigere diplomatische Möglichkeiten, um die militärische Zurückhaltung Deutschlands zu begründen und sicherzustellen. Die scharfe Kritik der Grünen und der Sozialdemokraten an der Mitarbeit deutscher Offiziere in NATO-Stäben, die sich an der Koordinierung des Einsatzes der Luftstreitkräfte gegen das Gaddafi-Regime beteiligt haben, vertiefte den Riss im westlichen Bündnis noch. Die in diesem Verhalten zum Ausdruck kommende Widersprüchlichkeit der deutschen Politik muß folgerichtig in der Allianz, aber auch in Israel große Sorge bereiten.

Deutschlands Schwanken im Hinblick auf den Einsatz von Streitkräften ist dabei nur eine Unsicherheit, die von der politischen Führung im Iran registriert wurde. Im Zeichen der neuerdings immer stärker nach eigenen nationalen Interessen handelnden westlichen Bündnispartner dürfte es zunehmend schwieriger werden, eine gemeinsame Haltung in der NATO zu erzielen. Vor allem die Türkei tendiert dazu, vom Westen Abstand zu nehmen und nutzt jede Gelegenheit, einen Sonderweg zu beschreiten. Die nach mühsamer diplomatischer Arbeit gefundenen Kompromisse verdeckten nur schlecht die Tatsache, daß Uneinigkeit über das Vorgehen gegenüber dem Gaddafi-Regime herrschte. Auch die eher begrenzten Wirkungen und die enorme Dauer der Kriegshandlungen gegen die schlecht bewaffneten und im Vergleich zu den NATO-Kräften schwachen Truppen des einstigen libyschen Machthabers dürfte die Neigung zu weiteren internationalen Aktionen der westlichen Demokratien wohl dämpfen. Die NATO hat angesichts ihrer enormen Schwierigkeiten selbst mit so schwachen Gegnern wie Libyen keinen großen Eindruck bei den Iranern hinterlassen. Vielmehr konnte die politische Führung des Iran täglich beobachten, wie schwer es einzelnen westlichen Staaten, z.B. Frankreich, Italien und Großbritannien bei den militärischen Aktionen gegen Gaddafi fiel, genügend Kräfte aufzubringen. Sie benötigten mehr als sieben Monate, um die ohnehin kaum beeindruckende militärische Streitmacht Gaddafis aus der Luft niederzuhalten. Und auch dies wäre ohne die technische und logistische Hilfe der Amerikaner nicht gelungen. Die USA lieferten – weil den europäischen Verbündeten bald die

Munition ausgegangen war – aus den Beständen der 6. U.S.-Flotte die notwendigen zielsuchenden Raketen und trugen auch durch den Einsatz spezieller Aufklärungsmittel, wie z.b. modernste Drohnen, wesentlich dazu bei, die Ziele am Boden wirksam zu bekämpfen.

Die anhaltende politische Schwäche der USA und das Zögern der U.S.-Administration, eine Führungsrolle in der NATO zu beanspruchen, ist den Mullahs in Teheran ebenso wenig entgangen. Die Amerikaner wirkten nicht nur überfordert und ratlos, sondern ließen auch erkennen, daß sie kein schlüssiges strategisches Rezept für die Absicherung ihrer wichtigsten Verbündeten und Partner im Nahen Osten haben. Eher hilflos schaut man in Washington zu, wie im Nahen und Mittleren Osten eine neue geopolitische Landkarte entsteht, die den Aufstieg des Iran und die Herausbildung weiterer islamistischer Regime auf der einen Seite und die dramatisch zunehmende Gefährdung der Status-quo-Mächte – insbesondere Israels – auf der anderen Seite dokumentiert.

Weder die Tötung des Al Qaeda-Chefs Osama bin Laden durch eine präzise geplante und durchgeführte Kommando-Aktion der U.S.-Navy Seals am 2. Mai 2011, noch die Grundsatzrede des amerikanischen Präsidenten zur Nahostpolitik am 19. Mai 2011 haben diese Entwicklung zugunsten des Westens verändert. Zwar gelang es, den Mythos der Unverletzbarkeit des Islamistenführers zu beenden, doch besteht dessen Terrororganisation weiter fort. Deren Schlagkraft wurde in keiner Weise vermindert. Und der in der Rede des amerikanischen Präsidenten zur Nahostpolitik einmal mehr auftauchende Versuch, die arabische Welt mit visionären Angeboten und vagen Zugeständnissen für sich zu gewinnen, legte erneut offen, wie wenig die derzeitige U.S.-Administration in Washington von den tatsächlichen Verhältnissen im Nahen Osten versteht. Die Vorstellung von Präsident Obama, Frieden im Nahen Osten sei möglich, wenn nur Israel auf alle seit dem Juni-Krieg 1967 besetzten Gebiete verzichtet, bestärkt die politische Führung des Iran darin, daß sie es kaum mit einem diplomatisch gleichwertigen Gegner zu tun hat. Und Präsident Obamas unsichere Haltung gegenüber den Rebellionen in der arabischen Welt dürfte die Mullahs in Teheran bei ihrem Vorgehen eher beflügeln. Die Mullahs wissen, daß die jungen Leute und ihre Unterstützer in den arabischen

Umbruchsländern künftig keine große Rolle spielen werden. Angesichts der tatsächlichen Machtverhältnisse und der extrem schlechten wirtschaftlichen Lage etwa in Ägypten und Tunesien eine finanzielle Unterstützung zu versprechen, die Obama in der notwendigen Größenordnung gar nicht leisten kann, belegt nur die Hilflosigkeit der USA. Auch die im Zuge des G-8-Gipfels in Deauville (Frankreich) Ende Mai 2011 von führenden Industrieländern und dem Internationalen Währungsfond (IWF) zugesagte finanzielle Hilfe an Ägypten und Tunesien würden das Problem nicht lösen können. Zum einen bevorzugen die neuen Regime Ägyptens und Tunesiens die benötigten Gelder aus Saudi-Arabien und den streng islamisch orientierten arabischen Golfstaaten. Zum anderen würden die von westlicher Seite angebotenen finanziellen Mittel viel zu spät kommen, um die Wirtschaft der beiden Länder zu stabilisieren.

Präsident Obamas Appelle an Syriens Präsident Bashar al-Assad, zurückzutreten und den Bürgerkrieg zu beenden, wirkten von Anfang an realitätsfern. Die Mullahs im Iran wissen, daß eine militärische Aktion westlicher Länder gegen Syrien nach dem Muster des Vorgehens in Libyen nicht zustande kommen wird. Schon die Veto-Mächte Russland und China ließen dies nicht zu. Sie distanzieren sich zwar von dem grausamen Vorgehen des syrischen Regimes gegen die eigene Zivilbevölkerung und fordern vage Reformen, halten aber an der Stützung des Regimes fest. In Teheran sieht man zudem, daß sich die Sanktionen westlicher Länder gegen Syrien als kraftlos erwiesen haben. Darüber hinaus konnten die Mullahs bislang darauf bauen, daß es von westlicher Seite keine Ansätze gibt, die iranisch-syrische Allianz durch die massive militärische Unterstützung der Regimegegner in Syrien aufzubrechen.

Insbesondere vor dem Hintergrund der offenkundigen Schwäche der USA ist es zu verstehen, daß die Mullahs in Teheran es wagen konnten, Terroranschläge in den Vereinigten Staaten von Amerika selbst ins Auge zu fassen und Mitgliedern ihrer Al-Quds-Brigaden zu erlauben, ein Mordkomplott gegen den saudi-arabischen Botschafter in Washington zu schmieden. Die Ermordung eines hochrangigen saudiarabischen Diplomaten auf amerikanischem Boden hätte die Angreifbarkeit und Schwäche der USA einmal mehr deutlich gemacht. Und bei der rechtzeitigen Aufdeckung der Pläne rechneten die Mullahs offenbar damit, daß die seit der berühmten Rede des einstigen amerikanischen Außenministers Colin Powell im Februar 2003 vor den Vereinten Nationen zur Begründung des Irak-Krieges stark angeschlagene Glaubwürdigkeit der USA ihr Übriges tun würde, um die Vorwürfe gegenüber dem Iran zu entkräften. Die trotz der vorliegenden Beweise und des öffentlichen Engagements von U.S.-Präsident Barack Obama von führenden Politikern der westlichen Länder und von den Medien demonstrierte Skepsis gegenüber den amerikanischen Vorwürfen zeigte erneut, daß die Mullahs in Teheran die Lage realistisch eingeschätzt haben. Sogar die Republikaner, die sonst keine Gelegenheit auszulassen pflegen, um die Gefährlichkeit des Iran und die Führungsschwäche des derzeitigen U.S.-Präsidenten zu betonen, hielten sich auffallend zurück. Es überrascht in diesem Zusammenhang auch nicht, daß sich die Medien in Europa beeilten, die Darstellungen der U.S.-Regierung über das Mordkomplott gegen den saudi-arabischen Botschafter in Washington in Zweifel zu ziehen. Vor diesem Hintergrund konnte die U.S.-Regierung zwar öffentlich verkünden, daß „alle Optionen auf dem Tisch liegen". Eine Strafaktion – welcher Art auch immer – gegen den Iran konnten sich die Amerikaner jedoch nicht erlauben.

Aus der Sicht der politischen Entscheidungsträger in Teheran erscheinen die machtpolitischen Perspektiven der USA eher düster. Sie glauben vielmehr, daß die Zeiten, als die frühere U.S.-Außenministerin Madeleine Albright die USA zur „unverzichtbaren Nation" ausrufen konnte, endgültig vorbei sind. Schon die abenteuerlich hohe Verschuldung der Weltmacht und das Fehlen eines realistischen, wohldurchdachten strategischen Plans zum Schuldenabbau schränken die künftigen Handlungsmöglichkeiten der USA erheblich ein. Die Vereinigten Staaten von Amerika haben derzeit eine Verschuldung in Höhe von mehr als 17 Billionen U.S.-Dollar. Der Betrag entspricht 115 Prozent des Bruttoinlandsprodukts des Landes. Die zwischen der U.S.-Regierung und der Mehrheitsfraktion der Republikaner im Repräsentantenhaus mühsam ausgehandelten Kompromisse zur Abwendung der Zahlungsunfähigkeit des Landes konnten das Schuldenproblem nicht lösen. Die Wirtschaft der USA bleibt vielmehr in einem fragilen Zustand und dürfte angesichts des Fehlens wirksamer Maßnahmen nicht so bald wieder ihre frühere Dynamik gewinnen.

Darüber hinaus wurde in der jüngsten Zeit immer klarer, daß die USA von dem aufsteigenden – und als Veto-Macht im Sicherheitsrat der Vereinten Nationen nach eigenen Interessen handelnden – China gefährlich abhängig sind. Die USA scheinen als Schuldner gegenüber ihrem Gläubiger China immer weniger in der Lage, etwa Druck ausüben zu können. Die U.S.-Regierung hat im Grunde keine andere Wahl, als ihre Rüstungsausgaben drastisch zu verringern und ihr weltweites militärisches Engagement deutlich einzuschränken, wenn sie aus der selbst geschaffenen Schuldenkrise herauskommen und die Abhängigkeit von China reduzieren will. Mit dem von Präsident Obama im Juni 2011 entschiedenen und im Herbst des Jahres 2011 eingeleiteten schrittweisen Abzug der amerikanischen Streitkräfte aus Afghanistan sowie der Vorlage des Verteidigungs-Haushalts der USA und seinen drastischen Einsparungen hat dieser Prozeß bereits begonnen. Er setzte sich inzwischen in der Zurückhaltung der U.S.-Regierung bei den militärischen Konflikten mit islamistischen Kräften von Somalia bis Mali fort. Und mit seiner Rede vor der National Defense University in Washington D.C. am 23. Mai 2013 machte Präsident Barack Obama erneut deutlich, künftig noch zurückhaltender zu handeln, wenn es darum geht, militärische Mittel anzuwenden. Diese Entwicklung signalisiert den Mullahs in Teheran nicht nur, daß die Weltmacht USA erschöpft ist und ihre politischen Prioritäten neu ausrichten will. Für sie können – und wollen – auch die Staaten der Europäischen Union nicht in die Bresche springen. Die Europäer sind nicht einmal in der Lage, ihre Staatsschuldenkrise in den Griff zu bekommen. Die Mullahs in Teheran können vielmehr beobachten, daß mit der Staatsschuldenkrise tiefgehende innereuropäische Spannungen neu aufgebrochen sind.

Es läßt sich nicht bestreiten, daß die derzeitige Schwäche der westlichen Demokratien, der ausgeprägte Antiisraelismus in Europa und der dramatische Aufschwung des Islamismus – von der Türkei über den Nahen Osten bis zu den Staaten am Südrand des Mittelmeers – eine enorme zusätzliche Herausforderung für die israelische Regierung darstellt, die Existenz ihres Landes zu bewahren. Dies wird noch durch die Tatsache unterstrichen, daß eine starke Allianz von despotischen Regimen und Terrorgruppen den jüdischen Staat Israel immer nachhaltiger bedrängt und zu beseitigen sucht. Dabei ist besonders bemerkenswert, daß die Weltorganisation der Vereinten Nationen ihrer genuinen Aufgabe nicht nachkommt, für friedlichen Ausgleich zu sorgen.

Versagen der Vereinten Nationen

Angesichts der Unfähigkeit der internationalen Staatengemeinschaft und der Vereinten Nationen, rechtzeitig wirksame Sanktionen gegen den Iran durchzusetzen, um die Fortführung des nuklearen Rüstungsprogramms zu verhindern und der Duldung der unter Anleitung des Mullah-Regimes gegen Israel operierenden islamistischen Terrorgruppen befindet sich die internationale Politik heute in einer extrem gefährlichen Situation. Vor allem die fatale Rolle und das spezifische Verhalten der Weltorganisation gegenüber dem Mitgliedsstaat Israel lassen an der moralischen Integrität und der politischen Glaubwürdigkeit der Vereinten Nationen gravierende Zweifel aufkommen. In der Chronik des Handelns gegenüber Israel insbesondere seit dem Jahre 1967 geben die Vereinten Nationen ein geradezu beschämendes Bild ab. Diese Chronik ist gekennzeichnet durch eine lange Reihe von Entscheidungen und Beschlüssen, die der Charta der Weltorganisation widersprechen.

In jüngster Zeit weisen u.a. die Geschehnisse und die Resolution der vom 20. bis 25. April 2009 in Genf abgehaltenen „Antirassismus- und Menschenrechts-Konferenz" auf das eklatante Versagen der Vereinten Nationen hin. In den Texten der Resolution wird einseitig für die Position der Palästinenser Partei ergriffen und ausschließlich Israel auf die Anklagebank gesetzt. Die seit vielen Jahrzehnten begangenen Terrorakte und die Raketenangriffe seitens der vom Iran angeleiteten islamistischen Terrorgruppen gegen den Staat Israel werden nicht erwähnt.

Die Genfer Konferenz stand im übrigen in der Tradition der Vorläufer-Veranstaltung im September 2001 in Durban (Südafrika), auf der die islamischen und afrikanischen Staaten ihre einseitige Kritik speziell an Israel formuliert hatten. In der am 22. April 2009 per Akklamation verabschiedeten Schlußerklärung der Genfer Konferenz wird mehrfach ausdrücklich auf die Resolution von Durban aus dem Jahre 2001 Bezug genommen. So wird die vollständige Umsetzung des Beschlusses von 2001 gefordert, in dem Israel die gesamte Schuld am Nahostkonflikt zugeschoben wird. Darüber hinaus beklagen die im Namen der Vereinten Nationen sprechenden Autoren der Genfer Erklärung unter den Stichworten Rassismus, Fremdenfeindlichkeit und Intoleranz die Diskriminierung des Islam. Eine klare Verwahrung gegen islamistischen Terror fehlt dagegen, obwohl dieser Terror heute ein wesentlicher Faktor der internationalen Politik ist. Mit Blick auf die Genfer Antirassismus- und Menschenrechts-Konferenz erscheint es bemerkenswert, daß Libyen den Vorsitz im Planungskomitee innehatte. Dessen damaliger Vertreter im Sicherheitsrat der Vereinten Nationen, Ibrahim Dabbashi, hatte das Vorgehen Israels im Gaza-Krieg Anfang Januar 2009 mit den systematischen Morden der Nationalsozialisten während des „Dritten Reiches" verglichen. Und daß der Vize-Vorsitz der Konferenz in den Händen des Iran lag, dessen damaliger Präsident Mahmud Ahmadinedshad (2005–2013) wiederholt öffentlich erklärte, „Israel von der Landkarte tilgen" zu wollen und mit der massiven Unterstützung islamistischer Terrorgruppen sowie dem Aufbau einer nuklearen Streitmacht die Ernsthaftigkeit seines Strebens unterstrichen hat, macht einmal mehr deutlich, in welchem politischen Fahrwasser sich die Vereinten Nationen befinden. Dabei wirkt es ebenso befremdlich, daß der Berichterstatter dieser Konferenz aus Kuba stammt, eines Landes also, das für Freiheit, Demokratie und die Beachtung der Menschenrechte weniger bekannt ist.

Erst recht zeigte sich das Versagen der Vereinten Nationen, als im Rahmen der Genfer Antirassismus- und Menschenrechts-Konferenz der damalige iranische Staatspräsident Ahmadinedshad das Forum gleich zu Beginn der Veranstaltung für eine Haßrede mißbrauchen konnte und Israels Politik in den palästinensischen Gebieten als „rassistisch" brandmarkte. Zwar boykottierten die USA, Israel, Deutschland, die Niederlande, Kanada, Italien, Luxemburg und Polen die Konferenz, weil sie nicht die Kulisse für antisemitische Hetze abgeben wollten. Auch verließen viele Diplomaten während der Rede des iranischen Präsidenten den Saal, darunter alle Vertreter der an der Konferenz teilnehmenden EU-Staaten. Doch wäre es besser gewesen, wenn die Mitgliedsländer der Europäischen Union von vornherein geschlossen der Konferenz ferngeblieben wären. Mit der erneut demonstrierten Zerstrittenheit brachte sich die Europäische Union einmal mehr um die Chance, das Verhalten der Weltorganisation wirksam beeinflussen zu können. Ban Ki-moon, der Generalsekretär der Vereinten Nationen, distanzierte sich zwar von der Haßrede des iranischen Präsidenten gegen Israel. Gleichwohl blieb seine Reaktion außerordentlich schwach und legte offen, daß die Politik der Weltorganisation den vorgegebenen hohen Ansprüchen in keiner Weise genügt.

Das problematische Verhalten der Vereinten Nationen setzte sich mit der im September 2011 unter dem Titel „Durban III" abgehaltenen „Antirassismus-Konferenz" fort. Auch diese Konferenz zielte darauf, das demokratische Israel als „rassistischen Staat" zu diffamieren. Mit der Entscheidung der Generalkonferenz der Unesco am 31. Oktober 2011 in Paris, die Palästinenser in diese Unterorganisation aufzunehmen und als Staat anzuerkennen, bestätigten die Vereinten Nationen nicht nur ihre dezidiert anti-israelische Haltung. Völkerrechtlich gesehen verstößt die Aufnahme der Palästinenser in die UNESCO zudem gegen maßgebliche Resolutionen des Sicherheitsrats der Vereinten Nationen (z.B. Resolution 242 und 338), die in klaren Worten betonen, daß eine Friedenslösung mit gerechten und sicheren Grenzen ausschließlich „auf dem Wege der Verhandlungen" erzielt werden muß.

Überhaupt fällt an dem Verhalten der Vereinten Nationen insbesondere seit dem israelisch-arabischen Krieg vom Juni 1967 auf, daß zahlreiche Gremien der Weltorganisation Resolutionen gegen den Mitgliedsstaat Israel verabschieden, zu den Normenverletzungen anderer Länder aber zumeist schweigen. Dabei wird nicht nur die Tatsache ignoriert, daß der Staat Israel seit seiner auf der Grundlage der Resolution 181 der Vereinten Nationen vom 29. November 1947 erfolgten Gründung am 14. Mai 1948 seine Existenz mehrfach in Kriegen verteidigen mußte. Die Weltorganisation hat bis heute auch keine wirksamen Maßnahmen ergriffen, um die Verantwortlichen für die kriegerischen Aktionen und den Terrorismus gegen den Staat Israel zur Rechenschaft zu ziehen.

Darüber hinaus ist die Äquidistanz, mit der die Vereinten Nationen das demokratische Mitgliedsland Israel gelegentlich auf eine Stufe mit seinen terroristischen Gegnern stellt, nicht akzeptabel. Immer wieder vernimmt man anläßlich der zahllosen Ausbrüche von Gewalt im israelisch-palästinensischen Konflikt die Appelle hochrangiger Vertreter der Weltorganisation an „beide Seiten", die Aktionen sofort einzustellen. Und man tut häufig so, als sei danach alles wieder „in Ordnung". Dies ist jedoch keineswegs der Fall. Denn die Vereinten Nationen lassen es zu, daß andere Mitgliedsländer, wie z.B. Iran, Syrien und die Türkei, eindeutig gegen die Charta der Weltorganisation verstoßen und in massiver Weise islamistische Terrororganisationen unterstützen, die das ebenfalls den Vereinten Nationen angehörende Land Israel beseitigen wollen.

Die jahrzehntelange Geschichte des Nahostkonflikts zeigt, daß sich Israel nicht auf den ihm zustehenden Schutz der Vereinten Nationen verlassen kann. Das vielfach bedrängte und in seiner Existenz bedrohte Land muß auf seine eigene Stärke und einzelne Verbündete bauen, die bereit sind, das Versagen der Weltorganisation auszugleichen. Angesichts der Tatsache, daß Israel zur Wahrung seiner Sicherheit mehrere Verteidigungskriege führen mußte, erscheint es schon ungewöhnlich, wenn die Aggressoren und Verlierer dieser Kriege die Möglichkeit erhalten, mit Hilfe der Vereinten Nationen die Bedingungen diktieren zu können.

Unter den Augen der Vereinten Nationen hat sich im Laufe von mehreren Jahrzehnten der Terrorismus als wesentliches Element des religiös begründeten Kampfes gegen den Staat Israel etabliert. Vor allem in dem von der Terrororganisation Hamas beherrschten Gaza-Streifen und in dem von der Terrorgruppe Hizbullah dominierten Libanon dulden die Vereinten Nationen die Vorbereitung von Terrorakten gegen die israelische Zivilbevölkerung. Die militärische Aufrüstung der Hizbullah, der Hamas und anderer Terrorgruppen geht ungebremst weiter, obwohl die Transportwege und die Initiatoren bekannt sind. Dabei wird seitens der Weltorganisation verdrängt, daß für die Hamas und die Hizbullah der Terror grundsätzliche Strategie ist. Diese Strategie wird nicht durch Zugeständnisse Israels im Hinblick auf die Gründung eines Palästinenser-Staates oder durch israelisches Wohlverhalten ihr Ende finden. Den Islamisten geht es um die Beseitigung des Staates Israel. Die Terrorgruppen und die hinter ihnen stehenden despotischen Regime zählen darauf, daß die Beobachter der

Vereinten Nationen eher das Vorgehen der Israelis an den Pranger stellen, als den Ursprung dieser Form des Krieges zu kritisieren oder gar – was ihre Pflicht wäre – das Vorgehen der Terrorgruppen zu unterbinden.

Das Versagen der Vereinten Nationen spiegelt sich auch in dem Untersuchungsbericht des Menschenrechtsrats der Weltorganisation zum Gaza-Krieg vom Januar 2009 wider. Der von dem Südafrikaner Richard Goldstone im Auftrag der Vereinten Nationen mitverfaßte Bericht wirft Israel fälschlicherweise zahlreiche Kriegsverbrechen im Gaza-Krieg vor. Er ignoriert dabei nicht nur konsequent die seitens der Terrororganisation Hamas im Gaza geschaffenen Rahmenbedingungen und völkerrechtswidrigen strategischen Vorgehensweisen. In dem Bericht wird auch – entgegen den Tatsachen – behauptet, der Krieg habe mehr als 1.400 Todesopfer unter den Palästinensern gefordert, von denen die große Mehrheit Zivilisten gewesen seien. Doch in Wirklichkeit gab es 1.165 Todesopfer zu beklagen, von denen 295 zu den Zivilisten zu zählen sind. Es wird darüber hinaus verschwiegen, daß die israelischen Streitkräfte von Anfang an große Anstrengungen unternommen haben, um zivile Opfer zu vermeiden. So wurden während des Krieges mehr als 165.000 Warnanrufe an die im Gaza lebenden Palästinenser getätigt und mehr als 2,5 Millionen Flugblätter abgeworfen. Doch die bewußte Nutzung von zivilen Einrichtungen seitens der Hamas-Führung, sowie das fast durchgängige Untertauchen der Hamas-Kämpfer in der zivilen Bevölkerung machten die israelischen Bemühungen zum Schutz der Bevölkerung oft zunichte. Der Bericht des Menschenrechtsrats der Vereinten Nationen stützt sich also nicht nur auf mangelhafte Recherchen und sachlich falsche Zahlen. Er beruht auch auf realitätsfernen Definitionen des internationalen Kriegsrechts, wenn davon ausgegangen wird, das militärische Ziele von zivilen Einrichtungen klar zu trennen seien. Diese wichtige Unterscheidung zu garantieren, wurde von der Terrorgruppe Hamas bewußt verhindert, um das israelische Vorgehen vor der Weltöffentlichkeit zu delegitimieren.

Richard Goldstone hat zwar Anfang April 2011 in der amerikanischen Zeitung „Washington Post" geschrieben, daß nach seinen neueren Erkenntnissen viele Behauptungen in dem Bericht falsch seien und dem Menschenrechtsrat der Vereinten Nationen Voreingenommenheit gegenüber Israel vorgeworfen. Er machte in seinem Artikel auch klar, daß er vor dem Hintergrund der tatsächlichen Geschehnisse den Bericht anders schreiben würde. Während die „Hamas offensichtlich absichtsvoll Zivilisten ins Visier genommen habe, sei der israelischen Armee so etwas nach dem heutigen Wissensstand nicht mehr anzulasten", bestätigte Goldstone in der „Washington Post". Die Vereinten Nationen weigern sich jedoch bis heute, den Bericht zu annullieren. Die Tatsache, daß die in den westlichen Medien immer wieder als „gemäßigt" bezeichnete Palästinenser-Führung auf dem Bericht des Menschenrechtsrats der Vereinten Nationen besteht, macht sie für Verhandlungen mit den Israelis, die auf Frieden zielen sollen, keineswegs glaubwürdiger. Erst recht aber unterstreicht die Weigerung der Vereinten Nationen, den Bericht zurückzuziehen, den schlimmen Zustand der Weltorganisation.

Mit Blick auf die aktuelle Situation im Gaza sehen hochrangige Repräsentanten der Vereinten Nationen immer noch darüber hinweg, daß dieser schmale Landstreifen seit dem Abzug der israelischen Truppen und der brutalen Machtübernahme durch die Hamas ein Vorposten des totalen Krieges gegen den Staat Israel geworden ist. Die Weltorganisation, die einen derartigen Zustand auf Dauer akzeptiert und de facto jene Kräfte im Nahen Osten toleriert, die jede Friedensregelung kategorisch ablehnen, fügt nicht nur dem Mitgliedsland Israel, sondern auch dem palästinensischen Volk schweren Schaden zu.

Im Zuge des Erstarkens des islamischen Fundamentalismus und des islamistischen Terrorismus können wir nicht nur beobachten, daß ein großer Teil der Muslime in aller Welt eine problematische Ideologie vertritt, die sich gegen die Existenz des Staates Israel richtet. Das zentrale – und bisher von der Führung der Vereinten Nationen hingenommene – Problem besteht vielmehr auch in der Unterstützung, die der islamische Fundamentalismus sowohl von manchen Regierungen im Nahen Osten, als auch von zahlreichen islamischen Geistlichen in aller Welt erhält. Sie propagieren in immer stärkerem Maße die Lehren des Gründers der ägyptischen Muslimbruderschaft, Hassan al-Banna, und die radikalen Interpretationen des Koran durch Sajjid Qutb, sowie des Führers der Islamischen Revolution im Iran, Ajatollah Ruhollah Chomeini, die es als „gottgefällig" betrachten, den Islam allen Nationen aufzuzwingen und auf keinen Fall zu dulden, daß der Staat Israel im Nahen Osten fortbesteht. Gemessen an den wohlklingenden Texten der Charta der Weltorganisation und der „Erklärung der Menschenrechte" erscheint es inakzeptabel, daß die Vereinten Nationen die Verbreitung des Hasses gegen Israel und des bewaffneten Kampfes gegen alle „Ungläubigen", der in vielen Moscheen gepredigt und von den entsprechenden Regierungen noch gefördert wird, tatenlos hinnehmen. De facto müssen sich die Vereinten Nationen einen großen Teil der Schuld daran zurechnen, daß der Nahostkonflikt bis heute fortgeführt wird und viel Leid für die Palästinenser wie für die Israelis mit sich bringt.

Das Kernproblem des Versagens der Weltorganisation – nicht nur gegenüber Israel – läßt sich gewiß leichter beschreiben als lösen. Der Tatbestand, daß die Vereinten Nationen, die gemäß ihrer Charta dem Frieden, der Sicherheit und der Verwirklichung der Menschenrechte dienen soll, in ihrer Mehrheit aus Diktaturen, Despotien und autoritären Regimen bestehen, hat es sicherlich erschwert, den ehrenwerten Zielen Beachtung zu verschaffen. Doch kann dieser Tatbestand nicht für alle Zeiten als Entschuldigung dafür gelten, das aggressive Vorgehen jener Mitgliedsländer zu dulden, die den islamistischen Terrorismus massiv unterstützen und durch den Erwerb von Nuklearwaffen vielen Millionen von Menschen die Chance auf ein friedliches Leben nehmen.

Die Stunde der Wahrheit rückt näher

Es läßt sich nicht bestreiten, daß die Bekämpfung der islamistischen Terrorgruppen und der hinter ihnen stehenden despotischen Regime angesichts der transzendentalen Motivation ihrer führenden Repräsentanten, sowie der problematischen Einstellungen zahlreicher westlicher Politiker und eines beachtlichen Teils der Massenmedien außerordentlich schwierig ist. Gegenüber dem Mullah-Regime im Iran und den islamistischen Kämpfern, die den Lehren Sajjid Qutbs und des Ajatollah Chomeini folgen, funktionieren Maßnahmen der Abschreckung und die Mittel der Diplomatie letztlich nicht. Schon dieser Tatbestand macht deutlich, unter welchen schwierigen Rahmenbedingungen das bedrängte Israel gezwungen ist, seine Existenz zu behaupten. Doch sind in jüngster Zeit weitere Herausforderungen hinzugekommen, auf die Israel eine angemessene Antwort geben muß: Die Schwäche der westlichen Demokratien und der Wegfall der partiellen sicherheitspolitischen Kooperation mit arabischen Regimen nach dem dramatischen Umbruch in der islamischen Welt haben die Möglichkeiten Israels, seine Existenz zu bewahren, erheblich eingeengt. Die Weltorganisation der Vereinten Nationen dürfte auch künftig versagen, und die antiisraelischen Kräfte vor allem in den europäischen Ländern werden auch weiterhin ihre Auffassungen durchzusetzen suchen.

Gewiß haben führende westliche Politiker Israel gelegentlich in Schutz genommen und auf die gefährliche Politik des Mullah-Regimes im Iran hingewiesen. Auch die deutsche Bundeskanzlerin zögerte nie mit klaren Worten, wenn sie auf ihre Haltung zu Israel und zum Iran angesprochen wurde. „Die Sicherheit Israels ist für mich als deutsche Bundeskanzlerin niemals verhandelbar; sie zu schützen ist Teil der Staatsräson meines Landes", sagte Angela Merkel vor den Vereinten Nationen im Herbst 2007. Fast wortgleich äußerte sie sich in ihrer Rede vor der Knesset in Jerusalem am 18. März 2008 bei ihrem Besuch in Israel anläßlich des 60. Jahrestages der Staatsgründung des modernen Israel. Und nur einen Tag nach dem Beginn des Krieges gegen die Terrororganisation Hamas im Gaza-Streifen am 28. Dezember 2008 erklärte die deutsche Kanzlerin, daß die „alleinige Schuld für den Krieg bei der Hamas" liege. Mit ebenso klaren Worten wiederholte die Kanzlerin ihren Vorwurf an die Hamas, mit den massiven Raketenangriffen auf die israelische Zivilbevölkerung für die militärischen Auseinandersetzungen im November 2012 verantwortlich zu sein und unterstrich dabei das Recht Israels, sich zu verteidigen. Im Hinblick auf das Mullah-Regime im Iran nannte die Bundeskanzlerin „Nuklearwaffen in den Händen Teherans völlig inakzeptabel". Auch die Staats- und Regierungschefs der USA, Frankreichs und Großbritanniens wählten ähnliche Worte, um die gefährliche politische Entwicklung im Nahen Osten zu charakterisieren. Doch können die wohlklingenden Worte kaum halten, was sie zu versprechen scheinen. In Teheran sieht man, daß vielen westlichen Regierungen die Fähigkeit zur nüchternen und scharfen Analyse fehlt und die westlichen Gesellschaften nicht über den notwendigen Durchhaltewillen verfügen, um längere militärische Auseinandersetzungen zu bestehen. Selbst der Entschluß zu einer begrenzten militärischen Intervention oder auch nur zu einer Lieferung von Waffen fällt den meisten westlichen Ländern außerordentlich schwer. Man glaubt in Teheran, daß sich die Regierungen der westlichen Demokratien nach der Präsentation iranischer Nuklearwaffen als ebenso hilflos erweisen wie im Zuge der langjährigen diplomatischen Bemühungen zum Abbruch des Nuklearprogramms. Der Tatbestand, daß die USA auch nicht gegen Nordkorea militärisch vorgehen, obwohl dessen Regierung schon in den Jahren 2006 und 2009 nukleare Sprengköpfe testete und am 12. Februar 2013 erneut einen erfolgreichen Nuklearwaffentest durchführte, scheint die politische Führung des Iran darin zu bestätigen, ihre Nuklearpolitik straflos fortsetzen zu können. Die Mullahs erwarten, daß sich die USA „pragmatisch" verhalten und der Faktenlage schließlich anpassen werden.

Das Mullah-Regime im Iran und die von ihm unterstützten und angeleiteten Terrorgruppen fühlen sich angesichts der Schwäche der westlichen Demokratien und der konsequenten Unterstützung, die sie von Russland und China erfahren, außerordentlich sicher. Zudem haben sich die Handelsbeziehungen des Iran besonders in der jüngsten Vergangenheit deutlich vom Westen in Richtung Asien, vor allem nach China, verschoben. Der Iran läßt sich seine Öl-Lieferungen längst durch Überweisungen an Banken in Russland und Indien bezahlen. Sie haben die Funktion der Europäisch-Iranischen Handelsbank Hamburg übernommen, und auch die Londoner Banken werden nicht mehr gebraucht, um den iranischen Zahlungsverkehr abzuwickeln. Inzwischen sind auch Banken in der Türkei und im Irak eingesprungen, um die Finanzaktivitäten des Iran sicherzustellen. Die Maßnahmen der westlichen Demokratien gegen den Iran haben zwar nachhaltige Wirkungen auf die Wirtschaft des Landes. Die Härte und Standhaftigkeit des Mullah-Regimes dürfte aber kaum noch mit weiteren Sanktionen westlicher Staaten zu erschüttern sein. Auch das von der Europäischen Union am 23. Januar 2012 nach langen, teilweise hitzigen Diskussionen beschlossene und seit dem 1. Juli 2012 geltende Öl-Embargo gegen den Iran und die Entscheidung, die Konten der Zentralbank einzufrieren, werden nicht bewirken, die wirtschaftliche Lebensader des Regimes wesentlich zu beeinträchtigen. Denn zum einen erhielten die Länder der Europäischen Union insgesamt nur 5,8 Prozent ihres Erdöls aus dem Iran. Zum anderen ist diese Fördermenge Zug um Zug von China und anderen Staaten in Asien übernommen worden. Die Iraner konnten die relativ lange Zeit der Diskussionen in Europa gut nutzen, um ihre Öl-Geschäfte zu verlagern. Das Öl-Embargo hat überdies einige europäische Länder (z.B. Griechenland, Italien und Spanien), die bislang einen hohen Anteil ihrer Lieferungen aus dem Iran bezogen, zusätzlich belastet und zu einem Anstieg der Öl- und Benzinpreise geführt. Darüber hinaus ist es den Iranern inzwischen sogar gelungen, ihre Erdölexporte zu steigern. Sie haben hierzu kreative Strategien entwickelt, um die Sanktionen zu umgehen. Diese Strategien reichen von Umladungen des Erdöls auf See, das Ansteuern von abseits gelegenen Häfen bis zur Vermischung iranischen Erdöls mit anderem Brennstoff, um die Herkunft der jeweiligen Ladung zu verschleiern.

Die strikte Weigerung des Iran, sein militärisches Nuklearprogramm vollständig zu beenden und die aggressive Politik gegenüber Israel einzustellen, ist sehr bedauerlich. Diese Haltung hat sich auch mit der

Übernahme des Amtes des Staatspräsidenten durch Hassan Rohani nicht geändert. Die rhetorisch freundliche Verpackung der iranischen Interessen im Hinblick auf die Nuklear- und Raketenrüstung zeigt lediglich einen Wandel der Taktik an. Realismus zwingt uns daher zu erkennen, daß der Konflikt mit dem Iran und dem islamistischen Terrorismus unaufhaltsam auf eine Entscheidung zutreibt. Den Europäern wird es nichts nützen, sich in dieser Situation an realitätsferne Wunschvorstellungen zu klammern. Sie können dieser Auseinandersetzung gar nicht entfliehen. Es ist auch ihr Konflikt – ob sie dies wollen oder nicht. Der Verlauf, der Ausgang und die Folgen des Konflikts werden auch Europa unmittelbar und deutlich fühlbar betreffen.

Weder in Teheran, noch bei den besonders bedeutsamen islamistischen Terrorgruppen Hizbullah und Hamas wird man von dem gesteckten politischen Ziel – der Beseitigung des jüdischen Staates Israel – abrücken. Diese Entschlossenheit wurde von Irans Mullah-Regime, von Hizbullah-Chef Hassan Nasrallah und von Hamas-Führer Khaled Meshal immer wieder bekräftigt. Und Hamas-Regierungschef Hanija versicherte bei zahlreichen Gelegenheiten, daß seine Bewegung Israel niemals anerkennen werde, sondern bis zur „vollständigen Befreiung Palästinas und Jerusalems weiterkämpfen" werde. Die im Laufe der letzten beiden Jahre immer massiveren Raketenangriffe der Hamas auf die Zivilbevölkerung Israels haben gezeigt, daß sowohl die Mullahs in Teheran, als auch die islamistischen Terrorgruppen ihre Ankündigungen ernst meinen.

Die Mullahs in Teheran sind so überzeugt von der Sinnhaftigkeit ihres Vorgehens, daß keine Maßnahme der westlichen Demokratien sie davon abbringen kann. Die meisten westlichen Entscheidungsträger gehen offenbar immer noch von der falschen Annahme aus, daß die Führer des Iran ähnlich denken und handeln wie die Repräsentanten der westlichen Kultur. Doch dies ist definitiv nicht der Fall. Die Iraner haben über Jahre hinweg reichlich Gelegenheit gehabt, ihre aggressive Politik zu beenden und das militärische Nuklearprogramm aufzugeben. Angebote und Entgegenkommen der westlichen Länder gab es wahrlich genug. Alle Fakten weisen darauf hin, daß weitere Versuche, mit diplomatischen Mitteln eine endgültige Abkehr des Iran von der nuklearen Bewaffnung zu erreichen, scheitern werden. Es ist vor diesem Hintergrund bemerkenswert, daß die Regierungen der westlichen Demokratien diese realen Perspektiven trotz der profunden Erkenntnisse und Berichte ihrer Geheimdienste noch nicht „auf ihrer Rechnung" haben. Selbst nach der Veröffentlichung der umfangreichen Berichte der Internationalen Atomenergiebehörde (IAEA) zum iranischen Nuklearprogramm weigern sich führende westliche Politiker immer noch, die notwendigen Konsequenzen zu ziehen. Sie redeten zwar vollmundig davon, „daß die internationale Staatengemeinschaft darüber nicht einfach zur Tagesordnung übergehen kann", doch konkrete militärische Maßnahmen, die dem Iran die gefährliche nukleare Option nehmen könnten, lehnen sie strikt ab. Entgegen den Erkenntnissen der Geheimdienste suchen führende Repräsentanten der EU-Staaten sogar den Eindruck zu verbreiten, daß die Herstellung von Nuklearwaffen durch die Iraner noch viele Jahre beanspruchen werde. Doch inzwischen ist es den iranischen Technikern gelungen, alle entscheidenden Komponenten der nuklearen Rüstung herzustellen. Es bleibt nur noch die Aufgabe, diese Komponenten zusammenzufügen und als Waffensystem funktionsfähig zu machen. Die iranischen Techniker kennen das Verfahren von ihren nordkoreanischen Kollegen. Die Führung des Iran ist seit Anfang des Jahres 2012 in der komfortablen Situation, diesen Prozeß nach Belieben zu steuern. Alle Indikationen weisen darauf hin, daß die Iraner das erfolgreiche nordkoreanische Muster des Vorgehens im Hinblick auf den Erwerb nuklearer Waffen kopieren. Die Mullahs in Teheran können nunmehr entscheiden, ob und wann sie den Besitz von Nuklearwaffen der Weltöffentlichkeit präsentieren. Sie bestimmen das Gesetz des Handelns.

Anders als in den europäischen Ländern macht man sich in Israel über die politische und strategische Entwicklung keine Illusionen. Unabhängig davon, ob die Mullahs im Iran und die mit ihnen eng verbundenen Terrororganisationen oder die Muslimbrüder und andere islamistische Gruppierungen Machtgewinne verbuchen – für Israel gilt es in jedem Fall, daß seine Existenz in extremer Weise gefährdet ist und entschlossener Abwehrmaßnahmen bedarf. Es ist daher nur konsequent, wenn sich die Israelis sorgfältig auf die drohende militärische Auseinandersetzung vorbereiten.

Für die israelische Regierung erscheint es jedoch politisch und psychologisch schwierig, schon vor der Präsentation von Nuklearwaffen durch das Mullah-Regime einen Militärschlag gegen den Iran durchzuführen. Sie muß – nach den bewußt falschen Darstellungen der U.S.-Regierung unter Präsident George W. Bush über die Nuklearkapazitäten des Irak im Frühjahr 2003 – damit rechnen, daß man ihr vorwirft, der Besitz von Nuklearwaffen seitens des Iran sei nicht bewiesen.

Den Beweis des Besitzes von Nuklearwaffen zu führen, solange der Iran seine Kapazität noch nicht öffentlich präsentiert hat, ist zwar möglich, aber recht kompliziert. Doch wie lange können die Regierungen der führenden westlichen Länder – und insbesondere Israel – warten? Bis der Iran so viele nukleare Waffensysteme über das ganze Land verteilt besitzt, daß ihre vollständige Ausschaltung extrem aufwendig ist und größere militärische Operationen erfordert? Letzteres scheint die Strategie der Mullahs in Teheran zu sein. Ihre geschickte Diplomatie gegenüber den führenden westlichen Ländern hilft ihr dabei, dieses Ziel zu erreichen. Die unmittelbar betroffenen und im Fokus der Politik stehenden westlichen Regierungen werden gleichwohl ihr Handeln abwägen müssen gegen die Folgen des Nichtstuns. Jede der dabei betrachteten Alternativen erscheint gleichermaßen unangenehm und macht eine Entscheidung äußerst schwierig. Diese Entscheidung muß dennoch getroffen werden.

An der seit Herbst 2011 zwischen den USA und Israel geführten Diskussion über die nuklearen Kapazitäten des Iran und die denkbare westliche Reaktion können wir ablesen, daß Israels Toleranz in dieser Frage deutlich geringer ist, als etwa die Toleranz der USA. Die amerikanische Regierung mag in diesem Zusammenhang ihr Handeln noch an bestimmten „roten Linien" orientieren, die seitens des Mullah-Regimes nicht überschritten werden dürfen. Für Israel steht dagegen die Frage der Existenz unmittelbar auf der Tagesordnung. Sicherlich muß die israelische Regierung bei ihrem Handeln die Interessen der USA berücksichtigen. Sie wird der U.S.-Regierung jedoch kein Veto oder die Auswahl des Zeitpunktes für eine Militäraktion gegen die Nuklearwaffen des Iran zubilligen können. Darauf wird man sich in Washington einstellen müssen. Dieser spezielle Dissens zwischen den

USA und Israel war immer wieder bei den Treffen von Ministerpräsident Benjamin Netanjahu und U.S.-Präsident Barack Obama zu beobachten. Während U.S.-Präsident Barack Obama weiterhin „einen Zeitkorridor" für Diplomatie reklamiert und auf die Wirkung von Sanktionen hofft, machte Benjamin Netanjahu klar, daß er das israelische Volk „nicht im Schatten der Vernichtung leben lassen könne".

Ungeachtet der Kritik zahlreicher westlicher Politiker und der Medien auf die Ende Oktober 2011 in der britischen Zeitung „Guardian" und erneut Mitte Januar 2012 in der amerikanischen Zeitung „Washington Post" lancierten Debatten über einen möglichen Militärschlag gegen die Nuklearwaffen des Iran läßt sich die israelische Regierung nicht in ihren Vorbereitungen beirren. Wenngleich es auch in Israel nicht an skeptischen und eher zur Vorsicht ratenden Kommentaren zu den Erfolgsaussichten und den Konsequenzen eines begrenzten Militärschlages gegen den Iran fehlt und hochrangige amerikanische Politiker wiederholt vor den nicht vollständig kalkulierbaren Folgen eines derartigen Vorgehens warnten, rückt diese Option immer näher.

Gewiß sahen sich die führenden westlichen Länder – und Israel – unter den derzeitigen prekären Rahmenbedingungen in der Pflicht, den Nachweis zu erbringen, daß nichts unversucht gelassen wurde, das Mullah-Regime in Teheran von seiner gefährlichen Politik abzubringen. Doch deuten auch nach den wiederholten Gesprächen von Experten der Internationalen Atomenergiebehörde (IAEA) in den Jahren 2012 und 2013 ebenso wie die von den Vertretern der fünf Veto-Mächte des UN-Sicherheitsrates und Deutschlands und den Repräsentanten des Mullah-Regimes im November 2013 erzielte Übergangsregelung alle Anzeichen darauf hin, daß es nicht gelingen kann, den Erwerb nuklearer Waffen durch den Iran zu verhindern. Die Frage, was dann zu tun ist, hat folgerichtig für den seit dem 31. März 2009 amtierenden und am 18. März 2013 in seinem Amt bestätigten israelischen Regierungschef Benjamin Netanjahu absolute Priorität.

Dem derzeitigen israelischen Regierungschef Benjamin Netanjahu wegen seiner militärischen Vorsorgemaßnahmen und seiner Entschlossenheit, als letzte Möglichkeit zur Verhinderung eines Angriffs mit nuklearen Waffen auf sein Land auch einen begrenzten Militärschlag gegen die nuklearen Einsatzmittel des Iran ins Auge zu fassen, mit schweren Vorwürfen zu bedenken, erscheint vor dem Hintergrund der Tatsachen absurd. Es ist nicht „lähmende Angst", die den israelischen Ministerpräsidenten in der gegenwärtig so prekären Situation antreibt, sondern seine Pflicht zur Sicherung der Existenz des eigenen Staates und des israelischen Volkes, die ihm keine andere Wahl läßt. Dies sehen im übrigen auch die Vertreter anderer politischer Parteien in Israel in ähnlicher Weise. Die meisten von ihnen raten gleichwohl – wie auch Israels Staatspräsident Shimon Peres – zu „ruhigem Kalkül" und lehnen einen Alleingang Israels ab. Darüber hinaus sollte es in den westlichen Demokratien stärkere Beachtung finden, daß der derzeitige israelische Staatspräsident – und Friedensnobelpreisträger – Shimon Peres seit November 2011 in mehreren Interviews darauf hingewiesen hat, wie nahe der Iran seinem angestrebten Ziel des Besitzes von nuklearen Waffen ist. Die am 25. April 2012 von der Zeitung „Ha'aretz" veröffentlichte Einschätzung des israelischen Generalstabschefs Benny Gantz, das Mullah-Regime in Teheran habe möglicherweise die endgültige Entscheidung im Hinblick auf den Nuklearmachtstatus noch gar nicht getroffen, kann in diesem Kontext nicht als Gegensatz zur Auffassung des Regierungschefs oder des Staatspräsidenten angesehen werden. Als Militär ist Benny Gantz – wie auch der ehemalige Mossad-Chef Meir Dagan und dessen Nachfolger Tamir Pardo – gehalten, besonders vorsichtig zu sein. In der grundlegenden Beurteilung, was Nuklearwaffen in den Händen der Mullahs bedeuten, gibt es zwischen den Politikern und den Militärs sowie den Geheimdienstchefs keine Differenzen. Und es erscheint dabei nur folgerichtig, daß Generalstabschef Benny Gantz in jüngster Zeit in mehreren israelischen Zeitungen die Bevölkerung Israels mit den wahrscheinlichen Szenarien der kommenden militärischen Auseinandersetzung vertraut gemacht hat. Anders als in Europa weiß man in Israel, wie ernst die Lage ist und lernt, sich darauf einzustellen.

Jene Politiker in den westlichen Demokratien, insbesondere in Europa, die sich in den vergangenen fünfzehn Jahren einem eher ambivalenten Verhalten gegenüber dem islamistischen Terrorismus im allgemeinen und gegenüber dem Nahostkonflikt im besonderen verschrieben hatten und gegen jede geschichtliche Erfahrung glaubten, mit Nachgiebigkeit gegenüber religiös fundierten despotischen Regimen und Terrorgruppen Erfolge erzielen zu können, werden nach dem Aufstieg des Iran zur Nuklearmacht erfahren müssen, was ihr fragwürdiges Verhalten bedeutet, da sich in diesem Fall für Israel konkret die Frage stellt, der von der internationalen Staatengemeinschaft nicht verhinderten Bedrohung zu begegnen.

Zwar hat auch die derzeitige U.S.-Regierung von Präsident Barack Obama mehrfach betont, daß sie „Nuklearwaffen in den Händen des Mullah-Regimes in Teheran nicht akzeptieren" wird. Doch eine durchdachte Strategie für den möglicherweise bereits in überschaubarer Zeit eintretenden Fall, daß die Iraner zur Nuklearmacht aufsteigen, haben die USA noch nicht. Die wiederholt von U.S.-Präsident Barack Obama geäußerten Forderungen an den Iran, das Nuklearprogramm zu beenden, fanden nicht den gewünschten Widerhall. Der oberste geistliche Führer des Iran, Ajatollah Ali Chamenei, hat direkten Gesprächen über die Beendigung des Nuklearprogramms seines Landes immer wieder eine Absage erteilt. Für ihn kann es in einem Dialog mit den USA nur darum gehen, die Duldung des Iran als Nuklearmacht zu erreichen. Und dies sieht auch der seit dem 4. August 2013 amtierende iranische Staatspräsident Hassan Rohani nicht anders.

Immerhin konnte Israel bislang darauf bauen, von den USA Schutz zu erhalten. Auch der am 6. November 2012 wiedergewählte Präsident Barack Obama setzte ungeachtet mancher Meinungsverschiedenheiten im Hinblick auf die Versuche zur Regelung des israelisch-palästinensischen Konflikts und der derzeitigen wirtschaftlichen Schwäche der USA die Politik seiner Vorgänger gegenüber Israel zur Sicherung seiner Existenz fort. So haben die Vereinigten Staaten von Amerika ein modernes Radarsystem nach Israel geliefert, das erheblich früher als die bis dahin von den israelischen Streitkräften verwendeten Systeme den Anflug von Raketen etwa aus dem Iran erkennen und diese noch rechtzeitig mit Abwehrraketen abgefangen werden können. Das moderne Radarsystem vom Typ AN/TPY-2, X-Band-Radar sowie 120 U.S.-Soldaten sind seitdem auf der israelischen Luftwaffenbasis Nevatim in der südlichen Negev-Wüste stationiert. Es ergänzt das in Israel selbst entwickelte Arrow-2-System, das zusammen mit den auf modernsten Technologien beruhenden und die militärische Führung mit den notwendigen Daten versorgenden Ofeq-Satelliten-System den ersten Teil eines Abwehrschildes bildet. Der zweite Teil dieses Abwehrschildes mit moderneren Raketen des Typs Arrow-3, die in der Lage sind, iranische Mittelstreckenraketen abzufangen, sowie mit dem von Israels Rüstungsindustrie eigenständig entwickelten „Iron-Dome-System" und dem neuen System „David's Sling" gegen Kurzstreckenraketen wird seit Anfang des Jahres 2013 beschleunigt installiert. Darüber hinaus wurden von den USA Abwehrraketen vom Typ „Patriot" an die Vereinigten Arabischen Emirate, an Bahrain und Kuwait geliefert. Zudem patrouillieren seit dem Frühjahr 2010 sechs „Aegis"-Zerstörer der U.S.-Marine mit „Patriot"-Raketen im Persischen Golf. Im März 2012 hatten die USA bereits einen zweiten Flugzeugträger in den Persischen Golf entsandt. Und schließlich setzen die USA in jüngster Zeit vermehrt modernste Drohnen ein, um das iranische Nuklear- und Raketenpotential aufzuklären. Der Verlust einer Drohne vom Typ RQ-170 „Sentinel" durch einen technischen Defekt Anfang Dezember 2011 über iranischem Staatsgebiet hat die amerikanische Regierung nicht davon abgehalten, die Aufklärungsflüge über dem Iran fortzusetzen. Diese Maßnahmen werden gleichwohl nicht ausreichen, Israels Sicherheit und Existenz zu garantieren. Sie können weder das Versprechen führender westlicher Politiker einlösen, daß man „Nuklearwaffen in den Händen des Mullah-Regimes nicht akzeptieren" werde, noch sind diese Maßnahmen wirksam genug, einen massiven Angriff seitens des Iran und der vom Mullah-Regime angeleiteten Terrorgruppen auf Israel zu verhindern. In der politischen Führung des Iran glaubt man, daß die USA nicht in eine neue militärische Auseinandersetzung im Nahen Osten hineingeraten wollen und die israelische Regierung es letztlich nicht wagen wird, allein zu handeln. Insofern war es klug, daß U.S.-Präsident Obama am 20./21. März 2013 unmittelbar nach der Bildung der neuen Regierung in Jerusalem Israel besuchte und mit Blick auf das Vorgehen gegenüber dem Iran auch die „militärische Option" nicht ausschloß und Israel uneingeschränkte Unterstützung zusicherte. Auch anläßlich ihres Treffens am 30. September 2013 in Washington demonstrierten Präsident Barack Obama und Ministerpräsident Benjamin Netanjahu in dieser Frage Einigkeit.

Angesichts der prekären Entwicklungen im Nahen Osten erscheint es folgerichtig, daß die israelische Regierung – über die politische und militärische Rückendeckung seitens der USA hinaus – für die Bewahrung der Existenz ihres Staates und die Sicherheit ihrer Bevölkerung geeignete Maßnahmen ergreift, um sich von dem Verhalten jener Staaten weitgehend unabhängig zu machen, die dem Mullah-Regime in Teheran und den islamistischen Terrorgruppen nicht mit dem notwendigen Realismus und der gebotenen Härte gegenübergetreten sind. Es war in diesem Zusammenhang eine sinnvolle Maßnahme Israels, seine geheimdienstlichen Aktivitäten im Iran erheblich zu intensivieren und so die Chancen für die lückenlose Aufklärung der Nuklear- und Raketenrüstung dieses Landes deutlich zu verbessern. Denn so hilfreich die eigenen technischen Aufklärungsmittel, wie z.B. die mit modernster Elektronik ausgestattete Superdrohne „Eytan" und die Satelliten-Aufklärung für die Feststellung militärisch nutzbarer Einrichtungen auch sind, können die genaue Zweckbestimmung und viele bedeutsame Erkenntnisse vor allem über die nuklearen Anlagen, die Raketenbasen und Führungseinrichtungen doch nur dank des Einsatzes von Agenten vor Ort (Human Intelligence: HUMINT) und deren Zugang zu wichtigen Geheimnisträgern im Iran selbst ermittelt werden. Auf diesem Felde besitzen die Israelis erheblich größere Fähigkeiten im Vergleich zu den Amerikanern. Die beständigen Erfolge Israels in der geheimen Nachrichtenbeschaffung belegen dies, wenngleich der Einsatz der Agenten angesichts der Härte der iranischen Reaktionen (in der Regel Verhängung der Todesstrafe) außerordentlich gefährlich ist. Dennoch war es im Zuge der erbitterten inner-iranischen Auseinandersetzungen nach der umstrittenen Präsidentenwahl vom 12. Juni 2009 leichter geworden, Mitarbeiter zu werben, die Kooperation mit Gegnern des Mullah-Regimes zu verbessern und Zugang zu Geheimnisträgern zu erhalten. Es ist in diesem Kontext ebenso zweckmäßig, wenn Israel und die USA die hoch motivierten inner-iranischen Widerstandsgruppen mit den notwendigen technischen Mitteln ausstatten, um die iranische Nuklear- und Raketenrüstung schon im Vorfeld einer militärischen Intervention zu bekämpfen. Wie weit die Fähigkeiten der inner-iranischen Widerstandsgruppen in jüngster Zeit gehen, haben die erfolgreichen Sabotageakte gegen wichtige militärische Einrichtungen gezeigt. Angesichts der Gefährlichkeit des von einer totalitären Ideologie durchdrungenen Regimes im Iran und der Schwere der Bedrohung erscheint es nur konsequent, daß die israelische Regierung ihre geheimdienstlichen Fähigkeiten noch weiter ausdehnen und militärische Kapazitäten entwickeln konnte, die es erlauben, ihr Recht auf Selbstverteidigung wahrzunehmen. Zur Vorbereitung auf diese Situation bleibt möglicherweise nicht mehr viel Zeit.

Auf der Tagesordnung: Israels Selbstverteidigung

Es gehört zu den Tatbeständen der internationalen Politik, daß der Iran vor allem über die islamistischen Terrororganisationen Hizbullah und Hamas seit mehr als einem Jahrzehnt einen – mal mehr, mal weniger intensiven – Stellvertreterkrieg gegen Israel führt und in Wort wie Tat keinen Zweifel daran aufkommen läßt, den jüdischen Staat im Nahen Osten beseitigen zu wollen. Das dem Vermächtnis des Revolutionsführers Ajatollah Chomeini verpflichtete Mullah-Regime in Teheran dürfte mit dem Besitz von Nuklearwaffen sicherlich noch aggressiver und gefährlicher werden. Es ist ebenso eine unbestreitbare Tatsache, daß die Vereinten Nationen keine wirksamen Maßnahmen zur Entwaffnung der islamistischen Terrorgruppen und zur Verhinderung des iranischen Nuklearprogramms ergriffen haben. Israel kann sich angesichts dieser Tatbestände bei seiner Gegenwehr auf das Selbstverteidigungsrecht gemäß Artikel 51 der Charta der Vereinten Nationen berufen. Die israelische Regierung kann zudem darauf verweisen, daß die vom Iran massiv unterstützten Terrorgruppen dem Staat Israel den Krieg erklärt und durch zahlreiche Raketenangriffe, Terrorakte und Selbstmordanschläge die Ernsthaftigkeit dieser Kriegserklärung untermauert haben.

Vor diesem realen Hintergrund wird die israelische Regierung folgerichtig militärische Aktionen gegen die Terrorgruppen wie gegen den die Existenz Israels unmittelbar bedrohenden Staat Iran ins Auge fassen müssen. Das Recht auf Selbstverteidigung gemäß Artikel 51 der Charta der Vereinten Nationen muß Israel nicht erst durch eine Resolution der Weltorganisation „zugestanden werden", wie manche Politiker und Vertreter der Medien in Europa fälschlicherweise behaupten. Es steht Israel zu.

Mit Blick auf die unaufhaltsame militärische Aufrüstung der Terrorgruppen und der iranischen Streitkräfte, die nach den dramatischen Umbrüchen zunehmend feindselige Politik der neuen islamistischen Regime in der arabischen Welt, das Versagen der Vereinten Nationen und die Schwäche der westlichen Demokratien hat die israelische Regierung mit bemerkenswertem Realismus vielfältige Maßnahmen getroffen, um die Existenz ihres Landes wahren zu können. Die lückenlose und beständige Aufklärung über die militärische Aufrüstung der islamistischen Terrorgruppen im Gaza-Streifen, im Libanon und im Sinai, sowie über die Nuklearanlagen, die Raketenbasen und die wichtigsten militärischen Führungseinrichtungen des Iran hat die Fähigkeit Israels zur Verteidigung und zu angemessenen Reaktionen weiter verbessert.

Dank des ausgeprägten Sicherheitsbewußtseins in Israel und der einschlägigen Erfahrungen mit den Vorgehensweisen seiner Gegner sind die israelischen Streitkräfte auf die Abwehr gegen die neuen militärischen Bedrohungen gut vorbereitet. Anders als in der Vergangenheit müssen die israelischen Streitkräfte jedoch eine weitaus größere Herausforderung erfolgreich beantworten können: die erheblich gewachsene Kampffähigkeit islamistischer Terrorgruppen einerseits und die Angriffskapazitäten des Iran mit nuklearen Waffen andererseits. Dabei legt es die mit den zu erwartenden nuklearen Fähigkeiten des Iran gegebene Kompliziertheit eines Militärschlages nahe, gemeinsam mit den USA zu handeln.

In jedem Fall hat Israel unzweifelhaft das Recht, sich wirksam gegen Angriffe auf seine eigene Zivilbevölkerung zu verteidigen. Das wird nach aller bisherigen Erfahrung bedeuten, daß Israels militärische Aktionen auf das Staatsgebiet des Angreifers getragen werden dürfen, wenn auf andere Weise das die Existenz des eigenen Landes bedrohende gegnerische Potential nicht ausgeschaltet werden kann. Was das zwingende Gebot der größtmöglichen Schonung von Zivilisten auf der Gegenseite angeht, gelten für die militärischen Aktionen hohe Anforderungen. Ein wirksamer Eigenschutz aber muß für Israel immer möglich sein. Doch gerade angesichts der von den islamistischen Terrorgruppen angewandten Strategie, die Trennung zwischen ziviler Bevölkerung und militärischen Zielen aufzuheben, stellt das Recht insbesondere rechtstreue Staaten auf eine harte Probe. Wenngleich Israel, wie viele andere Länder, das Völkerrecht als wichtiges Mittel betrachtet, um der militärischen Gewaltanwendung wenigstens Grenzen zu setzen, wird es wegen der unmittelbaren Gefährdung seiner staatlichen Existenz die Bekämpfung des Gegners in jedem Fall, d.h. auch unter Inkaufnahme zahlreicher Opfer unter der Zivilbevölkerung, als vorrangig ansehen. Israel dürfte im Zuge seiner militärischen Aktionen wie schon bisher versuchen, die Zivilbevölkerung dadurch zu schonen, daß man vor dem Einsatz von Waffen ausgiebig durch Flugblätter, Telefonanrufe und weitere Kommunikationsmittel warnt. Es ist in den Einsatzplänen sogar vorgesehen, Schutzzonen für Zivilisten und Fluchtwege aus den unmittelbaren Kampfgebieten einzurichten. Diese spezielle Vorsorge der Israelis geht weit über die Praxis anderer westlicher Staaten, etwa während der NATO-Luftangriffe im Kosovo-Krieg im Frühjahr 1999, während des Krieges in Afghanistan oder im Zuge der Luftangriffe in Libyen im Jahre 2011, hinaus.

Es wird hierbei erfahrungsgemäß keinen Ausweg aus dem Dilemma zwischen der Selbstbehauptung einerseits und der Verpflichtung zum Schutz der Zivilbevölkerung andererseits geben. Ein eher zurückhaltender Einsatz der israelischen Streitkräfte hätte keinerlei Erfolgschancen. Diesem Tatbestand Rechnung zu tragen, wird für die israelischen Streitkräfte nicht einfach sein. Denn wie in anderen demokratischen Gesellschaften haben auch in Israel während des vergangenen Jahrzehnts tiefgreifende gesellschaftliche Veränderungen stattgefunden, die es erheblich erschweren, den Streitkräften eine moralische Grundhaltung zu vermitteln, die es ihnen erlaubt, die auf sie zukommenden beispiellosen Herausforderungen zu bestehen.

Wie ernst Israels politische Führung diese Entwicklung nimmt, zeigte das langjährige Bemühen um die Freilassung des am 25. Juni 2006 von Hamas-Kämpfern nach Gaza verschleppten israelischen Soldaten Gilad Schalit. Erst im Oktober 2011 waren die Verhandlungen unter Mitwirkung ägyptischer und deutscher Unterhändler von Erfolg gekrönt worden. Der auf den ersten Blick ungleiche Austausch Schalits gegen 1.027 palästinensische Häftlinge, darunter mehrere Hundert zu lebenslanger Haft verurteilte Terroristen, hat ein enormes moralisches Gewicht. Er demonstrierte, daß der jüdische Staat Israel keinen einzigen seiner Soldaten jemals aufgibt – in welch einer hoffnungslosen Lage er sich auch immer befinden mag. Die Rückkehr von Gilad Schalit am 18. Oktober 2011 wiegt schwerer als der kurzfristige propagandistische Vorteil, den die islamistische Terrororganisation

Hamas für sich verbuchen konnte. Und es überrascht nicht, daß eine überwältigende Mehrheit von 79 Prozent der israelischen Bürger den Austausch guthieß. Die bemerkenswerte Entscheidung der israelischen Regierung, den hoch erscheinenden Preis in diesem Fall zu zahlen, belegt zudem eine hohe Moral. Sie unterstreicht die innere Stärke Israels und die Überzeugung seiner politischen Führung, den Islamisten und den hinter ihnen stehenden despotischen Regimen auch künftig überlegen zu sein. Der Staat Israel hat mit dieser Handlungsweise im übrigen auch seine Kritiker in der ganzen Welt beschämt, indem er deutlich machte, um wieviel mehr ihm das Leben eines eigenen Bürgers wert ist, als seinen islamistischen Feinden das der Ihrigen. Nicht zuletzt zeigte der spektakuläre Deal, daß das Bestreben des Palästinenser-Präsidenten Mahmud Abbas, die enge Kooperation mit der Hamas zu suchen und Israel mit Hilfe der Vereinten Nationen international an den Pranger zu stellen, keinen Erfolg bringen wird.

Es genügt in der Tat mit Blick auf die für Israel außerordentlich prekäre Situation im Nahostkonflikt nicht, über die besseren Waffensysteme und die dazu passenden durchdachten Einsatzgrundsätze zu verfügen. Für den Erfolg wird vielmehr entscheidend sein, ob die israelischen Soldaten und Soldatinnen mental auf die unausweichlich erscheinende militärische Auseinandersetzung gut genug vorbereitet sind. Die militärischen Operationen gegen die Hizbullah im Libanon im Sommer 2006 und gegen die Hamas im Gaza Anfang 2009 haben offen gelegt, welche Probleme die israelischen Streitkräfte in diesem Bereich hatten. Es wurde dabei klar, daß Israels militärisch-technische Überlegenheit allein offenbar keine Garantie für die Bewahrung der eigenen staatlichen Existenz ist. Vielmehr erlauben erst eine unübertreffliche Moral und die brillante Ausführung militärischer Aktionen, sich schließlich durchzusetzen.

Erst recht gelten diese Grundsätze militärischen Handelns mit Blick auf das Vorgehen gegen den in Bälde über Nuklearwaffen verfügenden Iran. Die Eigenart des Denkens der iranischen politischen Führung und die charakteristischen Verhaltensweisen des Mullah-Regimes gestatten es der israelischen Regierung nicht, sich auf die Wirksamkeit der Abschreckung durch die eigenen Kräfte zu verlassen. Zwar verfügen die Israelis vor allem dank der fünf aus deutscher Produktion stammenden U-Boote der Delphin-Klasse über eine Zweitschlagfähigkeit. Es war in diesem Zusammenhang eine durchaus folgerichtige Entscheidung der deutschen Bundesregierung Ende November 2011, die Lieferung eines sechsten U-Boots der Delphin-Klasse freizugeben. Von diesen im Mittelmeer, in der Arabischen See und im Persischen Golf operierenden und dank ihres Elektroantriebs kaum bekämpfbaren U-Booten können zielgenaue Marschflugkörper gegen den Iran eingesetzt werden. Die ausgeprägte Irrationalität der iranischen Führung und die transzendentalen Begründungen für ihr Handeln lassen es gleichwohl nicht zu, die in anderen Konfliktkonstellationen (etwa im Ost-West-Konflikt) praktizierten Methoden und Strategien auf die Situation im Nahen Osten zu übertragen. Eine „Einhegung" oder Eindämmung des Konflikts durch eine sorgfältig austarierte Kombination von Abschreckung und Diplomatie nach dem Muster des für die demokratische Staatenwelt so günstigen Ausgangs des Ost-West-Konflikts kann hier nicht gelingen. Während der Jahrzehnte dauernden Auseinandersetzung zwischen den westlichen Demokratien und der Sowjetunion gab es auf der sowjetischen Seite fast durchweg eine Führungselite, die über genügend Rationalität verfügte, um eine tragfähige Kommunikation und wirksame Strategien zur Kriegsverhinderung zu entwickeln. Diese Situation liegt mit Blick auf das Mullah-Regime im Iran und die islamistischen Terrorgruppen nicht vor. Die führenden Repräsentanten des Iran und die mit ihnen in besonderer Weise verbündeten islamistischen Terrorgruppen folgen ihrer tief verwurzelten religiösen Überzeugung, daß sie in dem „heiligen Krieg" siegen werden. Vor diesem Hintergrund erhält das Bestreben, den jüdischen Staat Israel zu beseitigen, seine eigentliche Bedeutung.

Wir müssen feststellen, daß der Entwicklung im Nahen Osten eine Eigendynamik innewohnt, die man mit diplomatischen Mitteln wahrscheinlich nicht mehr einfangen kann. Wenn das Mullah-Regime erst einmal über Nuklearwaffen verfügt, wird Israel – ebenso wie die Schutzmacht USA – in der Erwartung eines unmittelbar bevorstehenden Angriffs seitens des Iran wohl nicht mehr lange zögern können, die gefährlichsten Komponenten des iranischen Nuklearpotentials außer Gefecht zu setzen. Dies kann mit massiven Cyber-Attacken, Sabotageakten und gezielten Undercover-Aktionen beginnen, um die Handlungsfähigkeit des Mullah-Regimes zu beeinträchtigen. Dennoch werden die israelischen Streitkräfte nicht umhin können, auch präzise ausgeführte Angriffe mit modernen konventionellen Waffensystemen gegen die nuklearen Einsatzmittel und wichtige militärische Führungseinrichtungen des Iran durchzuführen. In diesem Fall zu warten, bis ein Angriff seitens des Iran erfolgt, wäre völlig verfehlt und kann Israel auch nicht zugemutet werden. Die weit über das Staatsgebiet des Iran verstreut liegenden und zum Teil verbunkerten Ziele dieser Kategorie müssen durchaus nicht alle ausgeschaltet werden, um dem Mullah-Regime die nukleare Handlungsfähigkeit wieder zu nehmen. Die israelischen Streitkräfte können diese Aufgabe zwar auch allein bewältigen, nachdem sie die spezifische militärisch-technische Unterstützung der USA erhalten haben. Dazu gehören vor allem die neuesten von den USA entwickelten bunkerbrechenden Waffen (Massive Ordnance Penetrator), die auch die bis zu einhundert Meter unter der Erdoberfläche befindlichen iranischen Nuklear-Anlagen ausschalten können, sowie Kampfflugzeuge modernsten Typs und erheblich erweiterte Kapazitäten zur Luftbetankung der Kampfflugzeuge, um deren operationelle Reichweite zu vergrößern. Die Fähigkeiten der israelischen Luftstreitkräfte sind darauf zugeschnitten, vor allem die wichtigsten Nuklearpotentiale und militärischen Führungseinrichtungen im Iran rechtzeitig zerstören zu können. Die dazu notwendigen Angriffsverfahren werden bereits seit mehreren Jahren von den Israelis geübt. Doch wäre es schon angesichts der Kompliziertheit und des Umfangs der Operation ratsam, in enger Abstimmung mit den USA gegen das Nuklearpotential des Iran vorzugehen und alle Aktionen sorgsam zu koordinieren.

Die führenden Repräsentanten des Mullah-Regimes in Teheran wissen, was auf sie zukommen könnte. Einschlägige Warnungen mit Blick auf die denkbaren Vorgehensweisen der israelischen und amerikanischen Streitkräfte sind selbst mit gelegentlichen Berichten in den westlichen Medien verbreitet worden. Die militärischen Vorbereitungen und die wiederholten Manöver der iranischen Streitkräfte werden nicht ausreichen, den Erfolg des israelischen bzw. amerikanischen Vorgehens in Frage zu stellen. Die politische Führung des Iran wird im Zuge der erforderlichen Maßnahmen Israels und der USA zur Verteidigung des jüdischen Staates zudem nicht darauf hoffen können, daß die europäischen Demokratien der israelischen bzw. amerikanischen Regierung in den Arm fallen. Auch die Ablehnung der „militärischen Option" durch einige europäische Staaten wird den Mullahs in Teheran nichts nützen. Anders als bei jenen eng begrenzten und nur kurze Zeit dauernden militärischen Konflikten, die wir aus den letzten Jahren kennen, werden zumindest die USA und wohl auch Großbritannien dem existentiell bedrohten Israel zur Seite stehen. Die dazu notwendigen Vorbereitungen sind ungeachtet aller skeptischen und zur Zurückhaltung mahnenden öffentlichen Äußerungen führender Politiker getroffen worden. Den Entscheidungsträgern in Washington ist seit langem bewußt, daß es der Schutzmacht Israels in dieser entscheidenden Auseinandersetzung erfahrungsgemäß obliegen wird, das weitere Management des Konflikts nach einem begrenzten Militärschlag gegen das Nuklear- und Raketenpotential des Iran zu übernehmen.

Der Versuch des iranischen Mullah-Regimes, die nur 54 Kilometer breite Meerenge von Hormuz, durch die fast vierzig Prozent des Erdöls der Welt transportiert werden, durch den massiven Einsatz der Seestreitkräfte unpassierbar zu machen, wie dies seit Ende des Jahres 2011 in mehreren großen Manövern schon geübt und angedroht wurde, dürfte ohnehin die USA und Großbritannien zu konkreten Gegenmaßnahmen zwingen. Die Blockade der Meerenge wäre aus der Sicht der USA und Großbritanniens eine Kriegshandlung, die entsprechende militärische Reaktionen auslösen würde. Amerikaner und Briten werden sich in diesem Fall kaum von den skeptisch bleibenden Politikern in Europa davon abbringen lassen, die iranischen Seestreitkräfte an der Ausführung ihres Vorhabens zu hindern. Es war in diesem Zusammenhang ein kluges Vorgehen, daß Präsident Barack Obama das sofortige Einschreiten der USA im Falle einer Blockade der Meerenge angekündigt und diese „Botschaft" Anfang Januar 2012 dem geistlichen Führer des Iran, Ajatollah Ali Chamenei, schriftlich übermittelt hat. Das Mullah-Regime kann sich nun nicht mehr damit herausreden, daß in dieser Frage keine Klarheit herrscht. Auch von der israelischen Regierung ist in jüngster Zeit mehrfach unmißverständlich klargemacht worden, welche Folgen der Erwerb einer militärischen Nuklearoption durch den Iran haben würde. Die kritische Haltung mancher europäischer Regierungen zu dem möglichen Vorgehen Israels und der USA wird dem Mullah-Regime dabei nicht helfen. Die hohe Verwundbarkeit Israels und die konkrete Gefahr, die staatliche Existenz einzubüßen, erlauben es insbesondere der Regierung in Jerusalem nicht, auf die Meinung der skeptischen Europäer zu reagieren. Sie wird vielmehr alles unternehmen, das Gesetz des Handelns zurückzugewinnen und ihre Bevölkerung zu schützen. Dabei wird die Entscheidung der israelischen Regierung zu militärischen Aktionen gegen den Iran keine Entscheidung aus freien Stücken sein. Sie wird aus der Notwendigkeit heraus ergriffen werden.

So könnte die Welt möglicherweise schon in naher Zukunft – nach dem Erreichen des Nuklearmachtstatus durch den Iran – ein Szenario erleben, das vor allem die Europäer befürchtet haben und dessen tiefere Ursachen die meisten Menschen in Europa bis heute nicht wahrhaben wollen. Es erscheint durchaus denkbar, daß die politische Führung des Iran versuchen könnte, den Israelis und deren Schutzmacht USA zuvorzukommen. In dieser noch nie dagewesenen Krisensituation haben die Israelis wie auch die Amerikaner gar keine andere Wahl, als das extrem gefährliche Nuklearpotential des Iran auszuschalten. Gleichzeitig werden die israelischen Streitkräfte in einem derartigen Szenario versuchen müssen, den mit weitreichenden Raketen drohenden Angriff der Hizbullah, der Hamas und der Al-Quds-Brigaden auf Israel so weit wie möglich zu verhindern.

Ungeachtet der im Zuge der aktuellen amerikanischen Nahostpolitik sichtbaren Schwächen und Unsicherheiten dürfte in Washington klar sein, daß es in diesem Konflikt nicht allein um die Bewahrung der Existenz des jüdischen Staates Israel geht. In diesem Konflikt geht es in der Tat auch darum, ob am Ende der Iran und die Islamisten die dominierende Macht in der Golfregion sein werden, oder die USA und ihre Partnerstaaten die Oberhand behalten. Eine Entscheidung des Konflikts zugunsten des Iran und der mit ihm verbundenen despotischen Regime und islamistischen Terrorgruppen würde nicht nur ein schwerer Schlag für die USA sein, sondern die gesamte demokratische Staatenwelt und die mit den westlichen Ländern bislang noch zusammenarbeitenden arabischen Staaten ins Mark treffen. Schon von daher wird die U.S.-Regierung nicht hinnehmen können, daß sich das Mullah-Regime durchsetzt.

Gewiß wird niemand den konkreten Verlauf und die Folgen des militärischen Konflikts mit dem Iran und den islamistischen Terrorgruppen vollständig überblicken und sicher vorhersagen können. In jedem Fall sollte man mit einem gewaltigen und äußerst raschen Anstieg der Erdölpreise auf 250 Dollar oder gar mehr – mit den entsprechenden dramatischen Konsequenzen für die Weltwirtschaft, einer drastischen Verschärfung der europäischen Staatsschuldenkrise, schweren Unruhen in vielen islamischen Ländern und der Gefährdung einiger bislang noch mit den westlichen Demokratien zusammenarbeitender arabischer Regime rechnen. Denn es wird niemand garantieren können, ob die Herrscher der Golfstaaten und vor allem Saudi-Arabiens – wie von ihnen für den Fall der militärischen Auseinandersetzung mit dem Iran angekündigt – in der Lage sein werden, ihre Erdölproduktion deutlich zu erhöhen, um die Auswirkungen des Konflikts auf die Weltwirtschaft zu vermindern. Zudem sollte man sich darauf einstellen, daß es weltweit zu zahlreichen massiven Anschlägen seitens der islamistischen Terrorgruppen kommen wird.

Auch nach einem erfolgreichen Militärschlag und anderen Maßnahmen gegen das Nuklear- und Raketenarsenal des Iran, der militärischen Erzwingung der Freiheit des Seeverkehrs im Persischen Golf und der wirksamen Bekämpfung der gegen Israel vorgehenden islamistischen Terrorgruppen wird man nicht mit einer unmittelbar folgenden friedlicheren Periode der Politik im Nahen Osten rechnen können. Angesichts der tiefen religiös-ideologischen Überzeugtheit der islamistischen Kräfte in aller Welt dürfte uns die vielschichtige Auseinandersetzung mit dem Islamismus und den auf seiner Grundlage handelnden Staaten und Terrorgruppen weiterhin begleiten. Es wird daher eine wichtige Aufgabe der internationalen Politik bleiben, nach dem vor aller Welt sichtbaren Scheitern des iranischen Mullah-Regimes und seiner Verbündeten neue Ansätze für die Regelung der Konflikte im Nahen Osten zu entwickeln.

Anhang

Bibliographie

A. Monographien

Aron, Raymond: Paix et guerre entre les nations, Paris 1962.
Aron, Raymond: Études politiques, Paris 1972.
Aron, Raymond: Penser la guerre. Clausewitz, Paris 1986.
Avidan, Igal: Israel – Ein Staat sucht sich selbst, München 2008.
Ben-Sasson, Haim H. (Hrsg.): Geschichte des jüdischen Volkes. München 1995.
Bergman, Ronen: The Secret War with Iran, New York 2008.
Brenner, Michael: Geschichte des Zionismus, München 2002.
Brzezinski, Zbigniew: Strategic Vision, New York 2012.
Cohen, Avner: The Worst-Kept Secret. Israel's Bargain with the Bomb, New York 2010.
Dahrendorf, Ralf: Der Wiederbeginn der Geschichte. Vom Fall der Mauer zum Krieg im Irak, München 2004.
Dershowitz, Alan M.: Plädoyer für Israel. Warum die Anklagen gegen Israel aus Vorurteilen bestehen, Leipzig 2005.
Donner, Herbert: Geschichte des Volkes Israel und seiner Nachbarn in Grundzügen. Göttingen 1995.
Drogin, Bob: Curveball. Spies, Lies, and the Man Who Caused a War, New York 2007.
Flug, Noah/Schäuble, Martin: Die Geschichte der Israelis und der Palästinenser, München 2009.
Giordano, Ralph: Israel, um Himmels willen, Israel, Köln 1991.
Goldman, Marshall: Petrostate, New York 2010.
Grabar, Oleg/Kedar, Benjamin Z. (Hrsg.): Where Heaven and Earth Meet. Jerusalem's Sacred Esplanade, Jerusalem and Austin TX 2009.
Groiss, Arnon: Political Islam from Muhammad to Ahmadinedshad: Defenders, Detractors, and Definitions, Westport CT, 2010.
Haltern, Ulrich: Was bedeutet Souveränität? Tübingen 2007.

Hankel, Gerd: Das Tötungsverbot im Krieg, Hamburg 2011.
Harsh, Efraim: Imperialismus im Namen Allahs, München 2007.
Heni, Clemens: Schadenfreude. Islamforschung und Antisemitismus in Deutschland nach 9/11, Berlin 2011.
Herf, Jeffrey: Nazi Propaganda for the Arab World, New Haven CT, 2009.
Herzl, Theodor: Der Judenstaat. Leipzig/Wien 1896.
International Institute for Strategic Studies: The Military Balance 2013, London 2013.
Jenkins, Gareth: Political Islam in Turkey: Running West, Heading East? London 2008.
Johannsen, Margret: Der Nahost-Konflikt, Berlin 2011.
Johnson, Ian: Die vierte Moschee. Nazis, CIA und der islamische Fundamentalismus, Stuttgart 2011.
Kissinger, Henry: Die Vernunft der Nationen. Über das Wesen der Außenpolitik, Berlin 1994.
Kissinger, Henry: Die Herausforderung Amerikas. Weltpolitik im 21. Jahrhundert, München 2002.
Koskenniemi, Martti: From Apology to Utopia. The Structure of the International Legal Argument. Reissue with New Epilogue, Cambridge 2005.
Küntzel, Matthias: Die Deutschen und der Iran. Geschichte und Gegenwart einer verhängnisvollen Freundschaft, Berlin 2009.
Laqueur, Walter: After the Fall: The End of the European Dream and the Decline of a Continent, New York 2012.
Lewis, Bernard: Islam and the West, London 1993.
Livnat, Andrea: Der Prophet des Staates. Theodor Herzl im kollektiven Gedächtnis Israels, Frankfurt/Main 2011.
Mallmann, Klaus-Michael/Cüppers, Martin: Halbmond und Hakenkreuz. Das Dritte Reich, die Araber und Palästina, Darmstadt 2006.
Mearsheimer, John/Walt, Stephen: Die Israel-Lobby. Wie die amerikanische Außenpolitik beeinflußt wird, Frankfurt/Main 2007.
Mohaddessin, Mohammad: Islamic Fundamentalism. The New Global Threat. Paris 2007.

Morris, Benny: The birth of the Palestinian refugee Problem 1947-1949, New York 1989.
Niederhoff, Henning: Trialog in Yad Vashem, Berlin 2012.
Nye, Joseph: The Future of Power, New York 2011.
Rauscher, Hans: Israel, Europa und der neue Antisemitismus, Wien 2004.
Salzborn, Samuel/Voigt, Sebastian: Studie zum Antisemitismus, Gießen und Leipzig 2011.
Shafa, Reza: Iranian Weapons of Mass Destruction: The Birth of a Regional Nuclear Arms Race? Santa Barbara CAL 2009.
Tibi, Bassam: Euro-Islam, Darmstadt 2009.
Wolffsohn, Michael: Wem gehört das Heilige Land? München 1997.
Wolffsohn, Michael: Israel. Geschichte, Politik, Gesellschaft, Wirtschaft, Wiesbaden 2007.

B. Fachzeitschriften

Commentary
Europäische Sicherheit & Technik
Foreign Affairs
Foreign Policy
Internationale Politik
International Affairs
Jane's Defense Weekly
Journal of Modern Jewish Studies
Journal of Near Eastern Studies
Le Monde: Bilan Géostratégie
Mezdunarodnaja zizn
Novoe vremja

Der Autor

Walter Schilling, geboren 1938 in Essen, war nach dem Studium der Politik-wissenschaft, Geschichte und Slawistik an der Ludwig-Maximilians-Universität München (Promotion zum Dr. phil. 1975) Generalstabsoffizier, diente als Referent (Rüstungskontrolle, Militärstrategie) im Bundesministerium der Verteidigung, als Dozent an der Führungsakademie der Bundeswehr (Internationale Beziehungen, Sicherheitspolitik), als Militärattaché in Moskau, als Studiendirektor an der Bundesakademie für Sicherheitspolitik; seit 1993 freier Publizist; 1994 freier Mitarbeiter am George C. Marshall Center for Security Studies; 1999 bis 2003 freier Mitarbeiter beim Saarländischen Rundfunk (Beiträge für die Sendereihe „Europa – Fragen zur Zeit"); mehr als dreihundert Veröffentlichungen in Büchern und Fachzeitschriften zu Fragen der internationalen Politik und Geschichte